现代物流技术与装备
（第 4 版）

唐四元　马　静　编著

清华大学出版社

北　京

内 容 简 介

本书吸收了现代物流技术与装备方面的最新成果，内容新颖，紧密联系实际，机械装备技术与信息技术并重。全书共分 10 章，按照运输、装卸搬运、仓储、分拣、包装、流通加工、集装单元等物流环节，详尽介绍了相应的技术与装备的分类、性能、指标、应用。最后两章是物流信息技术和物流信息技术实验。物流信息技术的实验包括条码打印、GIS(地理信息系统) 应用、地图数字化及 GPS(全球定位系统) 车辆跟踪编程。本书内容全面翔实，与实际需求紧密结合，并附有大量阅读材料和思考题，可以满足教学的需要，增强学生学习的主动性，提高学习效果。

本书适合高等院校物流、企业管理等专业学生用作教材，也适合物流管理、物资运输等部门管理人员及技术人员用作培训用书，还适合作为希望了解物流技术与设备的各界人士的参考书。

本书提供了完整的教学课件、习题答案及实验部分的参考程序代码，读者可通过扫描前言中二维码免费下载。

图书在版编目(CIP)数据

现代物流技术与装备 / 唐四元，马静编著. —4 版. —北京：清华大学出版社，2022.9(2024.8重印)
ISBN 978-7-302-61609-2

Ⅰ．①现… Ⅱ.①唐… ②马… Ⅲ.①物流－技术－教材②物流－机械设备－教材 Ⅳ.①F252

中国版本图书馆 CIP 数据核字(2022)第 140700 号

责任编辑：高 姗
封面设计：周晓亮
版式设计：方加青
责任校对：马遥遥
责任印制：沈 露

出版发行：清华大学出版社
　　　　网　　址：https://www.tup.com.cn，https://www.wqxuetang.com
　　　　地　　址：北京清华大学学研大厦 A 座　　　　邮　　编：100084
　　　　社 总 机：010-83470000　　　　　　　　　　邮　　购：010-62786544
　　　　投稿与读者服务：010-62776969，c-service@tup.tsinghua.edu.cn
　　　　质 量 反 馈：010-62772015，zhiliang@tup.tsinghua.edu.cn
印 装 者：三河市铭诚印务有限公司
经　　销：全国新华书店
开　　本：185mm×260 mm　　　印　　张：18.5　　　字　　数：451 千字
版　　次：2008 年 11 月第 1 版　　2022 年 9 月第 4 版　　印　　次：2024 年 8 月第 4 次印刷
定　　价：68.00 元

产品编号：096620-01

第4版前言

《现代物流技术与装备》(第3版)于2018年出版至今已有4年。在此期间，我国装卸搬运、分拣包装、加工配送等专用物流装备和智能标签、跟踪追溯、路径优化等技术迅速推广；管理信息系统、物流信息平台等信息技术广泛应用于物流企业；物联网、大数据、云计算等现代信息技术应用快速发展。

为了及时反映物流技术及装备的最新潮流，并将前沿的知识介绍给读者，必须对其进行修订再版。

第4版对第3版的有关章节做了大量修改和增删，更新了现行国家标准、有关数据、新技术、新装备和阅读材料，具体修改如下：

章节	改动程度	增删修改内容
第1章 绪论	★★★★★	更新数据、政策及规划等
第2章 物流运输设备	★★★★★	更新数据、基础实施部分、现行国家标准等
第3章 物流装卸搬运设备	★★★★	更新现行国家标准、内容、数据等
第4章 物流仓储设备	★★★★★	更新现行国家标准、动态信息、新技术等
第5章 物流分拣技术与装备	★★★★★★	根据读者的建议，重新梳理章节结构，撰写相关内容
第6章 物流包装技术与装备	★★★	更新现行国家标准、内容、数据等
第7章 流通加工技术与装备	★★★	更新内容、数据等
第8章 集装单元技术与装备	★★★★★	更新现行国家标准、数据、动态信息等
第9章 物流信息技术	★★	更新内容、数据等
第10章 物流信息技术实验	★	修改内容等

本书免费配备了丰富的教学资源，包括电子课件和习题答案，可扫描右侧二维码获取。

教学资源

在修订本书的过程中，作者参考了大量国内外教材、专著、论文和资料，力求跟踪现代物流技术与装备的最新发展与前沿技术。

本书的编写分工如下：第 1～8 章和附录由唐四元和马静共同编写；第 9、10 章由唐四元编著；全书由唐四元、马静统稿。

受作者学识水平的限制，书中必有许多不足之处，欢迎广大读者及各位学术同仁批评指正。

再次感谢清华大学出版社的领导、编辑和发行人员，感谢他们为本书的再版和发行所付出的辛勤劳动。

编　者
2022 年 6 月

目　录

第1章
绪　　论

🎯 学习目标

通过本章的学习，了解我国物流技术与设备的发展现状，如我国的公路、铁路、港口、机场物流园区等基础设施，运输设备，装卸搬运，仓储，托盘等方面的技术装备情况；理解物流技术与装备的地位和作用；了解《"十四五"现代综合交通运输体系发展规划》和《国家综合立体交通网规划纲要(2021—2035 年)》，对物流的基础设施建设及新技术装备制造和应用的规划。

《"十四五"现代综合交通运输体系发展规划》

《国家综合立体交通网规划纲要(2021—2035 年)》

🔍 核心要点

- 物流技术与设备的发展。
- 物流技术与设备的地位和作用。
- 我国物流技术与设备的发展现状及趋势。
- "十四五"期间物流基础设施及新技术发展。

1.1　我国物流技术与设备的发展

随着科学技术水平的提高，物流技术与设备也在不断发展。现代物流技术与设备的发展不仅直接影响企业为物流需求者提供的物流量、物流服务质量及作业效率，而且影响现代物流企业的物流成本、物流速度、安全生产及物流作业的生产秩序。因此，设备的好坏，对现代物流企业的生存和发展都起着重大的影响。

1. 基础设施

"十三五"时期，我国综合交通运输体系建设取得了历史性成就，铁路运营总里程增加约 3 万公里，其中高铁增加 1.1 万公里；公路增加约 32 万公里，其中高速公路增加约 3 万公里；万吨以上的码头泊位增加超过 300 个；民用航空机场增加 50 个以上。

《国家公路网规划(2013—2030 年)》的规划目标为：形成布局合理、功能完善、覆盖广泛、安全可靠的国家干线公路网络，实现首都辐射省会、省际多路连通，地市高速通达、县县国道覆盖。1 000 公里以内的省会间可当日到达，东中部地区省会到地市可当日往返、西部地区省会到地市可当日到达；区域中心城市、重要经济区、城市群内外交通联系紧密，形成多中心放射的路网格局；有效连接国家陆路门户城市和重要边境口岸，形成重要国际运输通道，与东北亚、中亚、南亚、东南亚的联系更加便捷。其中，普通国道全面

《国家公路网规划(2013—2030 年)》

连接县级及以上行政区、交通枢纽、边境口岸和国防设施;国家高速公路全面连接地级行政中心、城镇人口超过 20 万的中等及以上城市、重要交通枢纽和重要边境口岸。

我国交通运输基础设施网络日趋完善,综合交通网络总里程突破 600 万公里,"十纵十横"综合运输大通道基本贯通,高速铁路运营里程翻一番、对人口 100 万以上城市覆盖率超过 95%,高速公路对人口 20 万以上城市覆盖率超过 98%,民用运输机场覆盖 92%左右的地级市,超大特大城市轨道交通加快成网,港珠澳大桥、北京大兴国际机场、上海洋山港自动化码头、京张高速铁路等超大型交通工程建成投运。

中欧班列开行列数快速增长,京津冀一体化交通网、长江经济带综合立体交通走廊加快建设,交通扶贫百项骨干通道基本建成,新建、改建农村公路超过 147 万公里,新增通客车建制村超过 3.3 万个,具备条件的乡镇和建制村全部通硬化路、通客车,快递网点基本覆盖全部乡镇,建制村实现直接通邮。

运输服务质量持续提升,集装箱铁水联运量年均增长超过 20%,快递业务量翻两番、稳居世界第一。

新技术新业态蓬勃发展,具有完全自主知识产权的全系列复兴号动车组上线运行,C919 客机成功试飞,ARJ21 支线客机规模化运营,跨海桥隧、深水航道、自动化码头等成套技术水平跻身世界前列,船舶建造水平持续提升,网约车、共享单车、网络货运平台等新业态快速发展。

绿色交通建设稳步推进,新能源汽车占全球总量一半以上,营运货车、营运船舶二氧化碳排放强度分别下降 8.4%和 7.1%左右,民航、铁路安全水平保持世界领先,道路运输重大事故数量和死亡人数分别下降 75%和 69%左右。

在信息通信方面,已拥有电信网络干线光缆超过 30 万公里,并已基本形成以光缆为主体、以数字微波和卫星通信为辅助手段的大容量数字干线传输网络,其覆盖范围包括全国地级以上城市和 90%的县级市及大部分乡镇,并与世界主要国际信息网络连通。

EDI(电子数据交换)、ERP(企业资源计划系统)、GIS(地理信息系统)、GPS(全球卫星定位系统)、智能软硬件、物联网、大数据、云计算等新一代智慧化的物流信息交流、管理和控制技术得到了广泛应用,实现物流各环节精细化、动态化、可视化管理,提高物流系统智能化分析决策和自动化操作执行能力,提升物流运作效率的现代化物流模式。

在包装与搬运设施方面,现代包装技术和货物搬运技术已广泛应用,一定程度上改善了货物运输的散乱状况和传统的手工搬运方式,带动了包装、搬运等机械设备制造业的发展。从仓储设备的发展来看,早期的仓储管理和控制主要由人工完成,经过发展机械化程度有了一定的提高,用货架、托盘和可移动式货架存储物料,用限位开关和机械监视器等控制设备运行。自动化技术和信息技术的应用已经成为仓储技术的重要支柱,自动货架、自动识别和自动分拣等系统,以及条码技术、RFID (射频识别技术)等技术已经被越来越多的企业所关注和应用。供应商管理库存、零库存等技术也开始在一些大型企业中使用。快速、高效、自动化的物流机械设备及自动化仓库系统的应用,提高了仓储的自动化、智能化。

2. 运输设备

我国公路、铁路运输设备，水运、航空运输设备，管道运输设备等广泛应用于货物的运输，同时引进了很多新的技术，加强了运输的安全性、可靠性，并提高了运输的能力。为了适应不同运输服务的要求，各种专用运输设备的种类和数量不断增加。

目前，我国公路物流占据货物运输的主导地位，根据交通运输部的数据，2016 年全国公路累计完成货运量 3 363 404 万吨，同比增长 6.8%，占社会总体货运量的 3/4 以上，货物周转量为 612 109 771 万吨公里。2021 年我国公路货物运输量达到了 3 913 889 万吨，货物周转量达到了 690 876 531 万吨公里。5 年间公路货物运输量增长了 16.4%，货物周转量增长了12.9%。其中，物流车承担了重要的角色。

公路物流可以分为区域物流和城市物流。区域物流用车主要以传统中重卡为主，对车辆的安全性、承载力、动力性、维修便利性要求很高。城市物流多指支线(50~150 公里)、派送线(<50 公里)运输，以日常需求的生活用品运输、快递和小件货运最为普遍。多为短途且路线相对固定，倾向于小体积、小批量、多批次运输。城市物流用车以厢式汽车及部分轻客、微面、低端 MPV(多用途汽车)为主。

为了满足运输要求，提高物流规模效用，一些大型运输设备不断出现，目前最大的油轮载重量达到 56.3 万吨，矿石船载重量达到 30 万吨左右，集装箱船载重量为13798TEU[①] (超级巨轮 MSC DANIELA 地中海——丹妮娜)。与此同时，物流服务的提供者对于上下游的物流及配送需求的反应速度越来越快，配送间隔越来越短，商品周转次数越来越多，这就要求运输设备必须高速化，为此高速化运输设备得到快速发展。目前，运营的高速列车最大商业时速已达到 300 公里/小时。

3. 装卸搬运设备

装卸搬运设备是实现快递机械化作业的基础，科学使用装卸搬运设备可以有效节省人工劳力。在快递行业中，装卸搬运设备主要包括叉车、集中箱吊具、输送机、输送带、搬运车等。随着自动化和智能化技术在快递行业的不断深入，无人装卸搬运装备的研究也越来越受关注。

我国货物的输送、装卸、管理、控制等主要物流环节已经普遍应用自动引导搬运车(AGV)、自动货架、自动存取机器人、自动识别和分拣等设备和系统；旋转式货架、移动式货架都实现了自动控制，大型起重机、自动输送机、自动分拣设备、自动上下料机和其他物流机械设备等都初步实现了自动控制，应用于生产和流通领域的物流系统中，提高了装卸、搬运设备的协调性，极大地推进了物流业的快速发展。

国内托盘制造行业、企业正在向产业化、规模化发展，并逐步开始重视新技术、新材料、新工艺的开发和利用。商务部等十部门《关于推广标准托盘发展单元化物流的意见》提出：从标准托盘推广应用切入，促进包装箱、周转箱(筐)、货运车厢、集装箱等物流载具标准衔接，提升物流上下游设施设备和服务标准化水平。以托盘、周转箱(筐)为集装单元、作业单元、计量单元和数据单元，发展单元化物流，推进物流链各环节高效运作，各主体信息顺畅交换。

商务部等十部门《关于推广标准托盘发展单元化物流的意见》

---

① TEU：标准箱，系集装箱运量统计单位，以长 20 英尺的集装箱为标准。

中国物流与采购联合会、中国物流学会编制并于 2018 年发布的《第五次全国物流园区(基地)调查报告》显示,全国各类物流园区共计 1 638 家,比 2015 年第四次调查数据 1 210 家增长 35.37%,呈爆发式增长态势。3 年间,我国物流园区个数年均增长 10.7%。处于运营状态的 1 113 家,占 67.9%;处于在建状态的 325 家,占 19.8%;处于规划状态的 200 家,占 12.2%。

在我国,东部地区率先改革开放,推动经济持续快速增长,物流园区规划建设起步早,目前 75.7%的园区已进入运营状态。西部地区随着近年来经济增速加快,物流园区进入规划建设快速发展期,规划和在建园区占比分别为 15.9%和 22.8%,高于其他地区。

国内的物流园区分为两种:传统物流园区和新型物流园区。传统物流园区更像运输企业聚集地,园区管理方更多的是充当物业管理的角色,没有为入驻企业提供有价值、有竞争力的附加服务。而新型物流园区不仅能实现生产、销售、仓储、运输等一条龙服务,还大幅提升了园区的综合服务水平,园区内部及园区之间各企业可以有效互动,实现交易、办公、金融等功能便捷化、网络化,提高整体运营效率。新型物流园区投入大、建设周期长,但是,现代化智慧物流园区已成为物流园区的发展趋势。

4. 物流信息技术

物流信息技术是现代信息技术在物流各个作业环节中的综合应用,是现代物流区别于传统物流的根本标志,也是物流技术中发展最快的领域,同时也是我国物流行业目前面临的最紧迫、最突出的难题。

我国已有相当一部分物流企业采用了包括通信网络、条码、RFID、GPS、GIS、物流自动化系统、物流管理软件等先进的信息技术来改进企业管理和作业流程,全面提升企业的运营效率,这部分企业约占行业总数的 39%。但是,仍有部分企业采用传统的人工操作方式作业,行业物流信息化的整体水平很难满足企业高效运营和市场用户的需求。

当前,国内物流信息化发展大致形成了两种格局。一方面,部分大型物流企业开始合理调配资源,进入流程改造、优化信息系统的建设并制定企业信息化的战略方针,逐步向现代物流目标靠近。另一方面,占据我国物流企业总数 75%以上的中小型物流企业虽然已经开始意识到物流信息化建设的重要性,但由于企业规模小、资金紧张、思想观念难转变等种种问题,导致了这些企业一直停留在认知的阶段,影响了物流信息化的普及与提高。物流信息化的普及率低和服务水平不到位直接限制了我国物流业的发展,导致我国物流业的总体水平与国外有较大的差距。

在国内能够提供这些物流信息技术的企业为数众多,并在技术研发和创新层面已经与国际接轨,大部分物流信息、技术企业都有产品、有技术、有服务、有国际化的解决方案,可以满足我国的市场需求,但由于目前高新技术的产品价格偏高、企业在信息化建设方面的意识不够强等因素,导致产品的推广和应用的范围很小。

近年来物联网技术的普及应用推动了物流信息化的新发展,推动产业走向“智能物流”。物流信息化将始终围绕着物流的网络和流程这样两个基本范畴展开,并不断地解决网络和流程的问题。物流信息的交换与共享及公共信息平台建设,是网络与流程发展中的关键环节。物流信息化未来的方向是利用信息技术不断提升对于物流资源的管控水平。身份识别、定位服务和移动通信这三项技术将成为物流信息化的技术基础。

5. 应用与开发

从我国的情况来看,在经济稳定而高速发展的今天,物流业的发展日益得到企业界和学术界的重视,同时,市场对物流技术设备、物流技术的需求越来越大。一些物流系统已经不满足于日常的常规性配送,而需要引进一些高技术的、高性能的配送设备来提高系统的效率。

我国物流设备的应用快速发展,铁路、公路、港口、机场等运输基础设施不断修建,同时为了服务社会,满足市场经济需求,改进了技术,提高了车速,部分区段实现了电气化、高速化,开展了集装箱运输、散装运输和联合运输。一些物流设备如起重机、输送机、集装箱等在仓库、货场、港口、码头得到了较为广泛的应用。

我国物流装备制造技术在某些方面已经达到了国际先进水平,比如集装箱装卸机械制造已居世界先进行列。

1.2 物流技术与设备在现代物流中的作用

提升企业的物流技术装备应用水平至关重要。物流技术与装备是构成物流运营系统的重要组成部分。物流技术与装备为物流系统的正常运转提供了保障,影响着物流系统的每一环节,在物流系统中处于十分重要的地位。我国物流业的崛起与发展面临国际市场的冲击,要想在国际市场中进步、生存与发展,就必须提高自身的核心竞争力,提升企业的物流技术装备应用水平。

物流技术是提高物流生产力的决定性因素。现代物流技术涉及许多科技领域,自动化物流系统是集光机电信息技术为一体的系统工程。典型的自动化物流技术主要包括自动化立体仓储系统、自动输送系统、自动导引车系统、机器人作业系统和自动控制系统等。这些自动化物流系统涉及许多相关的技术,其中主要包括自动仓库技术、分拣自动化技术、自动导引车技术等。

随着生产的发展和科学技术的进步,物流活动的诸多环节在各自的领域中不断提高技术水平。一个完善的物流系统离不开现代先进物流技术的应用。例如,托盘、集装箱技术的发展和应用,以及各种运输方式之间联运的发展,促进了搬运装卸的机械化、自动化,提高了装卸效率和运行质量;现代计算机技术、网络技术的发展,以及物流管理应用软件的开发,促进了物流的高效化。

在整个物流过程中,从物流功能来看,物料或商品要经过包装、运输、装卸、储存等作业环节,而且伴随着附加的辅助作业,这些作业的高效完成需要不同的物流技术与设备。

物流技术与设备是物流系统中的重要资产。在物流系统中,物流设备的价值所占资产的比例较大。现代物流设备既是技术密集型的生产资料,又是资金密集型的社会财富。

物流技术与设备是进行物流活动的物质技术基础,也是生产力发展水平与物流现代化程度的重要标志。物流技术与设备对于发展现代物流、改善物流状况、促进现代化大生产、强化物流系统能力,具有重要的地位和作用。

物流信息技术的发展是促进物流业发展的重要条件。现代信息技术的广泛应用，不仅直接促进了传统产业的快速发展和结构调整，而且促使传统的物流活动成为一个新的专业化分工领域，形成从生产到消费的系统化的物流链条，实现物流流程的优化和资源的合理配置，提高全社会的流通效率和经济效益。

1.3 物流技术与设备的发展趋势

随着物流用户需求的变化和科技内容的创新发展，未来物流技术与设备的发展将出现以下趋势：第一是推动现代信息技术的深度应用，为实现全面物流创新提供技术保障。在继续提升物流企业信息化水平的基础上，更加注重推动物流企业运用信息技术开展管理创新、服务创新和电子商务创新，引导和鼓励物流企业面向供应链上下游各环节，开展流程再造、功能重组、一体化运营等更大范围的管理创新和服务手段创新，为物流企业实现服务创新、组织创新和方式创新提供技术支撑。第二是全面提升物流装备现代化水平。进一步推动运输、仓储、装卸、搬运、包装、场站等物流作业层面的技术进步，促进物流装备和设施的标准化、自动化和智能化，为物流高效运行提供技术支撑。第三是引导和支持节能降耗等方面的技术创新。围绕节能降耗加快技术创新，加快推广适用性高、技术效能显著的各种解决方案、设施设备和管理工具，加快推动我国物流产业的绿色发展。

1. 信息集成化

人们对信息的重视程度日益提高，要求物流与信息流实现在线或离线的高度集成，使物流装备与信息技术逐渐成为物流技术的核心。物流装备与信息技术紧密结合、实现高度自动化是未来发展的趋势。

目前，越来越多的物流设备供应商已从单纯提供硬件设备，转向提供包括控制软件在内的总体物流系统，并且在越来越多的物流装备上加装电脑控制装置，实现了对物流设备的实时监控，大大提高了其运作效率。物流装备与信息技术的结合，已成为各厂商追求的目标，也是其竞争力的体现。现场总线、无线通信、数据识别与处理、互联网等高新技术与物流设备的有效结合，成为越来越多的物流系统的发展模式。无线数据传输设备在物流系统中更发挥着越来越重要的作用。运用无线数据终端，可以把货物接收、储存、提取、补货等信息及时传递给控制系统，实现对库存的准确掌控，通过联网计算机指挥物流装备准确操作，几乎完全消灭了差错率，缩短了系统反应时间，使物流装备得到了有效利用，整体控制提升到更高的水平。而将无线数据传输系统与客户计算机系统连接，实现共同运作，则可为客户提供实时信息管理，从而极大地改善了客户整体运作效率，全面提高了客户服务水平。

2. 技术自动化

科技的进步使物流装备越来越重视自动化与人性化设计，以降低工人的劳动强度，改善劳动条件，使操作更轻松、自如。智能仓储在快递、电商、冷链、医药等高端细分领域快速推进。物流企业开发全自动仓储系统，将使用智能仓储机器人，开展无人机配送，充分利用仓储信息，优化订单管理，大幅提高仓储作业机械化、自动化和信息化水平。

3. 设备标准化

标准化包括硬件设备的标准化与软件接口的标准化。标准化可以实现不同物流系统的对接，使客户对系统同时有多种选择，为客户提供便利。通过实现标准化，可以轻松地与其他企业生产的物流装备或控制系统对接，为客户提供多种选择和系统实施的便利性。模块化可以满足客户的多样化需求，可按不同的需要自由选择不同的功能模块，灵活组合，以增强系统的适应性。同时，模块化结构能够最佳利用现有空间，可以根据存取量的增加及供货范围的变化进行调整。

4. 服务人性化

服务的人性化具体表现在以下三个方面。

(1) 速度更快。仓库规模的扩大与快速客户响应显然是一对矛盾。要在极短的时间内完成拣选、配送任务，只有不断提高物流新生力量的运行速度和处理能力。因此，堆垛机、拣选系统、输送系统等物流装备总是朝着高速运转目标而努力。

(2) 准确度更高。除了追求更快的运行速度，更高的精度也是客户对物流装备的一致要求。没有准确性，速度再快也将失去意义。因此，各厂商纷纷采取先进的技术满足客户对物流设备高准确性的要求。

(3) 稳定性更好。客户的即时性需要，对物流系统的稳定、可靠运行提出了很高的要求。物流不是生产设备，却对生产设备的高效率运行起到很大作用。所以，为保证物流系统连续安全运作，物流装备的高稳定性、高可靠性越来越受到各厂商的重视，物流装备的保用期逐渐延长。

5. 发展绿色化

出于对全球气候的考虑，世界各国对节能减排都异常关注。物流业作为碳排放的大户之一，必然是政府关注的重点。顺应生态文明建设的新要求，主动推进绿色、低碳和可持续物流发展。推广使用清洁能源，推行绿色运输、绿色仓储、绿色包装和绿色配送，做好资源循环利用，努力减轻物流运作的资源和环境负担。制定与绿色物流相关的标准规范，发挥对国际环境治理的影响力。促进技术装备升级，提高排放标准，降低能耗水平，以绿色发展引导效率提升。

此外，物流技术设备还呈现出大型化、多样化、智能化、自动化、系统化等发展趋势。

在现代化物流系统中，流动过程中的原材料、在制品、产成品已经从低产量、大批量、少品种发展到高产量、小批量、多品种状态。近年来"零库存""及时供货""供应链管理"等物流管理方式也被普遍采用。因此，在建设物流系统及自动化仓库方面更加注重实用性。为了适应工业和物流业的发展形势，目前更趋向于采用规模更小、运作速度更快和用途更广的自动化仓库系统，利用先进的微电子控制技术，对货物进行分段输送和按规定路线输送，对货物的储存和输送保持高度的柔性及较高的生产率。

电动车辆无废气排放，噪声低，震动小，特别适宜在仓库内和车间内作业。高比能量、长寿命、易充电的新一代蓄电池的应用，使室外作业场合也开始采用电动车辆。因此，电动车辆必将成为工业车辆发展的重点。

起重机械要提高其使用时的安全性和可靠性。在传动和控制系统中采用新型的安全装置,如激光,红外线,超声波防撞装置,带语音提示功能的超负荷、超行程限制器,以及室外工作起重机的新型防滑装置。这样,一方面保证了起重机械的安全运转,另一方面还提高了机械的使用率、减少了停机检修的时间。

物流机械设备向多品种方向发展,使其服务领域更加广阔。特殊用途的起重机,如海上钻井平台用的起重机,以及通过采用花纹带、波状挡边隔板带、压带、磁性带、吊挂带等方式,使带式输送机能够水平、大倾角甚至垂直输送货物,实现了物流技术设备的实用化和多用化。

随着船舶的大型化,车辆的专用化,交通运输方式的现代化,装卸搬运设备的容量、能力越来越大,设备的运转速度或运行速度大大加快。履带起重机的最大额定起重量为3 000 吨,起重力矩达 400 000 千牛米,主臂长 72 米,副主臂长 42 米;浮式起重机的起重量可达 6 500 吨。带式输送机通过加大带宽、提高带速和增加槽角等方法来提高生产率,目前最大输送能力已达到 37 500 吨/小时。抓斗卸船机的最大额定起重量为 85 吨,卸船能力达到了 4 200~5 100 吨/小时。

现代物流设备已逐步实现自动化和智能化,广泛采用微电子技术、自动控制技术、人工智能技术。带式输送机已经实现无人操作及远程控制,在中央控制室可以对系统中的主机、辅助设备和各种装置进行集中控制,对整条输送线路的情况实施远程监视,以便及时发现故障和可能发生的事故。桥式起重机、抓斗装卸桥、集装箱龙门起重机或者其某些组成机构采用全数字控制或遥控方式,多台电梯和自动化仓库中的多台堆垛起重机采用群控的方法,实现机械的自动化作业,大大提高了作业效率。自动化立体仓库已经进入储运技术阶段。自动化仓库采用扫描技术,可以提高信息的传输速度及传输的准确性。采用射频识别技术,能够实现移动的搬运工具与固定的中央控制室之间的数据传输,完成快速的数据采集、处理和交换。多媒体技术的应用使得远程操作指导和现场监视更加直观,也使得异地故障分析和防火、防盗成为可能。

在实现了物流和机械单机自动化作业的基础上,将一些物流机械设备组成一个系统,通过计算机控制,使它们在作业过程中能够很好地衔接,从而协调、高效地工作。比如,工厂内的生产搬运自动化系统、物流中心的货物集散与配送系统、集装箱装卸搬运系统、货物自动分拣和输送系统。

目前,现代化港口均采用集装箱自动装卸搬运系统。无人驾驶的集装箱搬运车装有自动导航装置,能够沿规定的路线将集装箱搬运到堆场上的指定位置。用跨运车进行集装箱的堆垛作业,同时在车上的检测设备测取集装箱的箱号、堆放位置等信息,并与中央控制室之间实现无线传输。

当集装箱需要出港时,中央控制室的计算机将有关箱号、堆放位置等数据传输给跨运车或集装箱龙门起重机,并根据指令完成集装箱的拆垛作业。自动导向车将集装箱运到码头前沿,再由岸边集装箱起重机装船或装入集装箱卡车出港。

1.4 "十四五"期间物流技术装备展望

"十三五"期间,物流业作为唯一的服务业进入国家重点产业调整和振兴规划后,政府对物流业的重视已达到了一个新的高度。随着物流业发展中长期规划的实施，目前我国已经形成布局合理、技术先进、节能环保、便捷高效、安全有序并具有一定国际竞争力的现代物流服务体系，物流业由注重基础建设向全面提升服务质量转变。根据经济发展和转变发展方式的需要，大力推进物流需求社会化，积极培育适应客户需求的物流企业群体，并以 A 级物流企业国家标准促使企业提升发展，出现一批具有国际竞争力的大型物流企业集团。整合优化物流设施设备，全面提升物流信息化水平，使物流管理、服务和技术有新的突破。

1. "十三五"规划目标已全面完成

"十三五"期间，新建改建高速公路通车里程，目标是约 3 万公里，实际完成 3.1 万公里，超额完成；新增城市轨道交通运营里程约 3 000 公里，完成超过 3 000 公里。新建改建农村公路 100 万公里，已经完成 138.8 万公里。

根据《"十三五"现代综合交通运输体系发展规划》，建制村通硬化路，目标是 99%，实际完成 99.61%。其中，符合条件的建制村百分之百通了硬化路。建制村通客车，目标是 99%，实际完成 99.38%。其中，符合条件的建制村通客车百分之百完成。人口 100 万以上的城市建成区公交站点 500 米覆盖率，目标是百分之百，实际完成约百分之百。

公路通车里程目标是 500 万公里，实际完成 510 万公里。高速公路建成里程目标是 15 万公里，实际完成 15.5 万公里。内河高等级航道里程目标是 1.71 万公里，实际完成 1.61 万公里，完成率超过 94%；沿海港口万吨级以上的泊位目标是 2 527 个，实际完成 2 530 个。

城市轨道交通营运里程目标是 6 000 公里，实际达到 7 000 公里；公路货运车型标准化率目标是 80%，实际完成超过 80%。集装箱铁水联运年增长率目标是 10%，实际完成不低于 20%。交通基本要素数字化率目标是百分之百，实际完成是百分之百。

公路客车 ETC 使用率目标是 50%，实际完成 70%。交通运输二氧化碳排放强度下降率目标是 7%，实际完成 7.5%。

"十三五"期间，我国物流业保持较快增长，服务能力显著提升，基础设施条件和政策环境明显改善，现代产业体系初步形成，物流业已成为国民经济的重要组成部分。

2. "十四五"规划的新目标

《"十四五"现代综合交通运输体系发展规划》中确定了如下的主要目标：

到 2025 年，综合交通运输基本实现一体化融合发展，智能化、绿色化取得实质性突破，综合能力、服务品质、运行效率和整体效益显著提升，交通运输发展向世界一流水平迈进。

1) 设施网络更加完善

国家综合立体交通网主骨架能力利用率显著提高。以"八纵八横"高速铁路主通道为主骨架，以高速铁路区域连接线衔接，以部分兼顾干线功能的城际铁路为补充，主要采用 250 公里及以上时速标准的高速铁路网对 50 万人口以上城市覆盖率达到 95%以上，普速铁路瓶颈路段基本消除。7 条首都放射线、11 条北南纵线、18 条东西横线，以及地区环线、并行线、联络线等组成的国家高速公路网的主线基本贯通，普通公路质量进一步提高。布局完善、功能完备的现代化机场体系基本形成。港口码头专业化、现代化水平显著提升，内河高等级航道网络建设取得重要进展。综合交通枢纽换乘换装效率进一步提高。重点城市群一体化交通网络、都市圈 1 小时通勤网加快形成，沿边国道基本贯通。

2) 运输服务更加高效

运输服务质量稳步提升，客运"一站式"、货运"一单制"服务更加普及，定制化、个性化、专业化运输服务产品更加丰富，城市交通拥堵和"停车难"问题持续缓解，农村和边境地区运输服务更有保障，具备条件的建制村实现快递服务全覆盖。面向全球的国际运输服务网络更加完善，中欧班列发展质量稳步提高。

3) 技术装备更加先进

第五代移动通信(5G)、物联网、大数据、云计算、人工智能等技术与交通运输深度融合，交通运输领域新型基础设施建设取得重要进展，交通基础设施数字化率显著提高，数据开放共享和平台整合优化取得实质性突破。自主化先进技术装备加快推广应用，实现北斗系统对交通运输重点领域全面覆盖，运输装备标准化率大幅提升。

4) 安全保障更加可靠

交通设施耐久可靠、运行安全可控、防范措施到位，安全设施完好率持续提高。跨部门、跨领域的安全风险防控体系和应急救援体系进一步健全，重特大事故发生率进一步降低。主要通道运输安全和粮食、能源、矿石等物资运输安全更有保障，国际物流供应链安全保障能力持续提升。

5) 发展模式更可持续

交通运输领域绿色生产生活方式逐步形成，铁路、水运承担大宗货物和中长距离货物运输比例稳步上升，绿色出行比例明显提高，清洁低碳运输工具广泛应用，单位周转量能源消耗明显降低，交通基础设施绿色化建设比例显著提升，资源要素利用效率持续提高，碳排放强度稳步下降。

6) 治理能力更加完备

各种运输方式一体融合发展、交通基础设施投融资和管理运营养护等领域法律法规和标准规范更加完善，综合交通运输一体化融合发展程度不断提高，市场化改革持续深化，多元化投融资体制更加健全，以信用为基础的新型监管机制加快形成。

展望 2035 年，便捷顺畅、经济高效、安全可靠、绿色集约、智能先进的现代化高质量国家综合立体交通网基本建成，"全国 123 出行交通圈"(都市区 1 小时通勤、城市群 2 小时通达、全国主要城市 3 小时覆盖)和"全球 123 快货物流圈"(快货国内 1 天送达、周边国家 2 天送达、全球主要城市 3 天送达)基本形成，基本建成交通强国。

"十四五"时期综合交通运输发展的主要指标如表 1-1 所示。

表 1-1 "十四五"时期综合交通运输发展的主要指标

类别	指　标	2020 年	2025 年①	属　性
设施网络	1. 铁路营业里程(万公里)	14.6	16.5	预期性
	其中：高速铁路营业里程	3.8	5	预期性
	2. 公路通车里程(万公里)	519.8	550	预期性
	其中：高速公路建成里程	16.1	19	预期性
	3. 内河高等级航道里程(万公里)	1.61	1.85	预期性
	4. 民用运输机场数(个)	241	>270	预期性

续表

类别	指　标	2020 年	2025 年^①	属　性
设施网络	5. 城市轨道交通^②运营里程(公里)	6 600	10 000	预期性
衔接融合	6. 沿海港口重要港区铁路进港率(%)	59.5	>70	预期性
	7. 枢纽机场轨道交通接入率^③(%)	68	80	预期性
	8. 集装箱铁水联运量年均增长率(%)	—	15	预期性
	9. 建制村快递服务通达率(%)	50	>90	预期性
智能绿色	10. 重点领域^④北斗系统应用率(%)	≥60	>95	预期性
	11. 城市新能源公交车辆占比^⑤(%)	66.2	72	预期性
	12. 交通运输二氧化碳排放强度^⑥下降率(%)	—	〔5〕	预期性
安全可靠	13. 道路运输较大及以上等级行车事故万车死亡人数下降率(%)	—	〔12〕	约束性
	14. 民航运输飞行百万小时重大及以上事故率(次/百万小时)	0	〔<0.11〕	约束性
	15. 铁路交通事故十亿吨公里死亡率(人/十亿吨公里)	0.17	<0.3	约束性

注：①〔〕内为 5 年累计数。②指纳入国家批准的城市轨道交通建设规划中的大中运量城市轨道交通项目。③指国际枢纽机场和区域枢纽机场中连通轨道交通的机场数量占比。④指重点营运车辆、邮政快递自有干线运输车辆、应安装具备卫星定位功能船载设备的客船及危险品船等。⑤指新能源公交车辆占所有地面公交车辆的比重。⑥指按单位运输周转量计算的二氧化碳排放。

3. "十四五"规划的物流技术装备应用

1) 促进北斗系统推广应用

完善交通运输北斗系统基础设施，健全北斗地基增强网络，提升北斗短报文服务水平。稳步推进北斗系统在铁路、公路、水路、通用航空、城市公共交通及全球海上航运、国际道路运输等领域应用，推动布局建设融合北斗技术的列车运行控制系统，开展民航业北斗产业化应用示范。

2) 推广先进适用运输装备

开展 CR450 高速度等级中国标准动车组、谱系化中国标准地铁列车研发应用，推广铁路重载运输技术装备。提升大型液化天然气运输船、极地船舶、大型邮轮等研发能力，推进水下机器人、深潜水装备、深远海半潜式打捞起重船、大型深远海多功能救助船等新型装备研发。推广绿色智能船舶，推进船舶自主航行等单项智能船舶技术应用，推动船舶智能航行的岸基协同系统、安保系统和远程操控系统整体技术应用。加强适航审定能力建设，推动 C919 客机示范运营和 ARJ21 支线客机系统化发展，推广应用新舟 700 支线客机、AG600 水陆两栖飞机、重型直升机、高原型大载重无人机等。推进智能仓储配送设施设备发展。

3) 提高装备标准化水平

推广应用轻量化挂车，开展常压液体危险货物罐车专项治理，稳步开展超长平板半挂车、超长集装箱半挂车治理工作。推进内河船型标准化，推广江海直达船型、三峡船型、节能环保船型，研发长江游轮运输标准船型。推动车载快速安检设备研发。巩固提升高铁、船舶等领域全产业链竞争力，在轨道交通、航空航天等技术装备领域创建中国标准、中国品牌。

4) 基础设施智能化升级

(1) 智能铁路。实施新一代铁路移动通信专网工程。选择高速铁路线路开展智能化升级。推进川藏铁路应用智能建造技术。实施铁路调度指挥系统智能化升级改造。

(2) 智慧公路。建设京雄、杭绍甬等智慧高速公路工程。深化高速公路电子不停车收费系统(ETC)在多场景的拓展应用。建设智慧公路服务区。稳步推进集监测、调度、管控、应急、服务等功能于一体的智慧路网云控平台建设。

(3) 智慧港口。推进大连港、天津港、青岛港、上海港、宁波舟山港、厦门港、深圳港、广州港等港口既有集装箱码头智能化改造。建设天津北疆C段、深圳海星、广州南沙四期、钦州等新一代自动化码头。在"洋山港区—东海大桥—临港物流园区"开展集疏运自动驾驶试点。

(4) 智能航运。完善内河高等级航道电子航道图，实施长江干线、西江航运干线数字航道服务能力提升建设工程，试点建设应用智能航标，在三峡坝区河段等长江干线典型区段开展数字航道智慧服务集成。建设京杭运河数字航道。推进涪江、信江等智慧航道建设。推进船闸智能化升级，加强梯级船闸联合调度。完善船岸、船舶通信系统，增强船舶航行全过程船岸协同能力。开发应用电子海图和电子航道图的船载终端。

(5) 智慧民航。围绕智慧出行、智慧物流、智慧运行和智慧监管，实施容量挖潜提升工程，推进枢纽机场智慧化升级，建设民航智慧化运营管理系统。

(6) 智慧城市轨道交通。推进自主化列车运行控制系统研发，推动不同制式的轨道交通信号系统和有条件线路间的互联互通。构建智慧乘务服务、网络化智能运输组织调度、智慧能源管理、智能运维等系统。推广应用智能安检、移动支付等技术。

(7) 综合交通运输信息平台。完善综合交通运输信息平台功能，推进地方交通大数据中心和综合交通运输信息平台一体化建设。实施铁路12306和95306平台优化提升工程。推广进口集装箱区块链电子放货平台应用。建设郑州等航空物流公共信息平台。研究建设无人驾驶航空器综合监管服务平台。

4. 国家长期规划中的物流技术及设施

为加快建设交通强国，构建现代化高质量国家综合立体交通网，支撑现代化经济体系和社会主义现代化强国建设，国务院于2021年2月印发了《国家综合立体交通网规划纲要》，其规划期为2021至2035年，远景展望到21世纪中叶。

该规划纲要预计，我国货物运输需求稳中有升，高价值、小批量、时效强的需求快速攀升。预计2021至2035年全社会货运量年均增速为2%左右，邮政快递业务量年均增速为6.3%左右。外贸货物运输保持长期增长态势，大宗散货运量未来一段时期保持高位运行状态。东部地区货运需求仍保持较大规模，中西部地区增速将快于东部地区。

1) 规划发展目标

到2035年，基本建成便捷顺畅、经济高效、绿色集约、智能先进、安全可靠的现代化高质量国家综合立体交通网，实现国际国内互联互通、全国主要城市立体畅达、县级节点有效覆盖，有力支持"全国123出行交通圈"(都市区1小时通勤、城市群2小时通达、全国主要城市3小时覆盖)和"全球123快货物流圈"(国内1天送达、周边国家2天送达、全球主要城市 3 天送达)。交通基础设施质量、智能化与绿色化水平居世界前列。交通运输全面适应人民日益增长的美好生活需要,有力保障国家安全,支撑我国基本实现社会主义现代化。

2) 构建完善的国家综合立体交通网

国家综合立体交通网连接全国所有县级及以上行政区、边境口岸、国防设施、主要景区等。以统筹融合为导向,着力补短板、重衔接、优网络、提效能,更加注重存量资源优化利用和增量供给质量提升。完善铁路、公路、水运、民航、邮政快递等基础设施网络,构建以铁路为主干,以公路为基础,水运、民航比较优势充分发挥的国家综合立体交通网。

到 2035 年,国家综合立体交通网实体线网总规模合计 70 万公里左右(不含国际陆路通道境外段、空中及海上航路、邮路里程)。其中铁路 20 万公里左右,公路 46 万公里左右,高等级航道 2.5 万公里左右。沿海主要港口 27 个,内河主要港口 36 个,民用运输机场 400 个左右,邮政快递枢纽 80 个左右。

3) 完善面向全球的运输网络

围绕陆海内外联动、东西双向互济的开放格局,着力形成功能完备、立体互联、陆海空统筹的运输网络。发展多元化国际运输通道,重点打造新亚欧大陆桥、中蒙俄、中国—中亚—西亚、中国—中南半岛、中巴、中尼印和孟中印缅等 7 条陆路国际运输通道。发展以中欧班列为重点的国际货运班列,促进国际道路运输便利化。强化国际航运中心辐射能力,完善经日韩跨太平洋至美洲,经东南亚至大洋洲,经东南亚、南亚跨印度洋至欧洲和非洲,跨北冰洋的冰上丝绸之路等 4 条海上国际运输通道,保障原油、铁矿石、粮食、液化天然气等国家重点物资国际运输,拓展国际海运物流网络,加快发展邮轮经济。依托国际航空枢纽,构建四通八达、覆盖全球的空中客货运输网络。建设覆盖五洲、连通全球、互利共赢、协同高效的国际干线邮路网。

4) 推进交通与邮政快递融合发展

推动在铁路、机场、城市轨道等交通场站建设邮政快递专用处理场所、运输通道、装卸设施。在重要交通枢纽实现邮件快件集中安检、集中上机(车),发展航空、铁路、水运快递专用运载设施设备。推动不同运输方式之间邮件快件装卸标准、跟踪数据等有效衔接,实现信息共享。发展航空快递、高铁快递,推动邮件快件多式联运,实现跨领域、跨区域和跨运输方式顺畅衔接,推进全程运输透明化。推进乡村邮政快递网点、综合服务站、汽车站等设施资源整合共享。

5) 推进交通与现代物流融合发展

加强现代物流体系建设,优化国家物流大通道和枢纽布局,加强国家物流枢纽应急、冷链、分拣处理等功能区建设,完善与口岸衔接,畅通物流大通道与城市配送网络交通线网连接,提高干支衔接能力和转运分拨效率。加快构建农村物流基础设施骨干网络和末端网络。发展高铁快运,推动双层集装箱铁路运输发展。加快航空物流发展,加强国际航空货运能力建设。培育壮大一批具有国际竞争力的现代物流企业,鼓励企业积极参与全球供应链重构与升级,依托综合交通枢纽城市建设全球供应链服务中心,打造开放、安全、稳定的全球物流供应链体系。

6) 推进智慧发展

提升智慧发展水平。加快提升交通运输科技创新能力，推进交通基础设施数字化、网联化。推动卫星通信技术、新一代通信技术、高分遥感卫星、人工智能等行业应用，打造全覆盖、可替代、保安全的行业北斗高精度基础服务网，推动行业北斗终端规模化应用。构建高精度交通地理信息平台，加快各领域建筑信息模型技术自主创新应用。全方位布局交通感知系统，与交通基础设施同步规划建设，部署关键部位主动预警设施，提升多维监测、精准管控、协同服务能力。加强智能化载运工具和关键专用装备研发，推进智能网联汽车(智能汽车、自动驾驶、车路协同)、智能化通用航空器应用。鼓励物流园区、港口、机场、货运场站广泛应用物联网、自动化等技术，推广应用自动化立体仓库、引导运输车、智能输送分拣和装卸设备。构建综合交通大数据中心体系，完善综合交通运输信息平台。完善科技资源开放共享机制，建设一批具有国际影响力的创新平台。

加快既有设施智能化。利用新技术赋能交通基础设施发展，加强既有交通基础设施提质升级，提高设施利用效率和服务水平。运用现代控制技术提升铁路全路网列车调度指挥和运输管理智能化水平。推动公路路网管理和出行信息服务智能化，完善道路交通监控设备及配套网络。加强内河高等级航道运行状态在线监测，推动船岸协同、自动化码头和堆场发展。发展新一代空管系统，推进空中交通服务、流量管理和空域管理智能化，推进各方信息共享。推动智能网联汽车与智慧城市协同发展，建设城市道路、建筑、公共设施融合感知体系，打造基于城市信息模型平台、集城市动态静态数据于一体的智慧出行平台。

视频链接：国务院印发物流业发展中长期规划。https://v.qq.com/x/page/r03910mf75r.html
https://www.iqiyi.com/v_19rrnkqiv8.html

本章小结

本章介绍了我国物流技术与设备的发展过程及现状，在我国经济高速发展的同时，我国物流技术与装备也取得了长足的发展，物流基础设施建设改变了相对落后的局面，甚至出现过剩。智能仓储、无人机配送及信息技术等与国际同步发展。我国物流装备、制造技术在某些方面已经达到国际先进水平，比如，集装箱装卸机械制造技术已居世界先行行列。物流技术与设备是进行物流活动的物质技术基础，也是生产力发展水平与物流现代化程度的重要标志。

《"十四五"现代综合交通运输体系发展规划》和《物流业发展中长期规划(2021—2035年)》中，对物流的基础设施建设及新技术装备制造和应用都有详尽的规划。

思考题

1. 简述物流技术与设备的地位和作用。
2. 简述物流技术与设备的发展趋势。
3. 《"十四五"现代综合交通运输体系发展规划》中确定了哪些主要目标？
4. 我国《物流业发展中长期规划》中对哪些物流基础设施及新技术做了规划？

第2章
物流运输设备

学习目标

通过本章的学习，应该掌握运输设备的基本知识，熟悉公路、铁路、水路、航空、管道等5种运输方式的各自的优缺点，理解五种运输方式的基础设施、设备相关的、现行的国家标准，掌握5种运输方式的基础设施、设备的分类、技术参数及其性能指标。

核心要点

- 公路、铁路、水路、航空、管道等5种运输方式的各自的特点。
- 5种运输方式的各自常见的运输设备、设备的分类、技术参数及其性能指标。

2.1　物流运输设备概述

物流运输业的发展是衡量一个国家现代化程度和综合国力的重要指标，现代物流产业已成为我国经济新的增长点，也是现代物流产业的重要环节，现代物流运输为我国交通运输业的发展带来了契机。

目前我国一般的工业产品，出厂后经过装卸、储存、运输等各个物流环节到消费者手中，期间的流通费用约占商品价格的50%，而新鲜的水果、蔬菜、易腐食品、某些化工产品的流通费用，有时高达商品售价的70%。在我国汽车零配件的生产过程中，90%以上的时间是原材料、零配件的储存、装卸和搬运时间。在各种产品的生产和流通环节中还有大量的原材料、零部件和产品库存，这些费用与时间上的消耗及大量存在的库存，为物流业的发展提供了广阔的市场前景，尤其是高速度、高质量的物流运输潜力巨大。

我国交通运输基础设施网络日趋完善，综合交通网络总里程突破600万公里，"十纵十横"综合运输大通道基本贯通，高速铁路运营里程翻一番、对人口100万以上城市覆盖率超过95%，高速公路对人口20万以上城市覆盖率超过98%，民用运输机场覆盖92%左右的地级市，超大特大城市轨道交通加快成网，港珠澳大桥、北京大兴国际机场、上海洋山港自动化码头、京张高速铁路等超大型交通工程建成投运。

2.2　公路运输设施与设备

在国务院常务会议审议通过《国家高速公路网规划》之后，我国高速公路进入了系统化、网络化发展的新阶段。国家高速公路网由7条首都放射线、9条南北纵向线和18条东西横向线组成，简称为"7918 网"，总规模约 8.5 万公里。高速公路网络的效益日益显现，在国民经济和社会发展中发挥着越来越重要的支撑作用。

随着经济全球化进程的加快和市场竞争的日益加剧，一个高效、便捷、安全的公路货运系统和物流配送体系，不仅成为各个国家或地区投资环境的重要组成部分，也日益成为决定国家或地区制造业竞争力的重要因素。因此，实现公路货运现代化和提高货运装备的水平，已经成为提高国家竞争力的一项重要的基础性任务。

现阶段公路货运现代化建设应当以改善和提高货运装备的水平、优化货运车辆结构为重点，以规范市场竞争秩序和建立良好的运输市场环境为条件，以深化运输管理体制改革和调整运输管理政策为推动力，带动运输组织形式和运输组织结构的优化。公路货运装备的发展要符合公路货运发展的要求，要大力推进运输装备的专用化、高效化、标准化和信息化，要进一步提高运输装备的安全性和适应性，要满足先进运输组织技术的要求。

2.2.1　公路运输方式的特点

公路运输方式的特点如下。

1) 机动灵活，适应性强

公路运输网一般比铁路、水路网的密度要大十几倍，分布面也广。公路运输在时间方面的机动性也比较大，车辆可随时调度、装运，各环节之间的衔接时间较短。公路运输尤其对货运量具有很强的适应性，汽车的载重吨位有小(0.25～1 吨左右)有大(200～300 吨左右)，既可以单个车辆独立运输，也可以由若干车辆组成车队同时运输，这一点对抢险、救灾工作和军事运输具有特别重要的意义。

2) 可实现"门到门"直达运输

由于汽车体积较小，中途一般也不需要换装，除了可沿分布较广的路网运行，还可离开路网深入到工厂、企业、农村、城市居民住宅等地，即可以把旅客和货物从始发地门口直接运送到目的地门口，实现"门到门"直达运输。

3) 在中短途运输中，运送速度较快

在中短途运输中，由于公路运输可以实现"门到门"直达运输，中途不需要倒运就可以直接将货物运达目的地。因此，与其他运输方式相比，其在途时间较短，运送速度较快。

4) 原始投资少，资金周转快

公路运输与铁路、水路、航空运输方式相比，所需固定设施简单，车辆购置费用一般也比较低。因此，投资兴办容易，投资回收期短。据有关资料表明，在正常经营情况下，公路运输的投资每年可周转 1～3 次，而铁路运输则需要 3～4 年才能周转一次。

5) 掌握车辆驾驶技术较容易

相对于火车司机或飞机驾驶员的培训要求来说，汽车驾驶技术比较容易掌握，对驾驶员的各方面素质要求也相对较低。

6) 运量较小，运输成本较高

与火车、轮船相比，汽车的一次运量要少得多；由于汽车载重量小，行驶阻力比铁路大 9～14 倍，所消耗的燃料又是价格较高的液体汽油或柴油。因此，除了航空运输，汽车运输的成本是最高的。

7) 运行持续性较差

在现代运输方式中，公路的平均运距是最短的，运行持续性较差。

8) 安全性较低，对环境的污染较大

随着上路车辆的增加，死于汽车交通事故的人数急剧增加，平均每年达 50 多万人，这个数字超过了艾滋病、战争和结核病人每年的死亡人数。而且汽车所排出的尾气和引起的噪声也严重威胁着人类的健康，成为大城市环境污染的最大污染源。

2.2.2　公路运输的基础设施

四通八达，遍布全国的各等级公路网是公路运输的基础设施。

1. 公路

1) 公路的定义

现代公路是指连接城市之间、城乡之间、乡村与乡村之间、和工矿基地之间，按照国家技术标准修建的，由公路主管部门验收认可的道路，包括高速公路、一级公路、二级公路、三级公路、四级公路，但不包括田间或农村自然形成的小道。主要供汽车行驶并具备一定技术标准和设施。

2) 公路的主要组成部分

公路包括路基、路面、桥梁、涵洞、渡口码头、隧道、绿化、通信、照明等设备及其他沿线设施组成。

3) 公路等级划分

(1) 序数型等级。根据我国现行的《公路工程技术标准》(JTJ001-2014)，公路按使用任务、功能和适应的交通量分为高速公路、一级公路、二级公路、三级公路、四级公路五个等级(数字分级是传统等级体系，高速公路是后来出现的)。其中，高速和一级为高等级公路，二级居中，三四级为低等级。

(2) 行政级别型等级。分为国道、省道、县道。

(3) 快慢分级。分为高速公路、快速公路、普通公路三大档次。

世界各国公路等级大体相似，但其分类指标不完全相同。

2. 国家高速公路网——"7918"

国家高速公路网规划采用放射线与纵横网格相结合的布局方案，形成由中心城市向外放射，以及横连东西、纵贯南北的大通道，由 7 条首都放射线、9 条南北纵向线和 18 条东西横向线组成，简称为"7918" 网。总规模约 8.5 万公里，其中主线 6.8 万公里，地区环线、联络线等其他路线约 1.7 万公里，具体如下。

➢ 首都放射线 7 条：北京—上海、北京—台北、北京—港澳、北京—昆明、北京—拉萨、 北京—乌鲁木齐、北京—哈尔滨。

➢ 南北纵向线 9 条：鹤岗—大连、沈阳—海口、长春—深圳、济南—广州、大庆—广州、 二连浩特—广州、包头—茂名、兰州—海口、重庆—昆明。

➢ 东西横向线 18 条：绥芬河—满洲里、珲春—乌兰浩特、丹东—锡林浩特、荣成—

乌海、青岛—银川、青岛—兰州、连云港—霍尔果斯、南京—洛阳、上海—西安、上海—成都、上海—重庆、杭州—瑞丽、上海—昆明、福州—银川、泉州—南宁、厦门—成都、汕头—昆明、广州—昆明。

3. 国家高速公路网命名及规则

1) 国家高速公路命名规则

(1) 国家高速公路网主线及联络线名称由路线起讫点的地名中间加连接符"—"组成，全称为"××—××高速公路"。路线简称用起讫点地名的首位汉字组合表示，如"沈阳—海口高速公路"，简称"沈海高速"。也可以采用起讫点城市或所在省(区、市)的简称表示，如"北京—哈尔滨高速公路"，简称"京哈高速"。

(2) 地区环线名称以地区名称命名，全称为"××地区环线高速公路"，简称为"××环线高速"。如"杭州湾地区环线高速公路"，简称"杭州湾环线高速"。

(3) 城市绕城环线名称以城市名称命名，全称为"××市绕城高速公路"，简称为"××绕城高速"。如"沈阳市绕城高速公路"，简称"沈阳绕城高速"。

(4) 国家高速公路网的路线简称不可重复。如出现重复时，采用行政区划名称的第二或第三位汉字替换等方式加以区别。

2) 国家高速公路编号规则

(1) 编号结构。国家高速公路网编号由字母标识符和阿拉伯数字编号组成。

(2) 字母标识符。国家高速公路是国道网的重要组成部分，路线字母标识符采用汉语拼音"G"表示。

(3) 数字及数字与字母编号。其具体规则如下。

A. 首都放射线编号为 1 位数，由正北开始按顺时针方向升序编排，编号区间为 1~9。

B. 纵向路线编号为 2 位奇数，由东向西升序编排，编号区间为 11~89。

C. 横向路线编号为 2 位偶数，由北向南升序编排，编号区间为 10~90。

D. 并行路线的编号采用主线编号后加英文字母"E""W""S""N"组合表示；"E""W""S""N"分别表示并行路线在主线的东、西、南、北方位。

E. 地区环线的编号按照由北向南的顺序排列，编号区间为 91~99。

F. 联络线的编号为 4 位数，由主线编号＋"1"＋联络线顺序号组成。联络线的顺序号按照主线前进方向由起点向终点顺序排列。

G. 城市绕城环线的编号为 4 位数，由主线编号＋"0"＋城市绕城环线顺序号组成。主线编号为该环线所连接的纵线和横线中编号最小者，如该主线所带城市绕城环线编号空间已全部使用，则先用主线编号次小者，依此类推。如该环线仅有放射线连接，则在 1 位数主线编号前以"0"补位。同一条国家高速公路穿越多个省(区、市)，所连接的城市绕城环线的编号在各个省(区、市)单独排列。在不同省(区、市)允许出现相同的城市绕城环线编号。

3) 国家高速公路出口编号规则

(1) 国家高速公路出口编号一般为阿拉伯数字，其数值等于该出口所在互通立交中心里程桩号的整数值；桩号值超过千位时，仅保留后三位的数值。如某出口处桩号为 K15＋700，则该出口编号为 15；某出口处桩号为 K2036＋700，则该出口编号为 36。

(2) 同一枢纽式互通立交在同一主线方向有多个出口时，该枢纽互通立交所有主线出口统一编号，采用出口编号后加英文字母组合表示。出口编号按照桩号递增方向逆时针排列，英文字母按照"A""B""C""D"……序列排序。如某枢纽互通桩号为 K15＋700，在主线 K15＋200、K16＋200 和反方向 K16＋200、K15＋200 处有 4 个出口，则该出口编号为 15A、15B 和 15C、15D。

4) 省级高速公路网命名和编号与国家高速公路网的衔接

(1) 省级高速公路网路线的命名和编号规则应与国家高速公路网的命名和编号规则保持一致。

(2) 省级高速公路网路线编号的字母标识符采用汉语拼音"S"表示。

(3) 省级高速公路网路线数字编号应当尽可能避免与本省(区、市)境内的国家高速公路网路线数字编号重复。

2.2.3 常见的公路运输设备

以下简单介绍几种常见的公路运输设备。

1. 厢式汽车

厢式汽车(见图 2-1)定义为：具有独立的封闭结构车厢或与驾驶室连成一体的整体式封闭结构车厢，装备有专用设施，用于载运人员、货物或承担专门作业的专用汽车和汽车列车。

厢式汽车按其功能可分为普通厢式运输车(厢式汽车)和特殊用途的厢式车(专用厢式车)。后开门的硬体厢式汽车、软篷厢式运输车、篷布厢式运输车、翼开式厢式运输车等属于普通厢式运输车；冷藏车、保温车、邮政车、救护车、运钞车等属于特殊用途的厢式车。因其特殊的功能，其他车型无法替代厢式汽车，故在物流运输中具有很大优势。

厢式运输安全、可靠，对货物损伤较小。与裸露的汽车运输相比，厢式汽车的防护条件好，避免了刮风、下雨等气候变化对货物的损伤；同时，由于厢式汽车运输是封闭式运输，能够减少货物被盗的损失，大大提高了货物运输的安全性。厢式车运输可以满足客户的各种需求，随着不同行业对物流服务需求的增加，客户对货物运输质量的要求也逐渐提高。如有的要求防震，有的要求特殊包装，有的要求无菌，有的要求冷冻或保鲜等，对此裸露运输是无法达到要求的，而厢式运输却可以通过对货物进行特殊处理，如冷藏、保鲜、隔离、悬挂、防震、充氧等来最大限度地满足客户的需求。同时，厢式车运输还有不污染环境、美观、保护交通设施、维护交通安全等优点。多年来，我国敞开式裸露运输汽车(非厢式)的超载现象尤为突出，对公路、桥梁损害程度较大，而厢式汽车运输由于车型是按统一标准设计的，一般不会大量超载，对交通设施的损害大大减少，提高了交通安全性，也有利于物流运输行业的健康发展。正是因为厢式汽车具有以上优点，目前在发达国家的公路货运车辆中，厢式汽车的比例在90%以上。

图 2-1　厢式汽车

2. 罐式汽车

罐式汽车(见图 2-2)定义为：装置有罐状的容器，并且通常带有工作泵，用于运输液体、气体或粉状物质，以及完成特定作业任务的专用汽车。

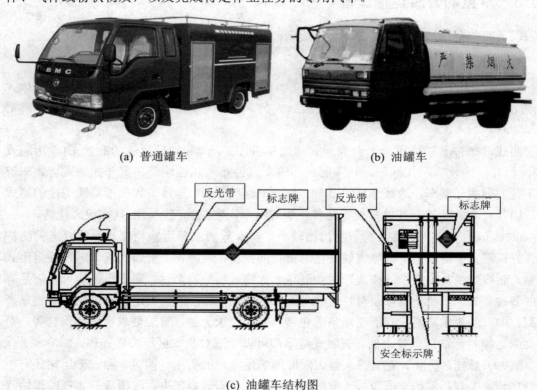

(a) 普通罐车　　　　　　　　　　　　　　　　(b) 油罐车

(c) 油罐车结构图

图 2-2　罐式汽车

1) 罐式汽车的分类

按运输货物种类和作业性质，可将罐式汽车分为以下几类。

(1) 液罐汽车：用于装运液体物质的罐式汽车，如装运水、轻质燃油、润滑油、酸类、饮料、牛奶、酒类等的罐式汽车。

(2) 粉罐汽车：用于装运散装粉状物料的罐式汽车，如装运水泥、面粉、滑石粉、粉煤灰等的罐式汽车。

(3) 颗粒罐汽车：用于装运散装颗粒状物料的罐式汽车，如装运谷物、豆类、颗粒盐、粒状塑料等的罐式汽车，其结构与散装粉罐汽车基本相似。

(4) 气罐汽车：用于装运液化气体的罐式汽车，如装运液化石油气、液氮、液氧等的罐式汽车。

(5) 其他专用罐式汽车：能完成某种作业的罐式汽车，如绿化洒水车、沥青洒布车等。

2) 罐式汽车的特点

罐式汽车具有以下几个特点。

(1) 提高了运输效率。由于罐体式装载物料的容器，可以采用机械化装卸方式，大大缩短了装卸时间，加快了车辆周转，提高了运输效率。

(2) 由于罐体通常是密封容器，罐体内的物料不受气候条件影响。若物料对温度有要求，还可以做成隔热罐体、加热罐体等特殊结构的罐体来保护物料。因此物料不易变质，也不易污染和泄漏。

(3) 改善装卸条件，减轻劳动强度。罐式汽车运输可实现装、运、卸机械化，且都在封闭状态下进行，大大减少了工人人数和减轻了劳动强度，也减少了粉尘飞扬和散发异味。

(4) 节省包装材料、降低运输成本。物料散装运输，节省了包装材料，增加了装载质量，降低了运输成本。

(5) 有利于安全运输。由于密封运输，物料不会泄漏，即使运载有毒、有害物质，也不会污染环境。对于易爆易燃物品，也不易产生意外事故。

(6) 罐体是专用设备，只能装载规定的物料，往往在返程时是空车。

(7) 装卸货物要有相应的装料设备和接收设备。

3. 自卸车

自卸车(见图 2-3)定义为：装有由本身发动机驱动的液压举升机构，能将车厢卸下或使车厢倾斜一定角度，货物依靠自重能自行卸下的专用汽车。在日常生活中，人们也通常把自卸车称作翻斗车，是常用的运输机械。

在土木工程中，自卸车常与挖掘机、装载机、带式输送机等联合作业，构成装、运、卸生产线，进行土方、砂石、松散物料的装卸运输。由于装载车厢能自动倾翻一定角度卸料，可以大大节省卸料时间和劳动力，缩短运输周期，提高生产效率，降低运输成本，并标明装载容积。

自卸车的分类如下。

(1) 按底盘承载能力可分为轻卡系列自卸、中吨系列自卸和大吨位系列自卸。

(2) 按驱动形式可分为单桥自卸、双桥自卸、前四后八自卸、前四后十自卸等不同系列车型。

(3) 按卸载液压举升机构不同可分为单顶自卸和双顶自卸。

图 2-3　自卸车

4. 半挂牵引车

半挂牵引车(见图 2-4)是装备有特殊装置用于牵引半挂车的商用车辆。

对于半挂牵引车，车辆分类的依据是：处于行驶状态中的半挂牵引车的质量，与半挂车传递到牵引车上最大垂直静载荷和牵引车自身最大设计装载质量的和。

半挂牵引车的分类如下。

(1) 准拖挂车总质量不超过 25 吨的半挂牵引车。

(2) 准拖挂车总质量大于 25 吨、不超过 40 吨的半挂牵引车。

(3) 准拖挂车总质量大于 40 吨的半挂牵引车。

图 2-4　半挂牵引车

5. 冷藏保温车

冷藏保温车 (refrigerated and insulated vehicles)，如图 2-5 所示。在 2021 年 8 月 20 日发布，2022 年 3 月 1 日实施的国家标准《冷藏保温车选型技术要求》(GB/T 40475—2021)中将其定义为：装备温度调节设备、车厢具有一定保持预设温度范围功能的货物运输车辆，包括冷藏保温货车和冷藏保温挂车。

《冷藏保温车选型技术要求》(GB/T 40475—2021)

冷藏保温车是低温冷链物流中的一个重要环节的关键设备。冷藏保温车在冷藏运输过程中工作可靠、性能发挥稳定是保证易腐、保鲜食品在运输过程中的安全性的关键所在。公路运输冷藏保温车通常由专用汽车底盘、保温厢体、制冷机组三部分组成。

1) 冷藏保温车的分类

(1) 按底盘承载能力可分为：微型冷藏保温车、小型冷藏保温车、中型冷藏保温车、大型冷藏保温车。

(2) 按车厢型式可分为：面包式冷藏保温车、厢式冷藏保温车、半挂冷藏保温车。

2) 冷藏保温车的保温厢体

冷藏保温车的保温厢体大多采用分片拼装的"三明治"板黏接式技术，利用这种技术生产的冷藏车隔热性能较高。也即，厢体外层采用玻璃钢，质轻而硬，不导电，机械强度高，耐腐蚀。中间层为发泡聚氨酯隔热材料，厚度8cm，重量轻，漏热率(导热系数)低，强度高，保温效果好，隔热性达到国家 A 级标准。内层采用玻璃钢、彩钢板、铝合金、不锈钢等材料组成。

保温厢体的密封性也很重要。它可以减少与外界的热量交换，保证冷藏柜内保持较低温度，防止食物变质。

保温厢体还应具有质量轻、保温系数高、抗冲击力强、无渗漏等特点，对大气、水和酸、碱、盐等介质具有良好的耐腐蚀性和抗老化性，保证各种食物放置不会给箱体带来损害，从而影响箱体下电池组等部件正常使用。

不同的货品对厢体都有不同的要求。比如，运送鲜肉的冷藏车需要在厢体上定制挂钩、拦腰、铝合金导轨、通风槽等选装件；为门店做配送的冷藏车批量小、品种多、需要多温层冷藏车；温度需求不一、装卸频繁则需要多开门冷藏车。

制冷机组分为非独立制冷机组和独立制冷机组。国产机组与进口机组等。一般车型都采用外置式冷机，少数微型冷藏车采用内置式冷机。

一般地，6 米以上的厢体适于选择独立机组，可根据厢体的长短来确定独立机组的大小。低于 6 米以下的厢体宜选用非独立机组，厢温均指能达到-20℃。

根据冷藏保温车所运货品对温度要求，可选用深冷机组或保鲜机组。从价格上来说深冷要贵，保鲜机组相对便宜。对于便宜的保鲜机组来说，机组本身不具备除霜功能。

图 2-5 冷藏保温车

阅读材料 2-1 全国快递业务量已连续 7 年居世界首位

国家邮政局发布《2020 年中国快递发展指数报告》。报告显示，2020 年，面对严峻复杂的国际形势和新冠肺炎疫情的严重冲击，我国快递业务量连续 7 年稳居世界首位，占全球六成以上。

2020 年，中国快递发展指数为 1 259.1，同比提高 26.1%。其中，发展规模指数为 2 831，同比提高 28.3%。2020 年，全国快递业务量完成 833.6 亿件，同比增长 31.2%，全年业务增量近 200 亿件，增速和增量均创历史新高。快递业务量连续 7 年稳居世界首位，占全球六成以上。快递企业日均快件处理量超 2.3 亿件，同比增长 35.3%；最高日处理量达 6.8 亿件，同比增长 25.9%。在新冠肺炎疫情的不利影响下，行业增长远超预期，为宏观经济复苏提供重要支撑。

2020 年，快递发展普及指数为 416.5，同比提高 7.1%。快递企业日均服务 4.5 亿人次，相当于全国每天有 1/3 的人享受快递服务。人均快件使用量约 59 件，同比增加 14 件，增幅明显。快递业务收入占国内生产总值比重达 8.7‰，同比提高 0.11 个百分点，快递业务收入增速是国内生产总值增速的 7.5 倍。新增社会就业 20 万人以上。

《2020 年中国快递发展指数报告》中还显示，中部地区业务量首次突破百亿件。此外，快递业支撑实物商品网上零售额达 9.8 万亿元。

国家邮政局数据显示，2020 年，中部地区业务量首次突破百亿件，达 110.9 亿件，同比增长 35.2%，比全国增速高 4 个百分点，在全国业务量中的比重达 13.3%。除湖北受疫情影响业务量增速放缓外，中部地区其他省份增速均超 2019 年，其中山西、河南、江西、湖南、安徽等省持续发力，业务量增速均超 40%。

此外，2020 年快递业从服务产业链向服务全领域转型升级，在与电商协同发展方面，快递业从服务传统电商向服务微商、网络直播等新型电商拓展，支撑实物商品网上零售额达 9.8 万亿元，占社会消费品零售总额比重进一步提升至 24.9%。

2020 年，快递业加快农村地区发展步伐，全国乡镇快递网点覆盖率达 98%，基本实现"乡乡有网点"。

(资料来源：https://news.cctv.com/2021/05/10/ARTITId1LwQfRYWv2aTtTuPz210510.shtml，|2021 年 05 月 10 日 07:50，央视网)

2.3 铁路运输设备

2.3.1 铁路运输概述

铁路运输是一种陆上运输方式，以两条平行的铁轨引导火车行走。与国民经济中的大多数行业相比，铁路运输业属于资本密集型行业。与公路运输相比，铁路运输企业的资本密度也要高得多。铁路行业资本密集度较高的原因之一是出于系统的整体效率及运行安全性考虑，铁路网的经营管理与铁路运输业务一般是在同一个企业内进行，而不是分别由不同的企业进行管理。与之对比，公路运输中的运输业务与道路经营一般是分开的。

国务院印发的《全国国土规划纲要(2016—2030 年)》提出，建设发达完善的铁路网。加快高速铁路、区际干线、国土开发性铁路建设，积极发展城际、市郊(域)铁路，完善区域铁路网络，优化城镇密集区交通网络。到 2030 年，全国铁路营业里程达到 20 万公里以上。随着哈大高铁的正式开通运营，我国电气化铁路总里程已突破 4.8 万公里，其中我国高速铁路已达 8 600 余公里，超越了俄罗斯稳居世界首位。我国已成为世界上高速铁路发展最快、系统技术最全、集成能力最强、运营里程最长、运营速度最高、在建规模最大的国家。

铁路运输实现客货分线，使铁路货运能力大幅提升。我国已经系统掌握了大功率电力、内燃机车和重载货车的核心技术，形成了具有自主知识产权的大功率机车系列产品，自主研制了载重 70 吨通用货车、80 吨煤炭专用货车、100 吨矿石和钢铁专用货车。我国还首次在世界上实现了机车无线同步操纵技术与铁路数字移动通信系统的结合,确保了近 3 公里长的重载列车同步接受指令,同步实施控制。由于重载运输的发展,满足了每年 2 亿吨的铁路货运增量。

我国铁路的路网密度和运输密度东部最高,中部次之,西部最低。因此,不能因为西部的路网密度低就认为中国路网布局不合理。由于中国的铁路建设不完全是按照经济利益原则,而是照顾到民族问题、地区公平等,因此,在西部铁路运输密度低于全国平均水平的情况下,国家仍旧在大力发展西部铁路。2006 年 7 月 1 日青藏铁路正式全线建成通车,是世界海拔最高、线路最长的高原铁路。青藏铁路自开通运营到 2010 年底,运送货物 1.23 亿吨,所创新的冻土成套工程技术达到国际领先水平,推进了世界冻土工程技术的发展,是中国铁路对 21 世纪世界工程建设领域作出的重要贡献。

2.3.2　铁路机车

铁路机车按牵引动力来划分,目前有蒸汽机车、内燃机车和电力机车三类。

1. 蒸汽机车

蒸汽机车(见图 2-6)是利用蒸汽机把燃料的热能转变成机械能,从而使机车运行的一种火车机车。它主要由锅炉、蒸汽机、车架走行部和煤水车四大部分组成。

我国制造的机车有解放型、跃进型、上游型、前进型、胜利型、人民型和建设型。

蒸汽机车热效率很低,锅炉内燃料燃烧的热量只有一部分转变为蒸汽的热能,锅炉的效率一般为 50%~80%。蒸汽在汽机内做功,汽机效率只有 10%~15%。此外,在汽机到轮周的力的传递中,机械效率为 80%~95%。因此蒸汽机车的最高热效率只有 8%~9%,而且在车站停车,在机务段整备、停留等仍需消耗燃料,所以实际热效率只有 5%~7%。

目前,新的动力机车逐渐代替了蒸汽机车。

图 2-6　蒸汽机车

阅读材料 2-2　蒸汽机车的工作原理

蒸汽机车是蒸汽机在交通工具上运用的最好范例。众所周知,蒸汽机是靠蒸汽的膨胀作用来做功的,蒸汽机车的工作原理也不例外。当司炉把煤填入炉膛时,煤在燃烧过程中,它蕴藏的化学能就转变成热能，将机车锅炉中的水加热、汽化，形成400℃以上的过热蒸汽，再进入蒸汽机膨胀做功，推动汽机活塞往复运动，活塞通过连杆、摇杆，将往复直线运动变为轮转圆周运动，带动机车动轮旋转，从而牵引列车前进。从这个工作过程可以看出，蒸汽机车必须具备锅炉、蒸汽机、车架走行和煤水车四大部分组成。

蒸汽机车的主要组成部分，如图2-7所示。

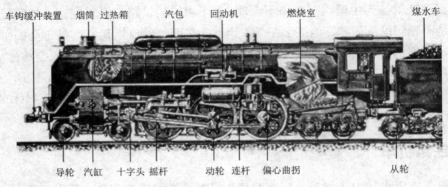

图2-7　蒸汽机车的主要组成部分

锅炉是燃料(一般是煤)燃烧将水加热使之蒸发为蒸汽，并储存蒸汽的设备。它由火箱、锅胴和烟箱组成。火箱位于锅炉的后部，是煤燃烧的地方，在内外火箱之间容纳着水和高压蒸汽。锅炉的中间部分是锅胴，内部横装大大小小的烟管，烟管外面储存锅水。这样，烟管既能排出火箱内的燃气又能增加加热面积。燃气在烟管通过时，将热传给锅水或蒸汽，提高了锅炉的蒸发率。锅炉的前部是烟箱，它利用通风装置将燃气排出，并使空气由炉床下部进入火箱，达到诱导通风的目的。锅炉还安装有汽表、水表、安全阀、注水器等附属装置。锅炉示意图，如图2-8所示。

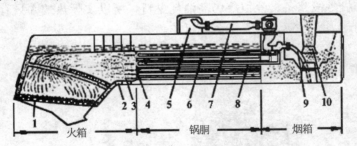

1. 炉床　2. 外火箱　3. 内火箱　4. 火箱管板　5. 汽包　6. 过热管
7. 干燥管　8. 大烟管　9. 主蒸汽管　10. 烟筒

图2-8　锅炉示意图

蒸汽机是将蒸汽的热能转变为机械能的设备，它由汽室、汽缸、传动机构和配汽机构所组成。汽室与汽缸是两个相叠的圆筒，在机车的前端两侧各有一组。上部的汽室与下部的汽缸组合，通过进汽、排汽推动活塞往复运动。配汽机构使汽阀按一定的规律进汽和排汽。传动机构则通过活塞杆、十字头、摇杆、连杆等，把活塞的往复运动变成动轮的圆周运动。蒸汽机结构图，如图2-9所示。

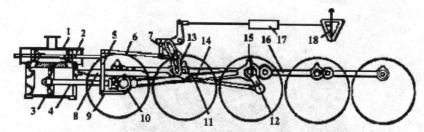

1. 汽室　2. 汽阀杆　3. 汽缸　4. 活塞杆　5. 合并杆　6. 半径杆　7. 滑块　8. 滑床板　9. 结合杆　10. 十字头
11. 偏心杆　12. 偏心曲拐　13. 月牙板　14. 摇杆　15. 主曲拐销　16. 连杆　17. 回动机　18. 回动手把

图 2-9　蒸汽机结构图

蒸汽机车的走行部分包括轮对、轴箱和弹簧装置等部件。轮对分导轮、动轮、从轮三种。安装在机车前转向架上的小轮对叫导向轮对，机车前进时，它在前面引导，使机车顺利通过曲线。机车中部能产生牵引力的大轮对叫动轮。机车后转向架上的小轮对叫从轮，除了担负一部分重量外，当机车倒行时还能起导轮作用。轴箱和车辆的滑动轴承轴箱相类似，主要起润滑作用，防止车轴在高速运行时过热。弹簧装置的作用主要是缓和运行时的振动，减轻车轮对线路的冲击，另外还能把车架上部的重量平均分配给各个轮对。

蒸汽机车除了这三大部分，还有将这三部分组成整体的车架，以及用来供应机车用煤用水的煤水车等。

(资料来源：蒸汽机车的工作原理. 中国科普博览. http://www.kepu.net.cn/gb/technology/railway/railway_engine/200401190021.html，2007-08-02)

视频链接：蒸汽机车是这么工作的，相信很多人都没见过，太神奇了。4'15"。

https://tv.360kan.com/player?id=124dfd5c5391eb45cffada0ae95f80b9&q=%E8%92%B8%E6%B1%BD%E6%9C%BA%E8%BD%A6%E5%8F%B8%E6%9C%BA%E5%BC%80%E8%BD%A6%E8%A7%86%E9%A2%91&src=player-relate&srcg=mohe-short_video-new

视频链接：老司机的蒸汽机车情_土豆视频。18'30"。 https://www.bilibili.com/video/av84160880/

视频链接：蒸汽机车双机牵引 汽门全开震撼通过。4'53"。

https://tv.360kan.com/player?id=c0794fc17ca13da30f9e0fb624cf650c&q=%E8%92%B8%E6%B1%BD%E6%9C%BA%E8%BD%A6%E5%8F%B8%E6%9C%BA%E5%BC%80%E8%BD%A6%E8%A7%86%E9%A2%91&src=auto-play-next&srcg=mohe-short_video-new

视频链接：蒸汽机车运行合集。9'47"。https://www.bilibili.com/video/av413121380

2. 内燃机车

内燃机车(见图 2-10)是以内燃机作为原动力，通过传动装置驱动车轮的机车。根据机车上内燃机的种类，可分为柴油机车和燃气轮机车。由于燃气轮机车的效率低于柴油机车，且耐高温材料成本高、噪声大，所以其发展落后于柴油机车。在中国，内燃机车的概念通常指的是柴油机。

图 2-10　内燃机车

1)　内燃机车的分类

内燃机车按用途可分为客运、货运、调车内燃机车；按走行部形式可分为车架式和转向架式内燃车；按传动方式可分为机械传动、液力传动、电力传动内燃机车。现代机车多采用电力和液力传动。电力传动又可分为直流电力传动、交—直流电力传动和交—直—交流电力传动内燃机车。

2)　内燃机车的基本结构

内燃机车由柴油机、传动装置、辅助装置、车体走行部(包括车架、车体、转向架等)、制动装置和控制设备等组成。

(1)　柴油机：它是内燃机车的动力装置，性能指标包括汽缸数、汽缸排列形式、汽缸直径、活塞冲程、增压与否等。现代机车用的柴油机都配装废气涡轮增压器，以利用柴油机废气推动涡轮压气机，把提高了压力的空气经中间冷却器冷却后送入柴油机进气管，从而大幅度提高了柴油机功率和热效率。柴油机工作有四冲程和二冲程两种方式，同等转速的四冲程机的热效率一般高于二冲程。具有相同汽缸直径和活塞，不同缸数满足不同功率的需要。功率较小用 6 缸、8 缸直列或 8 缸 V 型，功率较大用 12 缸、16 缸、18 缸和 20 缸 V 型，其中以 12 缸、16 缸的最为常用。

(2)　传动装置：它是为使柴油机的功率传到动轴上能符合机车牵引要求而在两者之间设置的媒介装置。柴油机扭矩-转速特性和机车牵引力-速度特性完全不同，不能用柴油机来直接驱动机车动轮；柴油机有一个最低转速，低于这个转速就不能工作，柴油机因此无法启动机车；柴油机功率基本上与转速成正比，只有在最高转速下才能达到最大功率值，而机车运行的速度经常变化，使柴油机功率得不到充分利用；柴油机不能逆转，机车也就无法换向。所以，内燃机车必须加装传动装置来满足机车牵引要求。

(3)　车体走行部：包括车架、车体、转向架等基础部件。

A. 车架是机车的骨干，安装动力机、车体、弹簧装置的基础。车架为一矩形钢结构，由中梁、侧梁、枕梁、横梁等主要部分组成，上面安装有柴油机、传动装置、辅助装置和车体(包括司机室)，下面由两个转向架支撑并与车架相连，车架中梁前后两端的中下部装设车钩、缓冲装置。车架承受荷载最大，并传递牵引力使列车运行，因此，车架必须有足够的强度和刚度。

B. 车体是车架上部的外壳，起保护机车上的人员和机器设备不受风、沙、雨雪的侵袭和防寒作用。按其承受载荷情况，可分为整体承载式和非整体承载式车体；按其外形可分为罩式和棚式车体。

C. 转向架是机车的走行装置，又称台车。由构架、旁承、轴箱、轮对、车轴齿轮箱(电力传动时包括牵引电机)、弹簧、减振器、均衡梁，以及同车架的连结装置、基础制动装置等主要部件组成。其作用是承载车架及其上面装置的重量，传递牵引力，帮助机车平衡运行和顺利通过曲线。内燃机车一般具有两个 2 轴或 3 轴的转向架。

(4) 辅助装置：用于保证柴油机、传动装置、走行部、制动装置和控制调节设备等正常工作的装置。主要包括：燃油系统、冷却系统、机油管路系统、空气滤清器、压缩空气系统、辅助电气设备等。

(5) 制动设备：内燃机车都装有一套空气制动机和手制动机。

(6) 控制设备：它是控制机车速度、行驶方向和停车的设备。操纵台上的监视表和警告信号装置有空气、水、油等的压力表，主要部位温度表，电流表、电压表，主要部位超温、超压或压力不足等音响和显示警告信号。为了保证安全，便于操作，内燃机车上还装有机车信号和自动停车装置。

(7) 牵引缓冲装置：其作用是把机车和车辆连接或分立列车。在运行中传递牵引力或冲击力，缓和及衰减列车运行由于牵引力变化和制动力前后不一致而引起的冲击和振动。因此，它具有连接、牵引和缓冲的作用。

3) 内燃机车的工作原理

燃料在汽缸内燃烧，所产生的高温高压气体在汽缸内膨胀，推动活塞往复运动，连杆带动曲轴旋转对外做功，燃料的热能转化为机械功。柴油机发出的动力传输给传动装置，通过对柴油机、传动装置的控制和调节，将适应机车运行工况的输出转速和转矩送到每个车轴齿轮箱驱动动轮，动轮产生的轮周牵引力传递到车架，由车架端部的车钩变为挽钩牵引力来拖动或推送车辆。

我国从 1958 年开始制造内燃机车，先后有东风型等 3 种型号机车最早投入批量生产。1969 年后相继批量生产了东风 4 等 15 种新机型，同第一代内燃机车相比较，在功率、结构、柴油机热效率和传动装置效率上，都有显著提高；而且还分别增设了电阻制动或液力制动和液力换向、机车各系统保护和故障诊断显示、微机控制的功能；采用了承载式车体、静液压驱动等一系列新技术；机车可靠性和使用寿命方面，性能有很大提高。东风 11客运机车的速度达到了 160 公里/小时。

3. 电力机车

电力机车(见图 2-11)本身不带原动机，靠接受接触网送来的电流作为能源，由牵引电动机驱动机车的车轮。电力机车具有功率大、热效率高、速度快、过载能力强和运行可靠等主要优点，而且不污染环境，特别适用于运输繁忙的铁路干线和隧道多、坡度大的山区铁路。

按供电电流制—传动型式电力机车分为以下三类。

1) 直—直流电力机车

直—直流电力机车即直流供电—直流牵引电动机。直流电力机车是现代电力机车中最为简单的一种，它使用的是直流电源和直流串励牵引电动机，目前有些工矿电力机车、地铁电动车组和城市无轨电车仍采用这种型式。

直流电力机车具有以下特点：

(1) 机车结构简单，造价低，经济性好；

(2) 采用适合于牵引的直流串励电动机，牵引性能好，调速方便；

(3) 控制简单，运行可靠；

(4) 供电效率低；

(5) 基建投资大；

(6) 效率低，有级调速；

(7) 受牵引电动机端电压的限制，网压不可能太高，从而限制了机车功率的进一步提高。

2) 交—直流电力机车

交—直流电力机车，即交流供电—直(脉)流牵引电动机。整流器电力机车系交直型电力机车，其能量传递是将接触网供给的单相工频交流电，经机车内部的牵引变压器降压，再经整流装置将交流转换为直流，然后向直流(脉流)牵引电动机供电，从而产生牵引力牵引列车运行。因为牵引电动机取得的电能是经降压、整流获得的，故牵引电动机的端电压受牵引变压器、整流线路的影响，其机车特性区别于直流电力机车。

整流器电力机车具有以下特点。

(1) 集变压、变流、牵引为一体，简化了电气化牵引的供电设备。由于采用交流电网供电，提高了接触网的供电电压，提高电力机车的供电效率。

(2) 机车内设有变压器，调压十分方便，牵引电动机的工作电压不再受接触网电压的限制，可以选择最有利的工作电压，使牵引电动机的重量／造价比降低，同时工作更为可靠。

(3) 省略了启动电阻，电气设备的重量轻、动能耗低，电力机车的启动性能更好，运行更可靠。

3) 交—直—交流电力机车

交—直—交流电力机车，即交流供电—变流器环节—三相交流异步电动机。交直交型电力机车属于交流传动机车。由逆变器供电，机车和动车组采用交流异步电动机做牵引动力。根据变流器结构的不同，目前交(直)交型机车和动车组有电压型、电流型两种基本结构。

交流传动机车具有以下特点：

(1) 启动牵引力大；

(2) 恒功率范围宽；

(3) 黏着系数高；

(4) 电机维护简单；

(5) 功率因数高；

(6) 等效干扰电流小。

总之，交—直—交型的交流传动电力机车是目前国内电传动机车普遍采用的形式。其优异的牵引性能，简单的结构，先进的控制技术，宽广的调速范围，使其已成为电力机车的发展方向。

图 2-11　电力机车

2.3.3　铁路货车

　　货物运输是铁路运输的重要组成部分。目前,中国铁路的年货物发送量位居世界第一,达到 20 亿吨以上。铁路上用于载运货物的车辆统称为货车。铁路货车按其用途不同,可分为通用货车和专用货车。通用货车是装运普通货物的车辆,货物类型多不固定,也无特殊要求,铁路货车中这类货车占的比重较大,一般有敞车、平车、棚车、保温车和罐车等几种。专用货车一般指只运送一种或很少几种货物的车辆,用途比较单一,同一种车辆要求装载的货物重量或外形尺寸比较统一。专用货车有时在铁路上的运营方式也比较特别,如固定编组、专列运行。专用货车一般有集装箱车、长大货物车、毒品车、家畜车、水泥车、粮食车和特种车等。

　　货车的基本型号用大写的汉语拼音字母来表示,这些字母多数是各类货车名称的第一个汉字的汉语拼音首字母,但也有个别例外,如表 2-1 所示。

表 2-1　货车基本型号

车　　种	基 本 型 号	车　　种	基 本 型 号
棚车	P	长大货物车	D
敞车	C	毒品车	W
平车	N	家畜车	J
罐车	G	水泥车	U
保温车	B	粮食车	L
集装箱车	X	特种车	T
矿石车	K	守车	S

　　一个完整的货车标记包括基本型号、辅助型号和车号。如 C62A　4785930,其中 C 是基本型号,表示是货车中的敞车;62 是辅助型号,表示重量系列或顺序系列;A 也是辅助型号,表示车辆的材质或结构;4785930 是车号。每种货车的车号编码都有特定的范围,如表 2-2 所示。

表 2-2　货车车号编码

车　种	车号范围	车　种	车号范围
棚车	3000000～3499999	保温车	7000000～7231999
敞车	4000000～4899999	毒品车	8000000～8009999
平车	5000000～5099999	家畜车	8010000～8039999
集装箱车	5200000～5249999	水泥车	8040000～8059999
矿石车	5500000～5531999	粮食车	8060000～8064999
长大货物车	5600000～5699999	特种车	8065000～8074999
罐车	6000000～6309999	守车	9000000～9049999

1. 铁路平车

铁路平车(见图 2-12)是在物流中广泛应用的铁道车辆之一，是铁道上大量使用的通用车型，无车顶和车厢挡板，这种车体自重较小，装运吨位可相应提高，且无车厢挡板的制约，装卸较方便，必要时可装运超宽、超长的货物，主要用于装运大型机械、集装箱、钢材、大型建材等。在平车基础上，采取各种相应的技术措施，发展出集装箱车、车载车、袋鼠式车等，对满足现代物流要求、提高载运能力是很有作用的。平车因没有固定的侧壁和端壁，作用在车上的垂直载荷和纵向载荷完全由底架的各梁承担，是典型的底架承载结构。中国自行设计和制造了多种平车，从结构上来分，主要有平板式和带活动墙板式两种，车型主要有 N12、N60、N16 和 N17 等多种，载重都是 60 吨。

图 2-12　铁路平车

2. 罐车

罐车(见图 2-13)是车体呈罐形的车辆，用来装运各种液体、液化气体和粉末状货物等。罐车的分类：按用途可分为轻油类罐车、黏油类罐车、酸碱类罐车、液化气体类罐车和粉状货物罐车。按结构特点可分为有空气包和无空气包罐车；有底架和无底架罐车；上卸式和下卸式罐车等。

图 2-13　罐车

3．粮食漏斗车

粮食漏斗车(见图 2-14)是在标准轨距铁路上运行，用于装运小麦、玉米和大豆等散粒粮食的专用铁路车辆。装粮时该车能满足边走边装的装粮设施要求，卸粮时能适应地面具有卸料坑和现有粮库用皮带输送机卸粮。粮食漏斗车主要由车体、转向架、制动装置及车钩缓冲装置等组成。车体采用圆弧包板结构，具有自重轻、容积大等特点。该车采用连续式装货口，可满足不同装粮机械设备的要求。该车具有较大的漏斗角度和卸货口尺寸，从而提高了卸货速度，减少了卸货时间，提高了卸净率。

图 2-14　粮食漏斗车

4．敞车

敞车(见图 2-15)是指普通运煤车辆，无盖、有较高侧板、两边设有可翻开的侧门，以便卸除物料。敞车是货车的主要车种之一，在货物上蒙盖防水帆布，可代替棚车承运怕湿货物。敞车的基本记号是"C"，我国主型通用敞车有 C50、C65、C62、C62A、C61 等，目前共有敞车约 27 万辆。近年研制并投入运用的敞车 C64，载重 61 吨，并能适应翻车机作业。该车全长约 13.44 米，车体内侧高约 2.5 米，自重 22.7 吨，地板面积 36 平方米，轴重 21 吨，构造速度每小时 100 公里，通过的最小曲线半径为 145 米，使用寿命预计可达 25 至 30 年。

敞车按卸货方式不同可分为两类：一类是适用于人工或机械装卸作业的通用敞车；另一类是适用于大型工矿企业、站场、码头之间成列固定编组运输，用翻车机卸货的敞车。

图 2-15　敞车

5．棚车

棚车(见图 2-16)是由侧墙、端墙、地板和车顶组成，在侧墙上开有滑门和通风窗的铁路货车。有的在车内安装火炉、烟囱、床板等，必要时可以运送人员和牲畜。棚车是铁路货车中的通用车辆，用于运送贵重货物或怕日晒、雨淋的货物，包括各种粮食谷物、日用工业品及贵重仪器设备等。一部分棚车还可以运送人员和马匹。

图 2-16　棚车

6. 保温车

保温车(见图2-17),又叫冷藏车,是运送鱼、肉、鲜果、蔬菜等易腐货物的专用车辆。这些货物在运送过程中需要保持一定的温度、湿度和通风条件,因此,保温车的车体装有隔热材料,车内设有冷却装置、加温装置、测温装置和通风装置等,具有制冷、保温和加温三种性能。保温车车体外表涂成银灰色,以利阳光反射,减少辐射热。

图 2-17 保温车

中国自制的保温车有冰箱保温车和机械保温车两大类。冰箱保温车可分为车端冰箱式和车顶冰箱式两种,其区别在于冰箱设置的位置和车内空气循环方向不同。机械保温车按结构可分为单节机械保温车和机械保温车组(包括机冷货物车和机冷发电车)。机械保温车按供电和制冷方式又可分为三大类:①集中供电、集中制冷的车组——全列车由发电车集中供电,制冷车集中制冷,采用氨作制冷剂,盐水作冷媒;②集中供电、单独制冷的车组——由发电车集中供电,每辆货物车上都装有制冷设备单独制冷,采用氟利昂作冷媒,强迫空气循环;③单节机械保温车——每辆车上均装有发电和制冷设备,可以单独发电和制冷,也可使用集中供电的电源。

中国铁路的保温车型号主要有:冰箱式保温车 B11、B14、B16、B17 和机械保温车 B18、B19、B21、B23 等。

7. 特种车

专用货车是特种车中的一种。在铁路货车里,一般将家畜车、矿石车、水泥车、粮食车、毒品车、集装箱车及长大货物车划为专用货车。专用货车一般只运送一种或很少几种货物,用途比较单一,同一种车辆要求装载的货物重量或外形尺寸比较统一。U60 型上卸式粉状货物气卸车的结构示意图,如图 2-18 所示。

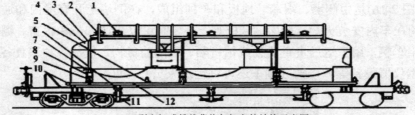

U60 型上卸式粉状货物气卸车的结构示意图

1. 卸料口 2. 装料口 3. 辅助风管 4. 罐体 5. 安全阀 6. Dg80 球阀

7. 放风塞门 8. 止回阀 9. Dg50 球阀 10. 进风口 11. 气室 12. 主风管道

图 2-18 上卸式粉状货物气卸车的结构示意图

8. 长大货物车

特长和特重货物无法用一般的铁路货车来装运，必须使用专门的长大货物车(见图 2-19)。如车辆长度一般在 19 米以上的长大平车；纵向梁中部做成下凹而呈元宝型的凹底平车；底架中央部分做成空心，货物通过支承架坐落在孔内的落下孔车；将车辆制成两节，货物钳夹在两节车之间或通过专门的货物承载架装载在两节车之间的钳夹车等。

图 2-19 长大货物车

视频链接：中欧班列订单暴涨 3 倍，中国创的陆运模式，将改变世界物流格局。4'53" 。https:// baike. baidu.com/item/%E4%B8%AD%E6%AC%A7%E7%8F%AD%E5%88%97/15832643?fr=aladdin

▌阅读材料 2-3　中欧班列(铁路线)

中欧班列是指按照固定车次、线路等条件开行，往来于中国与欧洲及一带一路沿线各国的集装箱国际铁路联运班列。铺划了西中东 3 条通道中欧班列运行线：西部通道由我国中西部经阿拉山口(霍尔果斯)出境，中部通道由我国华北地区经二连浩特出境，东部通道由我国东南部沿海地区经满洲里(绥芬河)出境。2011 年 3 月，首趟中欧班列从重庆发出开往德国杜伊斯堡，开启了中欧班列创新发展的序章。

2021 年 6 月 22 日，外交部发言人赵立坚在主持例行记者会答记者问：中欧班列开行十周年。10 年来，中欧班列开行累计突破 4 万列，合计货值超过 2 000 亿美元，打通 73 条运行线路，通达欧洲 22 个国家的 160 多个城市，构建了一条全天候、大运量、绿色低碳的陆上运输新通道。中欧班列是"一带一路"的重要组成部分，为沿线数亿民众送去实惠。10 年来，中欧班列开创了亚欧陆路运输新篇章，铸就了沿线国家互利共赢的桥梁纽带。

2021 年 8 月 6 日上午，随着载有 2 000 余吨农副产品和汽车配件的中欧班列从内蒙古自治区鄂尔多斯市伊金霍洛旗札萨克物流园区缓缓驶出，标志着鄂尔多斯市首次开行中欧班列，而这趟开往俄罗斯莫斯科的中欧班列，也成为内蒙古中西部地区开行的第 9 条中欧班列线路。

截至 2021 年 11 月 10 日，当年经中欧班列东部通道满洲里和绥芬河口岸进出境的中欧班列累计开行 4 062 列、发送货物 388 876 标箱，同比分别增长 28.1%、35%。这是中欧班列"东通道"年内开行中欧班列首次突破 4 000 列。

截至 2021 年 12 月 13 日，当年经霍尔果斯铁路口岸进出境的中欧(中亚)班列突破第

6 040 列, 该口岸年内班列开行数量首次突破 6 000 列大关, 口岸过货量 853.4 万吨, 同比分别增长 27% 和 38.1%。

亚欧之间的物流通道主要包括海运通道、空运通道和陆运通道, 中欧班列以其运距短、速度快、安全性高的特征, 以及安全快捷、绿色环保、受自然环境影响小的优势, 已经成为国际物流中陆路运输的骨干方式。中欧班列物流组织日趋成熟, 班列沿途国家经贸交往日趋活跃, 国家间铁路、口岸、海关等部门的合作日趋密切, 这些有利条件, 为铁路进一步发挥国际物流骨干作用, 在 "一带一路" 建设中将丝绸之路从原先 "商贸路" 变成产业和人口集聚的 "经济带" 起到重要作用。

(资料来源: https://baike.baidu.com/item/%E4%B8%AD%E6%AC%A7%E7%8F%AD%E5%88%97/15832643?fr=aladdin 百度百科)

阅读材料 2-4 中老昆万铁路

中老昆万铁路(China/Kunming-Laos/Vientiane Railway), 即 "中老国际铁路通道", 简称 "中老铁路(China-Laos Railway)", 是一条连接中国云南省昆明市与老挝万象市的电气化铁路, 由中国按国铁 I 级标准建设, 是第一个以中方为主投资建设、共同运营并与中国铁路网直接连通的跨国铁路。

2010 年 5 月 21 日, 中老昆万铁路昆玉先建段开工建设; 2015 年 12 月 2 日, 中老昆万铁路磨万段举行开工奠基仪式; 2016 年 4 月 19 日, 中老昆万铁路玉磨段开工建设; 2016 年 12 月 25 日, 中老昆万铁路举行全线开工仪式; 2021 年 12 月 3 日, 中老昆万铁路全线通车运营。

中老昆万铁路由昆玉段、玉磨段、磨万段组成, 其中, 昆玉段由昆明南站至玉溪站, 全长 79 公里, 设计速度 200 公里/小时; 玉磨段由玉溪站至磨憨站, 全长 507 公里, 设计速度 160 公里/小时; 磨万段由磨丁站至万象南站, 全长 418 公里; 设计速度 160 公里/小时。

(资料来源: https://baike.baidu.com/item/%E4%B8%AD%E8%80%81%E6%98%86%E4%B8%87%E9%93%81%E8%B7%AF 百度百科)

2.4 水路运输设施与设备

水路运输是利用船舶、排筏和其他浮运工具, 在江、河、湖泊、人工水道及海洋上运送旅客和货物的一种运输方式。它是我国综合运输体系中的重要组成部分, 并且正日益显示出它的巨大作用。伴随着经济社会发展, 我国水路运输取得了明显成就, 货物运输量和港口吞吐量连续多年稳居世界第一, 为我国经济社会和对外贸易发展提供了重要支撑; 造船工业综合实力保持世界领先, 为提高我国综合工业水平和海上运输、海洋矿产、海洋渔业、海上旅游、航海体育发展提供了重要基础。

基础设施方面, 截止到 2019 年, 我国沿海主要规模以上港口码头长度 932 185 米。其中港口生产用码头长度 869 884 米, 港口非生产用码头长度 62 301 米。港口码头泊位数

6 426 个。其中港口生产用泊位数 5 562 个，港口非生产用泊位数 864 个。港口码头万吨级泊位数 2 076 个。

运输服务能力方面，2021 年我国完成港口货物吞吐量 155.5 亿吨，其中，港口外贸货物吞吐量约 47 亿吨。完成港口集装箱吞吐量 2.8 亿标准集装箱，其中，港口外贸集装箱吞吐量约 1.6 亿标准集装箱。

2021 年，我国造船完工量、新接订单量、手持订单量三大指标，国际市场份额继续保持世界领先。以载重吨计分别占世界总量的 47.2%、53.8% 和 47.6%，与 2020 年相比分别增长 4.1、5.0 和 2.9 个百分点。

我国造船企业国际竞争力进一步增强，各有 6 家企业分别进入全球造船完工量、新接订单量和手持订单量前 10 强。产业集中度保持在较高水平，造船完工量前 10 家企业占全国总量的 69.3%；新接订单量前 10 家企业占 69.3%；手持订单量前 10 家企业占 69.5%。

水路运输按其航行的区域，大体上可划分为远洋运输、沿海运输和内河运输三种形式。远洋运输通常是指除沿海运输以外所有的海上运输。沿海运输是指利用船舶在我国沿海区域各地之间的运输。内河运输是指利用船舶、排筏和其他浮运工具，在江、河、湖泊、水库及人工水道上从事的运输。

2.4.1　水路运输的特点

水路运输具有以下特点。

(1) 水运主要利用江、河、湖泊和海洋的"天然航道"来进行。水上航道四通八达，通航能力几乎不受限制，而且节省投资。

(2) 水上运输可以利用天然的有利条件，实现大吨位、长距离的运输。因此，水运的主要特点是运量大、成本低，非常适合于大宗货物的运输。

(3) 水路运输是开展国际贸易的主要方式，是发展经济和友好往来的主要交通工具。

2.4.2　水路运输的基础设施

港口是重要的交通基础设施，是实现外向型经济的窗口，为国家经济建设和对外贸易的发展提供基础性支撑。我国主要港口在世界港口中已经占据重要地位，在世界港口的排名不断靠前，其集装箱吞吐量已连续多年位居世界第一，成为世界上港口吞吐量和集装箱吞吐量最多，增长速度最快的国家。

近年来，我国沿海港口建设重点围绕煤炭、集装箱、进口铁矿石、粮食、陆岛滚装、深水出海航道等运输系统进行，特别加强集装箱运输系统的建设。政府集中力量在大连、天津、青岛、上海、宁波、唐山和深圳等多个港口建设了一批深水集装箱码头，为中国集装箱枢纽港的形成奠定了基础。煤炭运输系统建设进一步加强，新建成一批煤炭装卸船码头。同时，改建、扩建了一批进口原油、铁矿石码头。

1. 港口的作用

港口具有重要作用，包括：

(1) 港口是海运和陆运的交接点；

(2) 港口是工业活动基地;

(3) 港口成为综合物流的中心;

(4) 港口是城市发展的增长点;

(5) 港口具有社会经济发展促进效应。

2. 港口的分类

1) 按班轮定期停靠情况分类

按班轮定期停靠情况可分为基本港和非基本港。

(1) 基本港(base port):是指班轮运价表中载明的班轮定期或经常靠泊的港口。大多数为位于中心的较大口岸,港口设备条件比较好,货载多而稳定。规定为基本港口就不再限制货量。运往基本港口的货物一般均为直达运输,无须中途转船。但有时也因货量太少,船方决定中途转运,由船方自行安排,承担转船费用。

(2) 非基本港(non-base port):凡基本港口以外的港口都称为非基本港口。非基本港口一般除按基本港口收费外,还需另外加收转船附加费。达到一定货量时则改为加收直航附加费。

2) 按位置分类

按所在位置可分为海岸港、河口港和内河港,海岸港和河口港统称为海港。

(1) 海岸港:位于海岸、海湾或潟湖内,也有离开海岸建在深水海面上的。位于开敞海面岸边或天然掩护不足的海湾内的港口,通常须修建相当规模的防波堤,如大连港、青岛港、连云港、基隆港,以及意大利的热那亚港等。

(2) 河口港:位于河流入海口或受潮汐影响的河口段内,可兼为海船和河船服务。一般有大城市作依托,水陆交通便利,内河水道往往深入内地广阔的经济腹地,承担大量的货流量。世界上许多大港都建在河口附近,如鹿特丹港、伦敦港、纽约港、列宁格勒港、上海港等。河口港的特点是,码头设施沿河岸布置,离海不远而又不需建防波堤,如岸线长度不够,可增设挖入式港池。

(3) 内河港:位于天然河流或人工运河上的港口,包括湖泊港和水库港。湖泊港和水库港水面宽阔,有时风浪较大,因此同海港有许多相似处,如往往需修建防波堤等。我国洪泽湖上的小型港口即属于内河港。

3. 港口的组成

港口由水域和陆域所组成。

1) 水域

水域通常包括进港航道、锚泊地和港池。

(1) 进港航道要保证船舶安全方便地进出港口,必须有足够的深度和宽度、适当的位置、方向和弯道曲率半径,避免强烈的横风、横流和严重淤积,尽量降低航道的开辟和维护费用。当港口位于深水岸段,低潮或低水位时天然水深已足够船舶航行需要时,无须人工开挖航道,但要标志出船舶出入港口的最安全方便的路线。如果不能满足上述条件并要求船舶随时都能进出港口,则须开挖人工航道。人工航道分单向航道和双向航道。大型船舶的航道宽度为 80~300 米,小型船舶的航道宽度为 50~60 米。

(2) 锚泊地指有天然掩护或人工掩护条件能抵御强风浪的水域，船舶可在此锚泊、等待靠泊码头或离开港口。如果港口缺乏深水码头泊位，也可在此进行船转船的水上装卸作业。内河驳船船队还可在此进行编、解队和换拖(轮)作业。

(3) 港池指直接和港口陆域毗连，供船舶靠离码头、临时停泊和调头的水域。港池按构造形式分，有开敞式港池、封闭式港池和挖入式港池。港池尺度应根据船舶尺度、船舶靠离码头方式、水流和风向的影响及调头水域布置等确定。开敞式港池内不设闸门或船闸，水面随水位变化而升降。封闭式港池池内设有闸门或船闸，用以控制水位，适用于潮差较大的地区。挖入式港池在岸地上开挖而成，多用于岸线长度不足，地形条件适宜的地方。

2) 陆域

陆域指港口供货物装卸、堆存、转运和旅客集散之用的陆地面积。陆域上有进港陆上通道(铁路、道路、运输管道等)、码头前方装卸作业区和港口后方区。前方装卸作业区供分配货物，布置码头前沿铁路、道路、装卸机械设备和快速周转货物的仓库或堆场(前方库场)及候船大厅等之用。港口后方区供布置港内铁路、道路、较长时间堆存货物的仓库或堆场(后方库场)、港口附属设施(车库、停车场、机具修理车间、工具房、变电站、消防站等)及行政、服务房屋等。为减少港口陆域面积，港内可不设后方库场。

4. 港口的技术特征

1) 港口水深

港口的重要标志之一。表明港口条件和可供船舶使用的基本界限。增大水深可接纳吃水更大的船舶，但将增加挖泥量，增加港口水工建筑物的造价和维护费用。在保证船舶行驶和停泊安全的前提下，港口各处水深可根据使用要求分别确定，不必完全一致。对有潮港，当进港航道挖泥量过大时，可考虑船舶乘潮进出港。现代港口供大型干货海轮停靠的码头水深 10~15 米，大型油轮码头 10~20 米。

2) 码头泊位数

根据货种分别确定。除供装卸货物和上下旅客所需泊位外，在港内还要有辅助船舶和修船码头泊位。

3) 码头线长度

根据可能同时停靠码头的船长和船舶间的安全间距确定。

4) 港口陆域高程

港口陆域高程要求在高水位时不淹没港区。为降低工程造价，应尽量考虑港区挖、填方量的平衡，同时有利于道路和铁路车辆运行。同一作业区的各个码头通常采用同一高程。

5. 码头

码头是供船舶停靠、装卸货物和上下旅客的水工建筑物。广泛采用的是直立式码头，便于船舶停靠和机械直接开到码头前沿，以提高装卸效率。内河水位差大的地区也可采用斜坡式码头，斜坡道前方设有趸船作码头使用;这种码头由于装卸环节多，机械难于靠近码头前沿，装卸效率低。

6. 港口设备

陆上设备包括间歇作业的装卸机械设备(门座式、轮胎式、汽车式、桥式及集装箱起重机、卸车机等)、连续作业的装卸机械设备(带式输送机、斗式提升机、压缩空气和水力输送式装置及泵站等)、供电照明设备、通信设备、给水排水设备、防火设备等。

港内运输机械设备包括火车、载重汽车、自行式搬运车及管道输送设备等。

水上装卸运输机械设备包括起重船、拖轮、驳船及其他港口作业船、水下输送管道等。

2.4.3 常见的水路运输设备

1. 杂货船

杂货船(见图 2-20)是指载运各种包装或成件货物的运输船舶。杂货船应用广泛，在世界商船队中吨位总数居首位。在内陆水域中航行的杂货船吨位有数百吨、上千吨，而在远洋运输中的杂货船吨位可达 2 万吨以上。杂货船要有良好的经济性和安全性，而不必追求高速。杂货船通常根据货源具体情况及货运需要航行于各港口，设有固定的船期和航线。杂货船有较强的纵向结构，船体的底多为双层结构，船首和船尾设有前、后尖舱，平时可储存淡水或装载压舱水以调

图 2-20 杂货船

节船舶纵倾，受碰撞时可防止海水进入大舱。船体以上设有 2~3 层甲板，并设置几个货舱，舱口以水密舱盖封盖住以免进水。机舱布置在中部或尾部，各有利弊，布置在中部可调整船体纵倾，在尾部则有利于载货空间的布置。在舱口两侧设有吊货扒杆。为装卸重大件，通常还装备有重型吊杆。为提高杂货船对各种货物运输的适应性，使其能载运大件货、集装箱、件杂货及某些散货，现代新建杂货船常设计成多用途船。

2. 散货船

散装运输谷物、煤、矿砂、盐、水泥等大宗干散货物的船舶，都可以称为"干散货船"，或简称"散货船"(见图 2-21)。因为干散货船的货种单一，不需要包装成捆、成包、成箱地装载运输，不怕挤压，便于装卸，所以都是单甲板船。总载重量在 50 000 吨以上的，一般不装起货设备。由于谷物、煤和矿砂等的积载因数(每吨货物所占的体积)相差很大，所要求的货舱容积的大小、船体的结构、布置和设备等许多方面都有所不同。因此，一般习惯上仅把装载粮食、煤等货物积载因数相近的船舶，称为"散装货船"，而装载积载因数较小的矿砂等货物的船舶，称为"矿砂船"。用于粮食、煤、矿砂等大宗散货的船通常分为如下几个级别。

图 2-21 散货船

(1) 总载重量(DW)为 100 000 吨级以上的，称为好望角型船。

(2) 总载重量(DW)为 60 000 吨级的，通常称为巴拿马型船。这是一种巴拿马运河所容许通过的最大船型。其最大船长为 245 米，最大船宽为 32.2 米，最大吃水为 12.04 米。

(3) 总载重量(DW)为 35 000～40 000 吨级的，称为轻便型散货船。其吃水较浅，世界上各港口基本都可以停靠。

(4) 总载重量(DW)为 20 000～27 000 吨级的，称为小型散货船。这是可驶入美国五大湖泊的最大船型。小型散货船最大船长为 222.5 米，最大船宽为 23.1 米，最大吃水为 7.925 米。

用于运输矿砂的船，由于载重量越大，运输成本越低，目前矿砂船最小的总载重量为 57 000 吨，最大的为 260 000 吨，大多数在 12 000～150 000 吨左右。由于船型高大，在高潮时岸上的起货设备的高度往往不够高。因此，这种矿砂船在装卸货的同时，利用压载水的多少来调节船舶吃水深浅。

3. 冷藏船

冷藏船(见图 2-22)是专门用于装载冷冻易腐货物的船舶。船上设有冷藏系统，能调节多种温度以适应各舱货物对不同温度的需要。

图 2-22 冷藏船

4. 油轮

油轮(oil tanker)(见图 2-23)，是油船的俗称，是指载运散装石油或成品油的液货运输船舶。从广义上讲是指散装运输各种油类的船，除了运输石油，还装运石油的成品油，各种动植物油，液态的天然气和石油气等。油轮也可以用来运输其他液体(比如水等)。但是，通常所称的油船，多数是指运输原油的船。而装运成品油的船，称为成品油船。

1989 年埃克森·瓦尔迪兹号油轮事故后国际海事组织规定所有 1996 年后建造的5 000 吨以上的油船必须拥有双壳结构。

图 2-23　油轮

2001 年又一次油轮事故后国际海事组织决定从 2015 年开始只有双壳油船可以在海洋上运行。所以，现在建造的超大型油轮都属于双壳油船。

1) 双壳油船

双壳油船是指双层底、船侧具有内外两层壳板的运油"船舶"。

最初，建造双壳油轮的目的是节省运送需要加热的液体如沥青、糖蜜或石蜡时的能量(和价格)，因为两层壳的隔热性能比较好。今天建造双壳油轮的动机是提高其安全性，防止油外泄，但两层船壳之间的空间也被用来做压载舱来按照船载货的情况来平衡船身。作为压载的是抽入船壳间的海水。

油轮除油箱和管道外油轮上还配有锅炉、螺旋桨、发电机、泵(大的油轮上的装卸泵可以每小时泵上万吨液体)和灭火装置。

当今装载易燃液体的油轮都使用不燃气体充入油轮中的空的油箱的方法来防止燃烧或爆炸的危险。这些不燃气体排挤掉含氧的空气，使得油轮内空油箱里几乎完全没有氧气。有些船使用船本身的动力机构排出的废气来提炼上述的不燃气体，有些船则在卸货时从码头上充入不燃气体。

2) 油轮的分类

油轮按载重船型可分为以下几种。

(1) 超级油轮(16 万吨载重吨以上)，超过 16 万吨的油轮被称为超大型油轮，超过 40 万吨的油轮被称为超级巨型油轮，一般超过 20 万吨的油轮都被称为超级油轮。

(2) 苏伊士型油轮(Suezmax，12 万~16 万载重吨)。

(3) 阿芙拉型油轮(Aframax，8 万~12 万载重吨)，该型船舶可以停靠大部分北美港口，并可获得最佳经济性，又被称为"运费型船"或"美国油轮船"。

(4) 巴拿马型油轮(6 万~8 万载重吨)。

(5) 灵便型油轮(1 万~5 万载重吨)。

(6) 通用型油轮(1 万吨以下)。

5. 液化气船

液化气船是指专门装运液化气的液货船(见图 2-24),可分为液化天然气船(LNG 船)和液化石油气船(LPG 船)。

图 2-24 液化气船

1958 年美国用普通旧油船改建成容量为 5 100 立方米的"甲烷先锋"号。20 世纪 60 年代初期,英、法等国陆续建造了一些液化天然气船,容量为 25 000~27 000 立方米。70 年代出现了大型液化天然气船。1978 年法国建成容量达 13 万立方米的巨型液化天然气船,其主尺度超过 10 万吨级油船。

VLGC(very large gas carrier)即超大型液化气运输船,容积在 78 000 至 85 000 立方米之间,主要采用 IMO A 型液舱来运载 LPG 液化石油气能源。是国际公认的高技术、高难度、高附加值的"三高"产品,我国江南造船厂是少数几个能够设计建造 VLGC 的船厂之一。

液化天然气船船型按液货舱的结构有独立贮罐式和膜式两种。

早期的液化天然气船为独立贮罐式,是将柱形、筒形、球形等形状的贮罐置于船内。贮罐本身有一定的强度和刚度。船体构件对贮罐仅起支持和固定作用。后期出现了膜式液化天然气船。

膜式液化天然气船采用双壳结构,船体内壳就是液货舱的承载壳体。在液货舱里衬有一种由镍合金钢薄板制成的膜。它和低温液货直接接触,但仅起阻止液货泄漏的屏障作用,液货施于膜上的载荷均通过膜与船体内壳之间的绝热层直接传到主船体。与独立贮罐式相比,膜式的优点是容积利用率高,结构重量轻,因此目前新建液化天然气船,尤其是大型的,多数采用膜式结构。这种结构对材料和工艺的要求高。此外,日本还发展出一种构造介于两者之间的半膜式船。

液化天然气船设备复杂,技术要求高,体积和载重吨位相同的油船相比较大,因此造价也高得多。液化天然气船一般都设有气体再液化装置,也可运送液化石油气。

6. 集装箱船

集装箱船(见图 2-25)可分为部分集装箱船、全集装箱船和可变换集装箱船三种。

图 2-25　集装箱船

1) 部分集装箱船

部分集装箱船仅以船的中央部位作为集装箱的专用舱位,其他舱位仍装普通杂货。

2) 全集装箱船

全集装箱船指专门用以装运集装箱的船舶。它与一般杂货船不同,其货舱内有格栅式货架,装有垂直导轨,便于集装箱沿导轨放下,四角有格栅制约,可防倾倒。集装箱船的舱内可堆放3~9层集装箱,甲板上还可堆放3~4层。

3) 可变换集装箱船

可变换集装箱船货舱内装载集装箱的结构为可拆装式的,因此,它既可装运集装箱,必要时也可装运普通杂货。集装箱船航速较快,大多数船舶本身没有起吊设备,需要依靠码头上的起吊设备进行装卸。因此,这种集装箱船也称为吊上吊下船。

7. 滚装船

滚装船(见图2-26)是能运载滚动车辆的运输船,如运载各种汽车、装满集装箱或货物的卡车和挂车等。装载时,汽车及由牵引车辆拖带的挂车通过跳板开进舱内。到达目的港后,车辆可直接开往收货单位,而且实现了从发货单位直接到收货单位的"门到门"运输,减少了运输过程中的货损和差错。

图 2-26　滚装船

8. 驳船、顶推船与拖船

驳船(见图2-27)没有动力推进装置,无自航能力,是靠机动船带动的船,主要用于客货运输。驳船可以单只或编列成队由拖船拖带或由推船顶推航行,其特点为设备简单、吃水浅、载货量大。驳船一般为非机动船,与拖船或顶推船组成驳船船队,可航行于狭窄水道和浅水航道，并可根据货物运输要求随时编组，适合内河各港口之间的货物运输。少数增设了推进装置的驳船称为机动驳船。机动驳船具有一定的自航能力。驳船种类很多，按用途主要分为客驳和货驳。客驳专运旅客，设有生活设施，一般用于小河客运。货驳用于载运货物，按所运货物可分为干货驳、矿砂驳、煤驳、油驳等；按材料可分为钢驳、木驳、水泥驳；按船型主要分为普通驳和分节驳。

图 2-27　驳船

顶推船(见图 2-28)是指专门用于顶推非自航货船的船舶。与拖船相比，顶推运输时驳船在前，推船在后，整个船队有较好的机动性，阻力减小，航速提高，不再需要驳船上的舵设备和操舵人员，从而降低了运输成本。

图 2-28　顶推船

拖船(见图 2-29)是指用于拖带其他船只或浮动建筑物的船舶。其船身较小，而功率较大，自身并不载运货物或旅客。拖曳设施包括拖钩、拖柱、系缆绞车等。拖船分为海洋拖船、内河(长江)拖船和港作拖船。海洋拖船又可分为远洋拖船和沿海拖船，可在相应的航区进行拖曳运输作业，并可执行救援任务。内河拖船主要在内河进行拖曳作业。港作拖船主要在港内作业，如协助大型船舶靠离码头、出入船坞等。

图 2-29 拖船

阅读材料 2-5 全球最大的双燃料冰级滚装船在山东烟台完成首次试航

2022 年 2 月 20 日，由中集来福士海洋工程有限公司为瑞典设计建造的全球最大的双燃料冰级滚装船(见图 2-30)在山东烟台完成首次试航。

图 2-30 双燃料冰级滚装船

该船长 241.7 米，宽 35.2 米，车道 5 800 米，航速 20 节，满足芬兰-瑞典 1A Super 冰级和防冻要求，装备两个 685 立方米的 C 型 LNG(液化天然气)储罐，配置更高效的 LNG 和 MGO(轻柴油)双燃料推进系统，满足更严格的环保排放标准。

(资料来源：http://pic.people.com.cn/n1/2022/0221/c1016-32356069-4.html，2022 年 2 月 20 日 08:41，人民网)

阅读材料 2-6 江南造船首艘 LNG-FRU 正式开工

2019 年 1 月 22 日，江南造船(集团)有限责任公司为 Gasfin Development S. A. 建造的 28 000 立方米液化天然气浮式再气化驳船(LNG-FRU)正式开工。

该 FRU 入级法国船级社(BV)，由德国 TGE 公司提供概念设计和液货系统，总长 94.9 米，宽 38.4 米，配备 4 台 6L34DF 双燃料发电机，两个 14 000 立方米的 C 型圆柱罐，5 套再气化模块，再气化能力高达 335 吨/小时，是目前再气化能力最大的 C 型罐中小型 FSRU(液化天然气浮式储存和再气化驳船(单元))。

2018 年 9 月,江南造船与 Gasfin Development S.A.签订的一艘 28 000 立方米 LNG-FRU 建造合同正式生效。这不仅是江南造船在 LNG-FSRU 船型上的首单突破,也是该公司在大型的九镍钢 C 型液罐(单罐舱容 14 000 立方米)建造领域的突破,标志着拥有近 30 年液化气船建造经验的江南造船正式进军 FSRU 建造领域和海工领域。

江南造船在承接该项目后不仅积累了 FSRU 的设计、建造经验,通过实践进一步加深了对 EPCC[①]海洋工程的理解和认识;为公司后续承接其他海工项目奠定了扎实的基础。

江南造船负责此项目设计、采购、建造,以及气体试验和非洲终端的再气化试验。同时,江南造船在该项目首次承担了风险分析的责任。

Gasfin Development S.A.是一家中型 LNG 基础设施的提供商,业务范围从再液化、运输、存储、再气化到当地输送,覆盖整条 LNG 基础建设供应链的上下游。

在江南造船承接的 28 000 立方米 LNG-FRU 紧锣密鼓地开工建造的同时,Gasfin 公司在非洲的终端码头建设也在如火如荼地进行中。这艘 FRU 交付后,将在非洲进行终端的再气化试验,为当地的基础建设服务。

(资料来源: http://www.eworldship.com/html/2019/NewShipUnderConstrunction_0125/146536.html, 2019-01-25 08:50:38,国际船舶网)

2.5 航空、管道运输设施与设备

2.5.1 航空运输设备

航空运输是指使用飞机、直升机及其他航空器运送人员、货物、邮件的一种运输方式。航空运输主要承担中长途运输、鲜活货物等特种货物,以及价值较高或紧急物资的运输。

"十三五"以来,中国民航航运输规模连续 15 年稳居世界第二位,并逐年缩小与第一位的差距。

1. 航空运输的优缺点

1) 航空运输的优点

(1) 速度快,即距离越长,航空运输相对于其他运输方式而言,节省的时间越多;

(2) 运输路程最短;

(3) 舒适;

(4) 灵活;

(5) 安全;

(6) 包装要求低。

2) 航空运输的缺点

(1) 载运能力低、单位运输成本高。因为飞机的机舱容积和载重能力较小,因此,单

---

① EPCC(engineering, procurement, construction and commissioning),即"EPCC 总承包方式",是业主项目管理的一种组织实施方式或一种承发包方式,指从事工程总承包企业受业主委托,按照合同约定对工程项目的勘察、设计、采购、施工、试运行(竣工验收)等实行全过程或若干阶段的承包。

位运输周转量的能耗较大。除此之外，机械维护和保养成本很高。

(2) 受气候条件限制。因为飞机飞行条件要求高，航空运输在一定程度上受到气候条件的限制，从而影响运输的准点性与正常性。

(3) 可达性差。通常情况下，航空运输都难以实现客货的"门到门"运输，必须借助其他运输工具(例如汽车)转运。

2. 航空运输的基础设施

1) 航线网络

目前，我国境内通航城市已达 234 个，国内航线 4 568 条(包括港澳台航线 111 条)；境外通航 65 个国家的 167 个城市，国际航线 953 条。我国已与 127 个国家或地区签署了双边航空运输协定。为服务国家"一带一路"建设目标，已与 96 个"一带一路"沿线国家签订了双边政府间航空运输协定，与其中 54 个国家保持定期客货运通航。航线网络通达性大幅提升。

2) 机场基础设施

"十三五"期间，新建成一批支线机场、通用机场，全面构建由京津冀、长三角、粤港澳大湾区 3 大世界级机场群，北京、上海、广州、成都、西安等 10 大国际航空枢纽、29 个区域枢纽和非枢纽运输机场组成的覆盖广泛、分布合理、功能完善、集约环保的现代化机场体系，有力支撑了航空运输需求的快速增长。

北京大兴国际机场的建成投运，成为国家发展的一个新的动力源，为京津冀协同发展和雄安新区建设提供了新引擎。上海浦东等 15 个大中型枢纽机场扩建项目竣工投产。成都天府、青岛胶东机场及贵阳龙洞堡机场均于 2021 年完成改扩建，并正式投入运营。我国第一个以货运功能为主的湖北鄂州花湖机场业已建成。机场网络不断完善，保障能力显著增强。

我国航空公司已开通与 47 个"一带一路"合作国家的 520 条国际航线，航线网络日趋完善；完成运输总周转量 1 293 亿吨公里，继续保持自 2005 年以来世界排名第二的位置，年均增长 11%，逐年缩小与第一的差距；完成旅客运输量 6.6 亿人次、货邮运输量 753 万吨，年均分别增长 10.7%和 4.6%。

截至 2020 年底，我国有货运航空公司 11 家、全货机 186 架，较 2015 年货运航空公司增加了 5 家、全货机增加了 63 架。全行业完成货邮运输量 676.6 万吨、货邮周转量 240.2 亿吨公里，规模稳居全球第二，高于全球平均增速。我国航空货运航班通达国内 237 个城市(不含港澳台)，联通国际 62 个国家的 153 个城市，其中全货机通航国家 26 个。

2020 年，多个综合性枢纽机场货邮吞吐量排名世界前列，上海浦东机场(排名第 3)、广州白云机场(排名第 15)、深圳宝安机场(排名第 19)、北京首都机场(排名第 22)，位列全球 30 强；杭州萧山机场(排名第 33)、郑州新郑机场(排名第 38)、成都双流机场(排名第 40)，位列全球 50 强。上海浦东机场国际出港航班电子运单总量全球第一。

3. 飞机

飞机(见图 2-31)是指具有机翼和一具或多具发动机，靠自身动力能在大气中飞行的重于空气的航空器。飞机由 5 个主要部分组成：机翼、机身、尾翼、起落装置和动力装置。

图 2-31　飞机

1) 机翼

机翼的主要功用是为飞机提供升力，以支持飞机在空中飞行，也起一定的稳定和操纵作用。机翼上一般装有副翼和襟翼。操纵副翼可使飞机滚转；放下襟翼能使机翼升力系数增大。另外，机翼上还可安装发动机、起落架和油箱等。机翼有各种形状，数目也不同。在航空技术不发达的早期，为了提供更大的升力，以双翼机甚至多翼机为主，但现代飞机一般是单翼机。

2) 机身

机身的主要功用是装载乘员、旅客、武器、货物和各种设备；还可将飞机的其他部件如尾翼、机翼及发动机等连接成一个整体。

3) 尾翼

尾翼包括水平尾翼(平尾)和垂直尾翼(垂尾)。水平尾翼由固定的水平安定面和可动的升降舵组成(某些型号的民用机和军用机整个平尾都是可动的控制面，没有专门的升降舵)。垂直尾翼则包括固定的垂直安定面和可动的方向舵。尾翼的主要功能是用来操纵飞机俯仰和偏转，以及保证飞机能平稳地飞行。

4) 起落装置

起落装置又称起落架，用来支撑飞机并使它能在地面和其他水平面上起落和停放。陆上飞机的起落装置一般由减震支柱和机轮组成，此外还有专供水上飞机起降的带有浮筒装置的起落架和雪地起飞用的滑橇式起落架。起落装置主要用于起飞与着陆滑跑、地面滑行和停放时支撑飞机。

5) 动力装置

动力装置主要用来产生拉力或推力，使飞机前进。其次还可以为飞机上的用电设备提供电力，为空调设备等用气设备提供气源。

现代飞机的动力装置主要包括涡轮发动机和活塞发动机两种，应用较广泛的动力装置有 4 种：航空活塞式发动机加螺旋桨推进器；涡轮喷射发动机；涡轮螺旋桨发动机；涡轮风扇发动机。随着航空技术的发展，火箭发动机、冲压发动机、原子能航空发动机等，也有可能会逐渐被采用。动力装置除发动机外，还包括一系列保证发动机正常工作的系统，如燃油供应系统等。

除了上述 5 个主要部分，飞机上还装有各种仪表、通信设备、领航设备、安全设备和其他设备等。

4. 地效飞机

1) 地面效应的发现

早在航空业发展初期，飞行员们就发现飞机(尤其是小展弦比、下单翼、宽翼展飞机)在着陆过程中，当飞行高度与飞机翼弦长度相近时，会出现一种附加升力，使飞机突然感到飘飘然，不太容易完成着陆，这就是所谓的地面效应作用，亦称"地面效应"或"地屏效应"，简称"地效"。

1935年芬兰人T.J.卡里奥研制成第一架地效飞机。自20世纪50年代末期开始，苏联就开始研制大型军用地效飞机，目前已装备部队使用。1991年9月，俄罗斯首次公布了保密十几年的140吨级的A·90·150"小鹰"实用型地效飞机，该机通常在距离水面3.5～14米的空中飞行，速度可达556公里/小时。已公布的型号还有：400吨级的"鸡鹬"、20吨级的"雌鸭"及众多中小型的民用地效飞机。

1998年11月，我国第一艘地效飞行器("天翼一号")在湖北荆门试飞成功。我国已成为世界上地效飞行器研制中最先进的国家之一。

2) 地效飞机及其原理

所谓的地面效应是飞行器由于地面或水面干扰的存在，飞行器升力面(通常指机翼)的下洗作用受到阻挡，使地面或水面与飞行器升力面之间的气流受到压缩，即机翼下面的压力升高，因而增大了机翼升力，同时减少阻力(即机翼诱导阻力因气流流过的条件改变而减小)的空气动力特性，如图2-32所示。

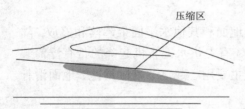

普通飞机，气流流过机翼后有下洗

压缩区

地效飞机，下洗被控制，
机翼下方气流被压缩

图2-32 施面效应

地效飞机借助于地面效应，贴近水面(或地面)实现高速航行，也就是说，地效飞机是利用地面效应提供支承力而飞行的运载工具，如图2-33所示。与相同排水量的船艇相比，由于它在巡航飞行阶段不与水面直接接触，从而大大减少了航行阻力，具有更高的巡航速度和远航性能；与常规的飞行器(包括水上飞机)相比，它的载运重量远远高于同级的飞机，节省燃料且具有更远的航程。因而地效飞行器将飞机的高速性和海上舰船的高承载性完美地结合到一起，地效飞机是介于船和普通飞机之间的新型水上快速交通工具，适用于海上和内河快速运输。

图2-33 地效飞机

3) 地效飞机的独特性能

(1) 高承载性与高速性：地效飞行器的载运量可达自重的 50%，而著名的波音 747 飞机载运量仅为其自重的 20%；它可完全脱离水面或地面航行，需要克服的阻力只有水的 1/800，因此其飞行速度比一般船艇速度高 9～14 倍，比大多数高速船也快 2～4 倍。

(2) 高运输经济性：与飞机相比，客运地效飞行器单位公里耗油量基本上与现代先进飞机相当，但它却不像飞机必须从投资大的机场跑道起降，而自身具有一定的爬坡登岸能力。与船艇相比，货运地效飞行器每千克负载以 500 公里/小时的航速运送 5 000 公里的运输费用仅相当于常规船舶以 40 公里/小时航速的运输花费，比速度在 900 公里/小时的飞机的运输费至少少一半。

(3) 多航态营运特性：地效飞行器一般都具有低速排水航行、中速气垫状态航行和高速离水航行等特性。

(4) 高耐波性与适航性：由于地效飞行器采用动力气垫增升等技术，大多都能在浪高小于 3 米时稳定安全地巡航航行。两栖性地效飞行器不仅可在水面、冰面、雪地上低空掠行，且具有一定的爬坡、登岸能力，它不受航道环境和码头条件限制，可以快速将人员和货物运往滩头。

(5) 多用途性：地效飞行器不仅可用于客、货运输，还可用于资源勘探、搜索救援、旅游观光、远洋渔船和钻井平台换员运输、通信保障与邮递等。在军事领域，地效飞行器除可用于攻击敌舰艇及实施登陆作战外，也可用于执行运送武器装备、快速布雷、扫雷等任务，还可为海军部队提供紧急医疗救护。

中国第一艘地效飞行器"天翼一号"的主要性能及参数

中国第一艘地效飞行器"天翼一号"的主要性能及参数具体如下：

总长度——16 米，总宽度——11 米，总高度——4.9 米；

起飞重量——4 800 千克，载员——15 人，载重——1 125 千克；

总功率——447 千瓦，耗油量——14 千克/小时；

最大速度——200 公里/小时，巡航速度——165 公里/小时；

飞行高度——0.6～1.2 米，适航海况——3 级；

航程——400 公里。

备注："天翼一号"适用于江、河、湖和沿海波浪较小的水域，以及草地、戈壁、冰雪原等。

---

5. 无人机

从 1917 年世界上第一架无人机问世至今，无人机发展已经有近百年历史，但无人机的民用应用，近二十年才开始兴起。与有人驾驶飞机相比，无人机具有低成本、零伤亡等特点。随着社会的发展，无人机将会越来越多地应用于国民经济的各个领域。比如物流快递、影视拍摄、工程施工等。

无人机送货就像无人驾驶一样，未来会在生活中占据很重要的位置。

在国外谷歌、亚马逊、UPS 等大力投入无人机送货，在国内京东、顺丰等，也积极地推进着自己的无人机服务，而且中国的电商和快递业在无人机用于快递服务方面的脚步是领先于全球的。在美国的电商们还在做测试的时候，中国的无人机送货已经在农村地区成功运营了。

UPS测试用的无人机来自其合作伙伴Workhorse Group，命名为HorseFly，机重9.5磅，有8个旋翼，可以连续飞行30分钟，最大载重量为10磅。京东已开发出包括多旋翼、垂直起落，以及电动、油动或油电混合动力等多形态、多动力的无人机机型，能够执行最大30公斤载货量、30公里飞行距离的配送任务。

1) 无人机系统组成

无人机系统一般由三部分组成：飞行系统、任务载荷系统、地面控制系统，如图2-34所示。

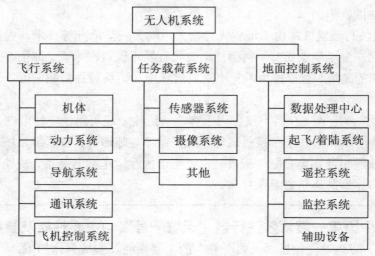

图2-34 无人机系统组成

无人驾驶飞机简称"无人机"，英文缩写为"UAV"，是利用无线电遥控设备和自备的程序控制装置操纵的不载人飞机。从技术角度定义可以分为：无人直升机、无人固定翼机、无人多旋翼飞行器、无人飞艇、无人伞翼机等。无人机按应用领域，可分为军用与民用。

2) 无人机的分类

目前主流的无人机有固定翼无人机、无人直升机、多旋翼无人机。

(1) 固定翼无人机(见图2-35)：固定翼技术已经成熟。优点是飞行过程非常安全，自稳定(飞行的气流会让其更稳)的飞行平台，距离远，航程大。缺点是起降限制多，不能悬停，巡航条件下速度过快、要求高度过高，降落的失事率比较高。无论是伞降、撞网还是滑跑降落都比较危险。撞网和伞降相当于"轻度坠机"，对机体寿命有不可逆的负面影响，其寿命仅有几十个架次，因此应用不多。

图 2-35　固定翼无人机

(2) 无人直升机(见图 2-36)：传统的无人直升机平台，应用广泛。无人直升机的优点是起降方便，航速适中，可以做到随时悬停，载荷续航都能令人满意。如果飞控性能足够可靠，甚至可以进行超过 20 公里半径的飞行。无人直升机发展方向：长航时、高航程、大载荷；功能多、用途广、高度智能化；新材料、新技术、新结构的拓展应用；微型化、模块化、多功能一体化，方便运输、维护；具备全天候飞行能力。

图 2-36　无人直升机

(3) 多旋翼无人机(见图 2-37)：是新型的一种主流飞行器，应用多种多样。其优点是起飞降落像直升机一样方便，技术简单，成本低廉，操作简单，飞行震动非常小，而且可以进行更广泛的创造性应用。其缺点是：由于多旋翼结构本身效率就比较低，动力源只能是电池。受限于能量密度，即使装满电池不装设备，续航时间也受限制。多旋翼结构，不能自稳定。在有 GPS 信号遮蔽或者是风切变的复杂地形，其失事率比较高。

图 2-37　多旋翼无人机

3) 无人机物流的成本优势

数据分析表明，86%的亚马逊包裹都在 5 磅以下，25%的包裹，递送距离都在无人机可处理的范围内。这样，假设一台无人机每天可以递送约 30 件十英里内的包裹，如果所有这些符合要求的包裹都用无人机递送，则需要大约 3 万至 4 万台无人机。而亚马逊使用的 Prime Air 无人机每台成本在 1 000 到 3 000 美元之间。这样，将无人机的硬件成本电池、软件、基础设施、燃料、人工管理成本等分摊到每架次无人机包裹递送上，成本就只有 0.88 美元。

调查显示，79%的消费者愿意让无人机递送他们的包裹，只要这能使他们在一个小时内收到包裹；73%的被调查者愿意为快速的无人机送货服务付费 10 美元。可见，基于派送站往外派无人机的模式，利润很大(如果政策允许，技术过关)。

中国电商物流调研发现，从配送站到村庄直线距离往往小于 10 公里，但因为地形原因，需要翻山、过河，配送员进行一次配送有时需要半天以上时间。同时，中小件货物的平均重量和体积都不高，非常适合采用无人机批量完成从配送站到乡村推广员的商品配送。该模式具有很高的操作性。

4) 无人机的应用面临两大问题

(1) 技术难题：无人机应对和解决，障碍感知和规避、自动导航、自助航迹规划、多机协同等技术方面的技术难题。比如：UPS 的 HorseFly 在实际送货中会采用自己的线路整合优化导航系统(ORION)规划路线；这个导航系统，会结合空域、地形、天气、风速风向等数据，并整合无人机上的感应装置传输来的数据，例如来自 GPS 指南针、光学雷达(LIDAR)和用于降落的红外摄像机的数据，对飞行路线进行规划。这种系统非常复杂和昂贵，是普通民用无人机的系统所无法比拟的。此外，运送快递时，对无人机的可靠性和避开障碍的能力要求很高，也需要传感器等昂贵的配件来捕捉和传递数据。

(2) 政策问题：政策方面最大的挑战来自于美国联邦航空管理局(FAA)。FAA 严格规定，无人机不可以飞出操作员的视线外！也就是说，目前还不能将无人机直接从仓库中放出去，而要从开到递送地点的卡车上起飞无人机。在我国也同样有着严格的空域管理政策。随着技术的成熟，政策也有可能相应调整。

2.5.2　管道运输设备

1. 管道运输设备概述

管道运输是一种以管道输送货物的方法，而货物通常是液体和气体。有时候，气动管也可以做类似工作，将压缩气体输入固体舱，而内里装着货物。管道运输石油产品比水运费用高，但仍然比铁路运输便宜。大部分管道都是被其所有者用来运输自有产品。就液体与气体而言，凡是在化学上稳定的物质都可以用管道运送。故此，废水、泥浆、水甚至啤酒都可以用管道传送。另外，管道对于运送石油与天然气也十分重要——有关公司多数会定期检查其管道，并用管道检测仪做清洁工作。

目前，各国主要利用管道进行国内和国际的流体燃料运输，有不少国家在国内已建成油、气管道网。大型国际管道已横跨北美、北欧、东欧乃至跨越地中海连接欧非两大陆。年输送原油量亿吨以上和天然气百亿立方米以上的管道相继建成，对加速流体燃料运输起着重要的作用。

管道运输是原油和成品油运输的重要方式，其所占货物周转量比例越来越大。天然气的长距离运输目前只有两种方法：一是管道运输，二是将天然气液化后用油轮运输，管道运输占绝对优势。

2. 管道运输的优缺点

1) 管道运输的优点

(1) 运量大，劳动生产率高。一条管径为 720 毫米的管道年输原油量约 2 000 万吨，相当于一条铁路的全部运量；一条管径为 1 220 毫米的管道年输原油量可达 1 亿吨以上，而每 100 公里管道的操作人员仅为铁路运输的一半，为公路汽车运输的 1/9。

(2) 运费低、能耗少。据国外资料统计，管输成本约为铁路输送成本的 22%。在美国，长输管输油的能耗约为铁路运输的 1/12~1/7。由于我国管道工程尚处发展阶段，优势未能充分发挥，在降低运输成本方面还有提高的空间。

(3) 投资省，占地少。管道大部分埋设于地下，占地少，受地形地物的限制少，一般不需绕行，可以缩短运输距离，占地只有铁路的 1/9。

(4) 较安全、可靠，对环境污染小。管道由于深埋地下、密闭输送，能够长期、连续、稳定运行，不受气候和其他交通事故的影响，油气损耗小，无噪音，对环境污染小。

(5) 易于全面实现自动化管理。易于实现远程集中监控，便于管理。现代化管道运输系统的自动化程度很高，劳动生产率高。

(6) 管道运输建设周期短、费用低，投资与施工周期仅为铁路的一半以下。

2) 管道运输的缺点

(1) 灵活性较差，承运的货物比较单一，一般只适用于定点、量大的流体单向运输。

管道运输不如其他运输方式(如汽车运输)灵活，除承运的货物比较单一外，它也无法随便扩展管线。对一般用户来说，要实现"门到门"的运输服务，管道运输常常要与铁路运输或汽车运输、水路运输配合才能完成全程输送。此外，运输量明显不足时，运输成本会显著增加。

(2) 经济输量范围小，如直径 1 020 毫米的管道最佳输量为 4 200 万吨，增加或减少输量均会使成本增加。

(3) 由于管道输量的极限受泵的能力、加压站间距、管道强度及直径等限制，临时增减输送量较为困难，且不能停输、反输。

(4) 管道运输起输量高，导致油田开发初期因产量低而难于采用管道输送。

3. 管道运输分类

运输管道常按所输送物品的不同，可分为：原油管道、成品油管道、天然气管道和固体料浆道。

1) 原油管道

原油一般具有比重大、黏稠和易于凝固等特性。主要是自油田输给炼油厂，或输给转运原油的港口或铁路车站、或两者兼而有之。因此，其运输特点是：数量大、运距长、收油点和交油点少，故特别适宜管道输送。世界上原油约有 85%以上是管道输送的。

2) 成品油管道

成品油管道的任务是将炼油厂生产的大宗成品油输送到各个城镇的加油站或用户。有的燃料油则直接用管道输送给大型电厂，或用铁路油槽车外运。成品管道运输的特点是批量多、交油点多，因此，管道的起点段管径大，输油量大，经多处交油分输以后，输油量减少，管径亦随之变小，从而形成成品油管道多级变径的特点。

成品油管道输送汽油、煤油、柴油、航空煤油和燃料油及从油气中分离出来的液化石油气等成品油。每种成品油在商业上有多种牌号，常采用在同一条管道中按一定顺序输送多种油品的工艺，这种工艺能保证油品的质量，以及准确地分批运到交油点。

3) 天然气管道

天然气管道是输送天然气和油田伴生气的管道，包括集气管道、输气干线和供配气管道。就长距离运输而言，输气管道系指高压、大口径的输气干线，这种输气管道约占全世界管道总长的一半。

4) 固体料浆管道

固体料浆管道主要用于输送煤、铁矿石、磷矿石、铜矿石、铝矾石和石灰石等矿物，配置浆液主要用水，还有少数采用燃料油或甲醇等液体作载体。其输送方法是将固体粉碎、与适量的液体配置成可泵送的浆液，再用泵按液体管道输送工艺进行输送。到达目的地后，将固体与液体分离输送给用户。

4. 管道运输设施的组成

1) 线路设施

管道主体：钢管和连接件。

管道防腐保护设施：阴极保护、阴极保护测试柱、阳极地床、杂电流排流站。

管道水工防护建筑物：抗震设施、管堤、管桥、隧道。

2) 管道站库设施

输油站：增压站(泵站)、加热站、热泵站、减压站、分输站。

输气站：压气站、调压计量站和分输站。

3) 附属设施

包括通信线路、供电线路、道路工程，管理、维修机构及生活基地。

5. "西气东输"工程

"西气东输"工程是我国距离最长、口径最大的输气管道，西起塔里木盆地的轮南，东至上海。全线采用自动化控制，供气范围覆盖中原、华东、长江三角洲地区(见图 2-38)。

一线工程开工于 2002 年，竣工于 2004 年。它东西横贯新疆、甘肃、宁夏、陕西、山西、河南、安徽、江苏、上海 6 个省、2 个省级行政区及 1 个直辖市，全长 4 200 公里。它穿越戈壁、荒漠、高原、山区、平原、水网等各种地形地貌和高寒缺氧等多种气候环境，施工难度世界少有。

二线工程(川气东送)开工于 2009 年，2012 年年底全线竣工。该工程西起四川达州，跨越四川、重庆、湖北、江西、安徽、江苏、浙江、上海 6 省 2 市，管道总长 2 170 公里，年输送天然气 120 亿立方米。二线工程还连接着塔里木气田、准噶尔气田、吐哈气田、长庆气田，它们可向西气东输二线提供约 15 立方公里的应急保安气源，又与先前建成的"西气东输"管道、陕京管道等连成一张"气网"，随时可以调剂气源。

三线工程于 2021 年 9 月 23 日在宁夏中卫正式开工建设。工程全长 2 090 公里，起自宁夏中卫，途经宁夏、甘肃、陕西、河南、湖北、湖南、江西 7 省(区)，终点为江西吉安。

"西气东输"工程投资巨大，经济和社会效益十分显著。它大大加快新疆地区及中西部沿线地区的经济发展，相应增加财政收入和就业机会，带来巨大的经济效益和社会效益。这一重大工程的实施，还将促进中国能源结构和产业结构调整，带动钢铁、建材、石油化工、电力等相关行业的发展。工程沿线城市可用清洁燃料取代部分电厂、窑炉、化工企业生产和居民生活所使用的燃油和煤炭，有效改善大气环境，提高人民生活品质。工程把位于西部新疆等地丰富的天然气输往能源紧缺的上海等东部地区。

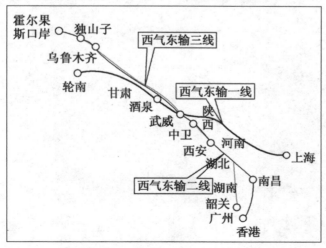

图 2-38　"西气东输"工程

本章小结

　　本章介绍了物流运输设备的发展现状，并分别详细介绍了公路、铁路、水路、航空、管道运输的基本概念和特点，以及各种常见的基础设施和运输设备。学习时应该结合 5 种运输方式的特点，系统掌握物流运输设备的功能。

思考题

1. 简述公路运输的特点。
2. 按行政管理级别分级，公路可分为哪几级？
3. 铁路车辆有哪些？
4. 常见的水路运输设备有哪些？
5. 港口有哪些作用？
6. 管道运输的优缺点是什么？
7. 按所输送物品的不同，运输管道分为哪几类？
8. 管道运输设施由哪几部分组成？
9. 航空运输的优点是什么？
10. 无人机物流的应用面临哪几个问题？

第3章
物流装卸搬运设备

🎯 学习目标

通过本章的学习，应该掌握物流装卸搬运的基本概念、特点、工作原理和各种典型设备，如叉车、轻型装卸搬运设备、起重设备、连续输送机械的分类、性能。

🔍 核心要点

- 物流装卸搬运的概念、特点及分类。
- 各种物流装卸搬运设备的特点、类型。

在物流过程中，装卸搬运活动是需要反复进行的，它出现的频率明显高于其他物流活动，而且每次装卸搬运活动都要花费较长的时间，所以往往成为决定物流速度的关键。据统计，火车货物运输以 500 公里为分界点，运输距离超过 500 公里时，运输在途时间多于起止的装卸时间；运输距离小于 500 公里时，装卸时间则超过了实际运输时间。例如，美国与日本之间的远洋船运输，往返需要 25 天，其中运输时间 13 天，装卸时间就需要 12 天。

装卸搬运活动所消耗的人力也很多，所以装卸搬运费用在物流成本中所占的比重也较高。以我国为例，在铁路运输的始发和到达过程中，装卸搬运作业费用大致占运输费用的20%左右，船运则占到 40%左右。因此，要想降低物流费用，装卸搬运是个重要环节。但是，在装卸搬运操作过程中需要接触到货物，这是物流过程中造成货物破损、散失、损耗、混合等损失的最主要的环节。例如，袋装水泥纸袋破损主要发生在装卸搬运过程中，玻璃、机械、器皿、煤炭等产品也最容易在装卸搬运时造成损失。

由此可见，装卸搬运活动是影响物流效率、决定物流技术经济效果的重要环节。

3.1 物流装卸搬运概述

3.1.1 物流装卸搬运的概念

物流装卸搬运是指在一定的区域内(通常指某一个物流结点，如车站、码头、仓库等)，以改变物品的存放状态和位置为主要内容的活动。它是伴随输送和保管而产生的物流活动，是对运输、保管、包装、流通加工、配送等物流活动进行衔接的中间环节。在某些特定场合，单独称"装卸"或"搬运"，同样也包含了"装卸搬运"的完整含义。

在实际操作过程中，装卸与搬运密不可分，两者是伴随发生的。因此，在物流科学中不强调两者之间的差别，而是把两者作为同一种活动。

物流装卸搬运设备机械化、自动化发展迅速，这对于加强现代化物流发展具有非常重要的作用。其作用具体体现在以下几个方面。

(1) 节约劳动力，改善装卸搬运工人的劳动条件。

(2) 提高装卸搬运效率，缩短作业时间，加速车辆周转，加快货物的送达和发出。

(3) 降低装卸搬运作业成本。

(4) 采用机械化作业，加速货位周转，减少货物堆码的场地面积，提高货位利用率。

3.1.2 物流装卸搬运的特点

为了更好地组织装卸搬运操作活动，应充分理解装卸搬运的特点，其特点主要表现在以下几个方面。

1. 装卸搬运是衔接性的活动

物流过程中每一项活动都要发生装卸搬运，但是这项由始至终存在于物流整个流程中的环节往往得不到重视，被认为是附属于其他物流活动的一部分。因此，装卸搬运成为整个物流活动的"瓶颈"，是物流各功能之间能否形成有机联系和紧密衔接的关键。

2. 装卸搬运作业量大

根据我国对生产物流的统计，机械工厂每生产 1 吨成品，需进行 252 吨次的装卸搬运，其成本为加工成本的 15.5%。

3. 装卸搬运方式复杂

货物品种繁多，尤其是各种货物的性质、形态、重量、体积、包装各不相同，因此，每种货物的装卸搬运方法都不一样。在设施较为齐全的场所，可采用自动化装卸搬运，而在技术比较落后的区域，要用机械或者人工来装卸搬运。

4. 对装卸搬运的安全性要求很高

装卸搬运作业工作量大，工人的劳动强度大，情况变化复杂，人员素质高低不同，导致装卸搬运过程中可能会发生意外事故，造成很大的损失。因此，要更加重视装卸搬运的安全作业，现场工作人员要提高安全意识，定期检查、维护设备，针对不同的货物采取相应的搬运方法，不同环境的场地要采取安全、稳妥的方式操作。

3.1.3 物流装卸搬运设备的分类

装卸搬运的货物来源广、种类多、外形和性质各不相同，比如箱装货物、袋装货物、桶装货物、散货等。因此，对装卸搬运设备的专业化、多样化、适应性等要求就越来越高。为了更好地满足各种货物的装卸搬运要求，就要设计出各式各样的装卸搬运设备，在此，对其进行分类，以便管理和运用。

1. 按主要用途划分

按主要用途划分，装卸搬运设备可以分为以下几类。

(1) 起重设备。

(2) 连续输送机械。

(3) 专用装卸搬运设备，也就是带有专用取物装置的设备。例如，集装箱专用装卸搬运设备、托盘专用装卸搬运设备、船舶装卸搬运设备。

(4) 装卸搬运车辆。

2. 按装卸搬运货物的类别划分

按装卸搬运货物的类别来划分，装卸搬运设备可以分为以下几类。

(1) 集装箱货物装卸搬运设备。小吨级(1 吨)集装箱一般选用叉车作业。大吨级(5 吨及以上)集装箱采用龙门起重机或旋转起重机进行装卸搬运作业，同时还可以使用叉车、集装箱牵引车、集装箱搬运车等。

(2) 件包装货物装卸搬运设备。件包装货物一般采用叉车进行装卸搬运作业，同时使用托盘辅助作业。

(3) 散货装卸搬运设备。散货一般采用装卸机、输送机等进行装卸搬运。

(4) 特殊形体货物装卸搬运设备。例如，长的、大件货物一般采用轨行式起重机和自行式起重机进行装卸搬运作业。

3.2 叉车

3.2.1 叉车的概念

叉式装卸车简称"叉车"，又名"铲车"，是指用货叉或其他工作装置自行装卸货物的起升车辆，属于物料搬运机械。

叉车在装卸搬运机械中应用最为广泛，一般应用于车站、港口、机场、工厂、仓库等场所，是机械化装卸、堆垛和短距离运输的高效设备。叉车不仅可以将货物进行垂直堆码，而且可以将货物进行水平运输。

叉车的主要技术参数是额定载重量和最大起升高度。

3.2.2 叉车的特点

在物流装卸搬运作业过程中，叉车在港口和其他起重运输机械一样，能够减轻装卸搬运工人的劳动强度，提高装卸搬运效率，缩短船舶与车辆在港停留时间，降低成本。不仅如此，叉车还具有以下特点。

(1) 机械化程度高。叉车是装卸搬运一体化的设备，取物方便，能够有效提高效率，减少工人的体力劳动。

(2) 通用性好。在物流的各个领域叉车都有所应用，比如港口码头、火车站、汽车站场都要使用叉车进行装卸搬运作业，与此同时，辅以托盘一起使用，还能大大提高作业效率。

(3) 机动灵活性好。叉车的外形体积小、重量轻，能够非常灵活地穿梭于作业区域内，而且很多情况下无法使用其他起重运输机械时，叉车仍可以任意调度。

(4) 能够提高仓库容积的利用率，叉车的堆码高度可以达到 3～5 米。

(5) 有利于开展托盘成组运输和集装箱运输。

(6) 节约劳动力。

3.2.3 叉车的类型

叉车按其动力装置不同，可以分为电瓶叉车和内燃叉车；按其结构和用途不同，可以分为平衡重式叉车、插腿式叉车、前移式叉车、侧面式叉车、跨车及其他特种叉车等。

1. 平衡重式叉车

平衡重式叉车(见图3-1),用内燃机或电池作为动力,是叉车中应用最广泛的形式,大约占叉车总数的4/5。其特点是车体本身较重、依靠自身重量与货叉上的货物重量相平衡,防止叉车装货后向前倾翻。为了保持叉车的纵向稳定性,在车体尾部配有平衡重块。这种叉车操作简单、机动性好、效率高。

图3-1 平衡重式叉车

2. 插腿式叉车

插腿式叉车(见图3-2)的特点是叉车前方带有小轮子的支腿能与货叉一起伸入货板叉货,然后由货叉提升货物。由于货物中心位于前后车轮所包围的底面积之内,叉车的稳定性好。插腿式叉车一般采用蓄电池作能源,起重量在2吨以下。

3. 前移式叉车

前移式叉车(见图3-3)的货叉可沿叉车纵向前后移动。取货、卸货时,货叉伸出,叉货后带货移动时,货叉退回到接近车体的位置,因此叉车行驶时的稳定性好。

前移式叉车一般以蓄电池作动力,起重量在3吨以下。前移式叉车的车身小,重量轻,转弯半径小,机动性好,不需要专门在货堆之间留出空处,前轮可以做得很大。由于其运行速度很慢,因此主要在室内和狭窄的通道内进行装卸搬运作业。

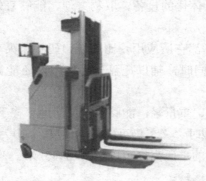

前移量300毫米

图3-2 插腿式叉车　　　　　图3-3 前移式叉车

视频链接:前移式电动叉车操作方法。0'39"。https://haokan.baidu.com/v?vid=4947243718147366771&tab=

4. 侧面式叉车

侧面式叉车(见图 3-4)的门架和货叉分布在车体的侧面，侧面还有一个货物台。当货叉取货物时，货叉沿门架上升到大于货物台的高度后，门架沿导轨缩回，降下货叉，货物便放在叉车的货物台上。侧面式叉车主要用于搬运长的、大件货物，且多以柴油机驱动，最大起重量为 40 吨。

5. 跨车

跨车即跨运车(见图 3-5)，是由门形车架和带抱叉的提升架组成的搬运机械。一般以内燃机驱动，起重量在 10~50 吨。在作业时，门形车架跨在货物上，由抱叉托起货物，进行搬运和码垛。在港口，跨车可用来搬运和堆码钢材、木材和集装箱等。

跨车起重量大，运行速度较快，装卸快，甚至可以做到不停车装载，但跨车本身重量集中在上部，重心高，空车行走时稳定性较差，要求有良好的地面条件。

图 3-4　侧面式叉车

图 3-5　跨车

6. 其他叉车

除了上述介绍的几种叉车，还有低位拣选叉车、高位拣选叉车、固定平台搬运车、集装箱叉车等，如图 3-6~图 3-10 所示。

图 3-6　低位拣选叉车

图 3-7　高位拣选叉车

图 3-8　固定平台搬运车

图 3-9　集装箱叉车　　　　　　　　　　图 3-10　集装箱叉车工作示意图

3.2.4　叉车属具

叉车除了使用货叉作为最基本的工作属具，还可以根据实际需求配装多种可换属具，以完善和提高叉车的性能，适应现代物流仓储搬运装卸复杂多元化的需要。

叉车属具(forklift truck attachment)也称多种装置，是自动化装卸、堆垛和搬运的高效设备，是发挥叉车一机多用的良好工具。

已广泛采用的可换装的叉车属具有 30 多种，如侧移装置、环卫属具、夹抱器、旋转器、桶夹、串杆、吊钩、货斗等。叉车属具具有高效率(productivity)、低损耗(damage reduction)、安全(safety)等特点，用于造纸、包装、印刷、石油、化工、建筑、冶炼、电子、饮料、五金、汽车制造、仓储、烟草、军工等行业。

使用专用的属具能够大大提高叉车的效率，降低运营成本，可实现对货物的夹抱、旋转(顺/逆时针)、侧移、推/拉、翻转(向前/向后)、分开/靠拢(调整货叉间距)、伸缩等功能，这是普通叉车货叉所无法完成的动作。

1. 专用叉车属具的优点

1) 生产效率高，运行成本低

机械化搬运比传统的人力搬运作业时间短，同时降低了劳动力的支出和成本，提高了工作效率。在同一个搬运循环中，叉车的动作次数明显降低，叉车相应的轮胎、传动齿轮、油耗等也相应降低，运行成本也相应减少。

2) 操作安全可靠，降低了事故率

由专用叉车属具制造商设计和生产的、针对不同行业工况的属具均设计有安全装置，在异常情况时所夹(或叉)的货物不易滑落，如夹类属具的保压装置(承载货物时，油管爆裂，液压系统保持压力，货物不会滑落)；侧移类属具的末端缓冲装置等，降低了事故率。

3) 货物损耗小

借助于属具特有的夹持、侧移、旋转等功能，货物可以更安全地被运送或堆高或装卸，进而将货物损耗程度降到最低。属具的使用也同时降低了托盘的使用频率 (如无托盘搬运作业) ，其相应的采购和维修成本也相应减少。

常见叉车属具的主要部件有：固定部件——支架、工作装置、工作油缸、胶管卷进卷出装置。

2. 典型的叉车属具

(1) 纸卷夹(paper roll clamp)。纸卷夹包括可调短臂式、固定短臂式。纸卷夹能够对纸卷进行高效、安全、无破损的搬运和堆垛作业，并且能夹紧纸卷连续 360 度旋转。方便纸卷交换作业。广泛用于造纸、纸箱、包装、印刷、港口等行业对各类纸卷进行无托盘搬运与堆垛。

(2) 通用夹类属具(general attachments)。它包括软包夹、多用平夹、纸箱夹、桶夹、砖块夹等。最具代表性的通用夹类属具属软包夹，软包夹可以安全高效地搬运各种形式的软包，如棉花、纺织、羊毛、纸浆、废纸、干草及工业碎料等软包物品。它适用于造纸、纺织、化纤、废纸回收等行业对各类纸卷进行无托盘搬运与堆垛。

(3) 旋转器(rotator)。旋转器可以对需要转动或者翻转的容器和物品进行 360 度快速翻转。广泛用于食品、化工、环卫、物品回收、冶炼铸造等行业。

(4) 带托盘货物作业属具(pallet handling attachments)。它主要包括侧移器等。调距叉、单双托盘叉等侧移器是安装在叉车中最常用的属具，侧移器帮助货叉上的货物左右横向侧移 100mm 或 150mm 不等的距离，便利货物的叉取和堆垛，大大提高了叉车的灵活性和工作效率。适用于各种叉车作业。

(5) 无托盘货物作业属具(palletless handling attachments)。它包括纸箱夹、推拉器、推出器等。推出器适用于化肥、饲料、谷物面粉、盐、水泥等袋装货物。

图 3-11～图 3-16 展示了各种叉车属具。

图 3-11　纸卷夹　　　　图 3-12　桶夹

图 3-13　推出器　　　　图 3-14　钢管夹

图 3-15　推拉器　　　　图 3-16　砖块夹

视频链接：叉车换属具变成铲车。1'35"。https://haokan.baidu.com/v?vid=9416924845023328598

视频链接：叉车属具之旋转器。 0'47"。https://v.qq.com/x/page/w3247aqh8mn.html

视频链接：翻转属具叉车改造。 0'39"。https://v.qq.com/x/page/g0907uauzgs.html

3.3 轻型装卸搬运设备

3.3.1 手推车

手推车轻便灵活，广泛用于物流中心、配送中心、工厂、仓库、商场、超市、机场等。手推车是一种以人力为主，在路面上水平运输货物的小型搬运车辆。由于大多数手推车没有垂直提升能力，因此承载能力一般低于 0.5 吨。

因为输送货物的种类、性质、形状、重量等不同，手推车的样式也不相同，如图 3-17 所示。选择手推车时应该考虑货物的形状和性质。当需要搬运的货物品种很多时，应考虑采用通用性的手推车，否则需选用专用性的手推车。

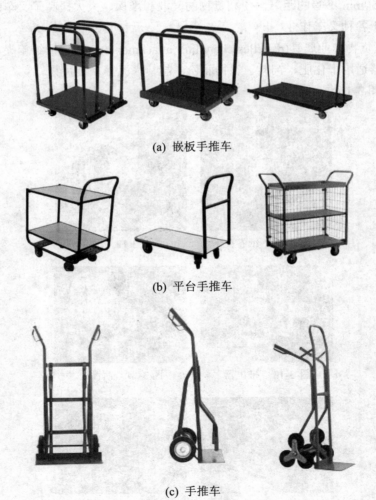

(a) 嵌板手推车

(b) 平台手推车

(c) 手推车

图 3-17 不同样式的手推车

3.3.2 手动搬运车

手动搬运车(见图 3-18)是一种小型的搬运设备。它有像两个货叉似的叉腿，搬运货物时，可以直接插入托盘底部，而且能够承载"C"形截面货叉，强度更高，更加持久、耐用，货叉的最大载重为 3 吨。这种手动托盘搬运车被广泛应用于仓库、商场、码头或工厂各工序间不需要堆垛的搬运作业。

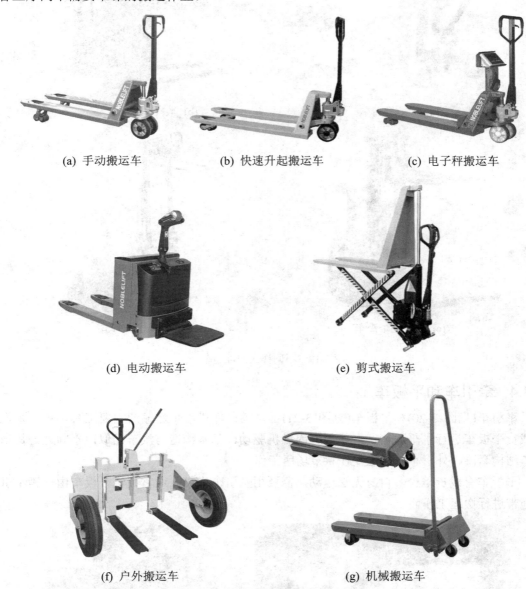

(a) 手动搬运车　　　　　　(b) 快速升起搬运车　　　　　　(c) 电子秤搬运车

(d) 电动搬运车　　　　　　　　　　(e) 剪式搬运车

(f) 户外搬运车　　　　　　　　　　(g) 机械搬运车

图 3-18　不同样式的手动搬运车

3.3.3 堆高车

目前，堆高车(见图 3-19)设备的发展非常迅速，除了最常见的手动堆高车，还有半自动堆高车、全自动堆高车和前移式堆高车。手动堆高车是利用人力推拉运行的简易式叉车，这种装卸搬运设备主要用于工厂车间和仓库内部，装卸效率不高但需要堆垛的场合。

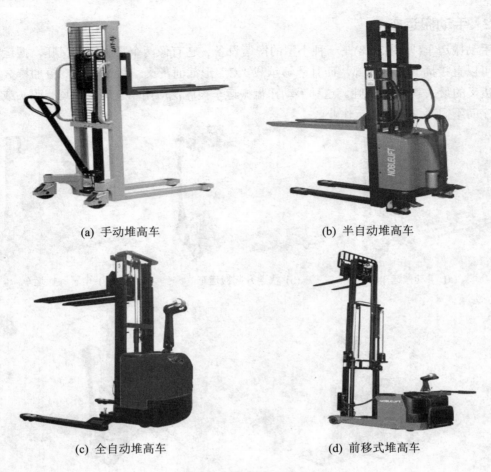

(a) 手动堆高车　　　　　　　　　　　(b) 半自动堆高车

(c) 全自动堆高车　　　　　　　　　　(d) 前移式堆高车

图 3-19　不同样式的堆高车

3.3.4　牵引车和平板车

　　牵引车(见图 3-20)和平板车(见图 3-21)都是港口件货水平运输的主要工具。牵引车拖带载货平板车进行水平运输，一般都有内燃机驱动，基本构造与汽车相似，不同之处是牵引车结构紧凑、外形小巧，主要在狭窄场所工作。

　　平板车有载货平台，自身无法运动，需要用牵引车拖带。通常几辆平板车由一辆牵引车拖带进行搬运工作。

图 3-20　牵引车

图 3-21　平板车

3.3.5　自动导引搬运车

自动导引搬运车(automated guided vehicle，AGV)，如图 3-22 所示，又称自动导向车，是采用自动或人工方式装载货物，按设定的路线自动行驶或牵引着载货台车至指定地点，再用自动或人工方式装卸货物的工业车辆。一般有叉式、辊道输送式、皮带输送式、链输送式、推挽输送式等。

图 3-22　自动导引搬运车

按日本 JISD 6801 的定义，AGV 是以电池为动力源的一种自动操纵行驶的工业车辆。自动导引车只有按物料搬运作业自动化、柔性化和准时化的要求，与自动导引系统、自动装卸系统、通信系统、安全系统和管理系统等构成自动导引车系统(AGVS)才能真正发挥作用。

根据美国物流协会定义，AGV 是指装备有电磁或光学导引装置，能够按照规定的导引路线行驶，具有小车运行、停车装置、安全保护装置及各种移载功能的运输小车。

我国国家标准《物流术语》中对 AGV 的定义为：能够自动行驶到指定地点的无轨搬运车辆。对 AGVS 的定义为：一种使车辆按照给定的路线自动运行到指定场所，完成物料搬运作业的系统。根据公开资料显示，我国 AGV 企业超过 266 家，主要分布在广东、江苏、浙江、上海、福建、天津等省市。

1. 自动导引车系统的特点

自动导引车系统具有以下特点。

(1) 机电一体化。

(2) 自动化。

(3) 柔性化。

(4) 准时化。

2. 自动导引车的组成

自动导引车主要包括车体、驱动及转向部件、导引装置、安全装置、供电装置、车载控制系统、通信装置。

3. 自动导引车的分类

按照驱动方式可分为单轮驱动自动导引车、双轮驱动自动导引车、多轮驱动自动导引车。

按照移载方式可分为搬运型自动导引车、装配型自动导引车、牵引式自动导引车。

按照导引原理的不同，AGV可以分为外导式和自导式两大类。

(1) 外导式(固定路径导引)：是在运行路线上设置导向信息媒介，如导线、色带等，车上的导向传感器检测并接收到导向信息(如频率、磁场强度、光强度等)，再将此信息实时处理后用以控制车辆沿运行线路正确运行。

(2) 自导式(自由路径导引)：采用坐标定位原理，即在车上预先设定运行作业路线的坐标信息，并在车辆运行时，实时地检测出实际的车辆位置坐标，再将两者比较、判断后控制车辆导向运行。

磁钉指引的集装箱自动导引车AGV如图3-23所示。用于物料搬运的视觉自动导引车AGV，如图3-24所示。

图 3-23　集装箱自动导引车 AGV

图 3-24　视觉自动导引车 AGV

常用的导引方式及其原理和特点，如表3-1所示。

表 3-1　常用导引方式及其原理和特点

导引方式	导引原理	特点
电磁导引	在金属线上加载导引频率，通过对导引频率的识别实现导引	1. 由于导引线埋在地面下方，不易污染和破损。导引原理简单可靠，便于控制和通信，对声光无干扰，制造成本较低； 2. 整个运行路径不能在铁板上； 3. 有可能由于地面下沉等原因使导引线断裂； 4. 断线点的查找与修理都有困难
磁带导引	磁带导引技术与电磁导引相近，用在路面上敷设磁带替代在地面下埋设金属线，通过磁感应信号实现导引	1. 磁带导引灵活性比较好，改变或扩充路径较容易； 2. 可以在铁板上行驶； 3. 施工对地面环境影响较小； 4. 埋入式受重型车辆、地面油污等的影响小； 5. 系统实施成本较低

导引方式	导引原理	特点
激光导引	激光导引是在行驶路径的周围安装位置精确的激光反射板,通过发射激光束,同时采集由反射板反射的激光束,来确定其当前的位置和方向,并通过连续的三角几何运算实现导引	1. 激光导引灵活性好,改变或扩充路径较容易,AGV 定位精确; 2. 地面无须其他定位设施; 3. 周围环境若存在强反射的物体或大面积遮挡,对导引有较大影响; 4. 系统实施成本较高
光学导引	装在车上的发光器向贴在地面上的反光带发光,再用光传感接收器接收由反光带反射回来的光,导引车辆沿反光带行驶的方式	1. 仅需粘贴或涂刷反光带,施工容易; 2. 施工对地面环境影响较小; 3. 不受地基内钢筋、地面上钢板的影响; 4. 附着在反光带表面的灰尘、污物、反射面的损伤、地面上大的凹凸等都会影响行驶; 5. 系统实施成本较低
惯性导引	采用加速器和陀螺仪惯性器件来确定最近朝向,从而确定通往目的地的路径	1. 给定了初始条件后,不需要外界物质作为参照物就能定位,导航和速度控制; 2. 适用于室外多干扰的环境运行,而且能够持续的测量位置的变化; 3. 对地面平整度要求很高且价格昂贵
二维码导引	通过物体贴上二维码应用在物流园,物找车替代传统的车找物	1. 灵活,行走通道小,方便更改路径; 2. 要求运行地面平整,需要经常维护路径,如果现场环境复杂,需要经常更换二维码; 3. 价格比较昂贵
视觉导引	预先安装摄像头,并获得实时的图像信息,然后将采集的图像信息放入数据库里。AGV 根据实时采集到的图片与预期建立好的数据库里的图片信息进行配对,从而确定小车当前的位置,进而确定下一步的运动,实现智能行驶	1. 在工作现场设置色标或条码标志; 2. 对计算机处理系统的要求很高,计算量大

计算机硬件技术、并行与分布式处理技术、自动控制技术、传感器技术及软件开发环境的不断发展,为 AGV 的研究与应用提供了必要的技术基础。人工智能技术的发展,让 AGV 向智能化和自主化方向发展,如理解与搜索、任务与路径规划、模糊与神经网络控制技术。AGV 的研究与开发集人工智能、信息处理、图像处理为一体,涉及计算机、自动控制、信息通信、机械设计和电子技术等多个学科,成为物流自动化研究的热点之一。

视频链接:自动导引车(AGV)系统。4'56"。https://v.qq.com/x/page/r0367krs7ac.html

视频链接:自动导引车(AGV)系统。2'35"。https://v.qq.com/x/page/o0360sndmjb.html

视频链接:自动导引车(AGV)系统。4'11"。 https://v.qq.com/x/page/g0902zv3vfx.html

视频链接:集装箱 AGV 码头作业。0'11"。

https://image.so.com/view?q=%E8%87%AA%E5%8A%A8%E5%AF%BC%E5%BC%95%E8%BD%A6%E5%9B%BE%E7%89%87&src=rel&correct=%E8%87%AA%E5%8A%A8%E5%AF%BC%E5%BC%95%E8%BD%A6%E5%9B%BE%E7%89%87&ancestor=list&cmsid=d0f4b01d0f5f8de6c18911b85b33521a&cmras=6&c

n=0&gn=0&kn=0&crn=0&bxn=0&fsn=60&cuben=0&pornn=0&manun=0&adstar=0&clw=241#id=d6c0110222
d3a0cb01af5ee8d62c1056&prevsn=180&currsn=240&ps=292&pc=59

阅读材料 3-1　新松公司参与制定的自动导引车(AGV)国家标准正式发布

近日，由中国科学院沈阳自动化研究所持股公司——沈阳新松机器人自动化股份有限公司(以下简称"新松公司")作为主要起草单位，参与制定的"GB/T 30029—2013 自动导引车(AGV)设计通则"及"GB/T 30030—2013 自动导引车(AGV)术语"中华人民共和国国家标准正式发布，这两项国家标准已于 2014 年 3 月 1 日正式实施。

AGV 是自动导引车统称，隶属移动机器人范畴。AGV 作为自动、智能移动的载体，是物流自动化领域不可或缺的，越来越广泛的行业会选择 AGV 同其他物流设备结合，形成一个完整的物流智能系统。

新松公司早在 20 世纪 70 年代末就对 AGV 进行基础性研究，1991 年为沈阳华晨金杯汽车公司研制应用了基于 AGV 的底盘合装系统。2007 年拥有自主产权的 AGV 出口到美国、加拿大、俄罗斯、韩国、印度等国外市场，开创国产机器人出口的先河。经过 20 多年的发展、研究与创新，新松公司 AGV 产品已走上产业化发展的道路，先后开发出磁导航、激光导航、惯性导航及非接触式供电等 AGV 产品，设计开发出叉车式搬运型、汽车合装型、推挽移载型、重载运输型、智能巡检型等类型产品。截至目前，新松 AGV 已成功应用于汽车制造、电力计量、烟草、图书出版、机械加工等众多行业。总体看来，AGV 的市场空间还很大，随着国内劳动力成本提高，国内企业出于管理方面考虑对信息化、自动化水平的高要求等因素，AGV 需求将会逐渐提高。

参与制定自动导引车相关国家标准是体现新松公司 AGV 产品行业技术地位及市场地位的又一力证。截至目前，新松公司已参与制定了 5 项国家及行业标准。此次自动导引车国家标准的制定，有效地规范了产品生产，行业产品质量将显著提升，对指导行业企业和谐有序发展、推动可持续发展将起到积极作用。

(资料来源：中国科学院，http://www.cas.cn/ky/kyjz/201403/t20140317_4054887.shtml 2014-03-18)

3.4　起重机械

3.4.1　起重机械的概念和分类

在物流作业中，常用的起重机械是一种周期性循环、间歇运动的机械，用来垂直升降货物或兼作货物的水平运动，以满足货物的装卸、转载等作业要求。起重机械是现代企业实现物流作业机械化、自动化，改善物料装卸搬运条件，减轻工人劳动强度，提高装卸搬运效率不可缺少的重要机械设备，在各个领域如港口、仓库、车站等被广泛运用。

起重机械按功能和结构特点可以划分为三类。

(1) 轻小型起重设备。其具有轻巧方便、结构紧凑、作业动作简单、作业范围较小的特点。

(2) 起重机。其具有将挂牵在起重吊钩或其他取物装置上的重物实现垂直升降和水平移运的特点。

(3) 升降机。其特点是重物或取物装置只能沿导轨升降。

3.4.2　典型起重机械

1. 门式起重机和桥式起重机

门式起重机(见图 3-25)和桥式起重机(见图 3-26)是搬运长、大、笨重货物的主要装卸机械。因此，它们在露天货场、料场、集装箱码头和仓库等场所比较常见。

图 3-25　门式起重机　　　　　　　　　图 3-26　桥式起重机

2. 悬臂式起重机

悬臂式起重机(见图 3-27)主要利用臂架的边幅绕垂直轴线回转配合升降货物，动作比较灵活。

图 3-27　悬臂式起重机

3.4.3　典型升降机

升降机是一种多功能起重装卸机械设备，能够垂直运送人或物，使载人或载物的起重平台自一个高度升至另一个高度，常用在车站、码头、机场、工厂和仓库等地。一般采用液压驱动，故称液压升降台。升降台自由升降的特点目前已经广泛运用于市政维修，码头、物流中心货物运输，建筑装潢等。常用的升降机有以下几种。

1. 固定式升降机

固定式升降机(见图 3-28)是适用范围较广的货物举升设备。主要有以下用途：在有高度差的生产流水线之间运送货物；物料上线、下线；工件装配时调节工件高度；高处给料机送料；大型设备装配时举升部件；大型机床上料、下料；在仓储装卸场所与叉车等搬运车辆配套进行货物快速装卸等。固定式液压升降机升起后不得移动。

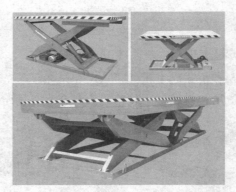

图 3-28　固定式升降机

2. 移动式升降机

移动式升降机能够在不同的高度快速、慢速行走，可以在空中的操作平台连续完成上下、前进、后退、转向等工作。

移动式升降机产品种类很多，大致可分为牵引式、自行式、手推式等。

牵引式升降机的代表产品有二轮牵引式和四轮牵引式，如图 3-29 和图 3-30 所示。牵引式升降机可利用拖车或柴油机做牵引动力进行移动并可做液压升降动力，该系列升降机具有移动灵活、升降平稳、载重量大、操作方便的特点。

图 3-29　二轮牵引移动式液压升降平台

图 3-30　四轮牵引移动式液压升降平台

自行式升降机(见图 3-31 和图 3-32)可选用三相电源或电瓶控制行走，也可以在不外接电源的情况下，手柄控制行走。自行式升降机速度可调，移动灵活、操作方便、升降自如。其主要特点就是使用人员不需要下升降台。

图 3-31　曲臂自行式高空作业平台

图 3-32　自行式液压升降机

手推式升降机属于中小型机械，可采用二相、三相、电瓶或柴油机作为移动和升降动力，特殊场所也可选用防爆电机、电器等。手推式液压升降机的控制方式为电动上、下控制升降，手、电两用器控制，在停电时仍可使用，方便灵活，安全可靠，如图 3-33 所示。

图 3-33　手推式液压升降机

3. 车载式升降机

车载式升降机是为提高升降机的机动性，将升降机固定在电瓶搬运车或货车上，它可以选配汽车引擎动力或蓄电池动力，实现车载式升降机的升降功能，以适应厂区内外的高空作业。图 3-34 和图 3-35 分别为电瓶车式升降台和车载式升降台。

图 3-34　电瓶车式升降台　　　　　图 3-35　车载式升降台

4. 剪叉式升降机

剪叉式升降机(见图 3-36)是用途广泛的高空作业专用设备。它的剪叉机械结构，使升降台起升有较高的稳定性，宽大的作业平台和较高的承载能力，使高空作业范围更大、并适合多人同时作业。它使高空作业效率更高，安全更有保障。

固定式升降台(双叉)　　　　　　固定式升降台(单叉)

图 3-36　剪叉式升降机

5. 曲臂式升降机

曲臂式升降机(见图3-37)是用于高空作业的升降设备，具有伸缩臂，能悬伸作业，可跨越障碍进行高空作业，平台升降到任何位置时，均可边行走边作业，结构紧凑，转向灵活，可360度旋转，平台载重量大并可搭载一定的设备。

图3-37　曲臂式升降机

6. 套缸式升降机

套缸式升降机(见图3-38)由伸缩油缸直接顶升，当启动电机时，由电机带动齿轮泵供油，油液经单向阀及电磁通道输入油缸，伸缩油缸则逐节上升。当平台升到最大高度时系统压力也就达到了额定工作压力，平台便停留在最大的工作位置。平台可根据现场的作业高度在最大高度以下任意位置停留。平台下降靠自重将油液经电磁换向阀压入油箱。

套缸式升降机分为移动式、固定式、车载式。

图3-38　套缸式升降机

3.5　连续输送机械

3.5.1　连续输送机械的特点及分类

连续输送机械是沿给定线路连续输送散粒物料或成件物品的机械，可以分为有挠性牵引构件(如胶带、链条)和无挠性牵引构件两类。

连续输送机械与间歇动作的起重机械相比，其特点是可以沿一定的路线不停地连续输送货物，装载和卸载都是在运动过程中完成的，不需要停车，启动、制动少。连续输送机械输送的货物一般是散货，这些货物以连续的形式分布在承载部件上，被输送的成件货物也同样按一定的次序以连续的方式运送。

采用连续输送机械可以加快货物的输送速度，提高生产率。而且这种设备自重小、外形尺寸小、成本低、功率小、结构紧凑，便于维修保养，易于实现自动化控制，工作过程中受载均匀。

连续输送机械也存在着某些缺陷，例如，它只能按照一定的路线输送，每种机型只能用于一定类型的货物，而且不适合运输较重的货物，大多数连续输送设备不能自行取货，需要采用一定的供料设备。

目前，连续输送设备在现代化物流搬运系统中被大量使用，尤其是在自动化立体仓库、物流配送中心、大型货场等场所，是必不可少的机械。

3.5.2　典型输送机械

在现代化的物流装卸搬运系统中，典型的输送机械主要有带式输送机、链式输送机、斗式提升机、辊道式输送机、螺旋式输送机等。

1. 带式输送机

带式输送机(见图 3-39)是一种摩擦驱动以连续方式运输物料的机械。采用这种设备，可以将物料从最初的供料点沿着一定的输送线输送到最终的卸料点，并形成一种物料的输送流程。它既可以进行碎散物料的输送，也可以进行成件物品的输送。除进行纯粹的物料输送外，还可以与各工业企业生产流程中的工艺要求相配合，形成有节奏的流水作业运输线。因此，带式输送机广泛应用于各种现代化的工业企业中。

普通带式堆垛机的输送长度受输送本身强度和运动稳定性的限制。输送距离越长，驱动力越大，输送带所承受的张力就越大，对输送带本身的强度要求就越高。

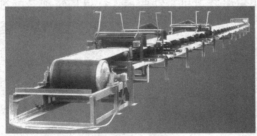

图 3-39　带式输送机

2. 链式输送机

链式输送机(见图 3-40)的特点是用绕过若干链轮的无端链条作牵引构件，由驱动链轮通过轮齿与链结的啮合将圆周牵引力传递给链条，在链条上输送货物。

图 3-40　链式输送机

3. 斗式提升机

斗式提升机(见图 3-41)属于输送机的一种。其特点是在垂直或接近垂直的方向上连续提升粉粒物料。斗式提升机的优点是结构紧凑、横向尺寸小、占地面积小，不扬灰尘，利于环境保护。斗式提升机的生产率一般小于 600 吨/小时，提升高度受牵引构件强度的限制，一般在 80 米以下。夹钢绳芯胶带的发展，使牵引构件的强度大大提高。国外有采用夹钢绳芯胶带做牵引构件并以小提升机对大提升机进行定量供料的例子，使得斗式提升机的生产率达到 2 000 吨/小时，提升高度达到 350 米。

4. 辊道式输送机

辊道式输送机(见图 3-42)结构比较简单，是使用最为广泛的输送机械之一。它由一系列以一定间距排列的辊子组成，用于输送成件货物或托盘货物。每台辊子输送机由一台齿轮传动式电机驱动，在需要的地方设有电磁制动器。辊子的运动是借助一条带有防护的链条实现的。每一个单元均装在一个预制的框架上，此框架装在输送机系统的支持钢结构上。

运行控制由输送控制系统集中控制。辊道升降台是输送机系统的关键设备，主要作用是改变货物在输送机系统上的运行方向。辊道升降台有两个传动机构，移载机构与辊道输送机相同，升降机构采用电机减速机带动曲柄连杆机构实现升降过程。

图 3-41　斗式提升机　　　　　　　　　图 3-42　辊道式输送机

5. 螺旋式输送机

螺旋式输送机(见图 3-43)体积小、重量轻、密封性好，工艺布置灵活，输送效率高，装拆移动方便。螺旋式输送机大都用于倾角输送，广泛适用于输送粉状、粒状及小块物料，不宜输送易结块、黏性大的物料。

图 3-43　螺旋式输送机

3.6　托盘码垛机器人

托盘码垛机器人(见图 3-44)是能将不同外形、尺寸的包装货物，整齐地、自动地码(或拆)在托盘上的机器人。为充分利用托盘的面积和保证码堆物料的稳定性，机器人具有物料码垛顺序、排列设定器。

码垛机器人是机、电一体化高新技术产物，可按照要求的编组方式和层数，完成对料袋、胶块、箱体等各种产品的码垛。

机器人码垛工作站系统，包括工业机器人、控制器、编程器、机器人手爪、自动拆/叠盘机、托盘输送及定位设备和码垛模式软件。还可配置自动称重、贴标签和检测及通信系统，并与生产控制系统相连接，形成一个完整的集成化包装生产线。

生产线末端码垛的简单工作站：该柔性码垛系统从输送线上下料并将工件码垛、加层垫等，紧跟着有一输送线将码好的托盘送走。

码垛/拆垛工作站：该柔性码垛系统可将三垛不同货物码成一垛，机器人还可抓取托盘和层垫，一垛码满后由输送线自动输出。

生产线中码垛：工件在输送线定位点被抓取并放到两个不同的托盘上，层垫也被机器人抓取。托盘和满垛通过线体自动输出或输入。

生产线末端码垛的复杂工作站：工件来自三条不同的线体，它们被抓取并放到三个不同的托盘上，层垫也被机器人抓取。托盘和满垛由线体上自动输出或输入。

机器人自动装箱、码垛工作站可应用于建材、家电、电子、化纤、汽车、食品等行业。

图 3-44　托盘码垛机器人

视频链接：全自动码垛机器人。1'8"。 https://v.qq.com/x/page/p32137mcypv.html

视频链接：全自动码垛机器人。1'49"。

https://tv.360kan.com/player?id=25c11e57efba344b5ba3796d01a5aedb&q=%E7%A0%81%E5%9E%9B%E6%9C%BA%E5%99%A8%E4%BA%BA&src=auto-play-next&srcg=pc_daohang

3.7   登车桥

登车桥是实现货物快速装卸的专用辅助设备，它的高度调节功能使货车与库房的货台之间架起一座桥梁，叉车等搬运车辆通过它能直接驶入货车内部进行货物的批量装卸，仅需单人作业，即可实现货物的快速装卸。

3.7.1   固定式登车桥

固定式登车桥(见图 3-45)的主要作用是在货台与运输车辆之间搭起一座桥，使叉车便利地行驶达到装卸货的目的。该设备一端与货台等高，另一端为活动的，并可以搭在车厢后缘上，根据不同的车型及装车过程中车厢的变化，自动调整高度。固定式登车桥可以提高工作效率，节省劳动力，减轻劳动强度。

图 3-45   固定式登车桥

1.   嵌入式登车桥

嵌入式登车桥(见图 3-46)是指嵌入装卸货操作平台中的登车桥，安装好的登车桥主板面与装卸货操作平台的上平面呈水平。在没有进行装卸车作业时，嵌入式登车桥不会影响平台上的其他作业任务。此种类型的登车桥用途较广泛，也是相对最为快捷的一种登车辅助设备。

图 3-46   嵌入式登车桥

2.   台边式登车桥

台边式登车桥直接安装于装卸货平台前端边沿位置，无须在装卸货操作平台上开挖或是预留坑位，对建筑结构基本无改动。如果在建筑施工时没有考虑到登车装卸作业因素，台边式登车桥作为一种补救方案，同样能够达到进入卡车车厢装卸货作业的要求。台边式登车桥亦根据不同现场情况设计有多种结构形式，可以在一定范围内向上(货台以上)或是向下(货台以下)调节，能够满足大多数装卸货平台的安装使用。

3.7.2　移动式登车桥

移动式登车桥(见图 3-47)广泛用于无装卸设备的货台及流动装卸场所，是与叉车配合使用的货物装卸辅助设备。借助移动式登车桥，叉车能直接驶入汽车集装箱内部进行批量装卸作业。它可使企业减少大量劳动力，成倍提高装卸作业效率，加快货物流通速度，获取更大的经济效益。

图 3-47　移动式登车桥

本章小结

本章首先从物流作业效率、劳动力、成本的角度论述了物流装卸搬运设备的作用。然后介绍了物流装卸搬运的基本概念和特点，并对物流装卸搬运设备进行了分类。最后详细介绍了叉车及其属具、轻型装卸搬运设备及自动导引车 AGV、起重设备、连续输送机械的基本概念、特点和各种典型设备。

学习时，应该在了解物流装卸搬运设备分类情况的基础上，掌握物流装卸搬运的基本概念及各种装卸搬运设备的特点。

思考题

1. 简述物流装卸搬运的概念和特点。
2. 物流装卸搬运设备的分类有哪些？
3. 叉车有哪些类型？
4. 简述连续输送机械的特点及分类。
5. 什么是自动导引搬运车？
6. 装卸时，如何使用登车桥？

第4章
物流仓储设备

学习目标

通过本章的学习，掌握仓库、货架的概念、作用和分类，理解自动化立体仓库的概念和优势，掌握堆垛机的概念，了解托盘、仓储笼、周转箱等常见的仓储辅助设备。

核心要点

- 仓库的概念、种类。
- 货架的定义、作用和分类。
- 自动化立体仓库的优势。
- 堆垛机的概念。
- 常见的仓储辅助设备。

4.1　物流仓储设备概述

仓储活动的基本功能包括物资的保管功能、调节物资的供需功能、实现物资的配送功能和节约物资的功能。仓储设备是指仓库进行生产和辅助生产作业及保证仓库和作业安全所必需的各种机械设备和设施的总称。

物流仓储设备主要包括仓库及与其相关的配套设备，如货架、托盘、立体化仓库、仓储笼、登高车、零件盒等。

仓储设备的主要特点如下。

(1) 在物流据点内工作，其作业场所比较固定，工作范围相对较小，运行线路比较固定。

(2) 安全性、节能性、环保性和经济性要求高。

(3) 机械化和自动化程度高。

(4) 专业化和标准化程度高。

4.2　仓库

4.2.1　仓库的定义和作用

1. 仓库的定义

简单来说，仓库是储藏、保管物品的场所的总称。

在我国，最初"仓"和"库"是两个概念，"仓"是指储藏粮食的地方，"库"是指储藏兵器的库房；后来人们将二者合一，凡是储存物品的场所均称为仓库。在日本，仓库被定义为"防止物品丢失、损伤的工作场地，或为防止物品丢失或损伤而提供的土地、水面等用于物品储藏保管的场所"。

在现代物流中，仓库是保管、储存物品的建筑物和场所的总称。设立仓库更多的是考虑经营上的收益而不仅仅为了储存，仓库的功能已经从单纯的物资存储保管，发展到具有担负物资的接收、分类、计量、包装、分拣、配送、存盘等多种功能。

仓库主要由储存物品的库房、运输传送设施(如吊车、电梯、滑梯等)、出入库房的输送管道和设备，以及消防设施、管理用房等组成。

2. 仓库的作用

仓库在物流活动中发挥着不可替代的作用。

(1) 缩短供货时间。仓库可以设置在靠近目标顾客的位置，这样可以更好地防止顾客采购货物的短缺，缩短顾客预购货物的时间，为顾客提供满意的仓储服务。

(2) 调整供求。有的商品是集中生产，却是持续消费，如粮食；有的商品是持续生产，却是集中消费，如皮装等季节性商品。诸如此类的商品都要靠仓库调节市场供求。

(3) 降低价格波动的风险。市场经济条件下的商品价格变化莫测，经常给商家或是生产企业带来价格风险，厂家和商家可以在他们认为价格合适的时候采购或是储备，在原材料价格上涨前或商品价格下降时大量储存，减少损失。

(4) 避免缺货损失。有时，某些商品的缺货会在经济和信誉上带来巨大的损失，其中有些损失是直接的，有些损失是间接的。为了对市场需求做出快速反应，企业必须保持一定的存货来避免缺货损失。另外，为了避免战争、灾荒等意外引起的缺货，国家也要储备一些生活物资、救灾物资及设备。

4.2.2　仓库的分类

仓库可以按不同的标准进行分类，以便对不同类型的仓库实行不同的管理。

1. 按仓库在社会再生产过程中所处位置不同分类

根据仓库在社会再生产过程中所处位置的不同，可以把仓库分为生产领域仓库、流通领域仓库和储备型仓库。

(1) 生产领域仓库。生产领域仓库包括原材料仓库，半成品、在制品和产成品仓库。

(2) 流通领域仓库。流通领域仓库包括物流企业中转仓库和商业企业的自用仓库，主要用于商品的保管、分类、中转和配送。

(3) 储备型仓库。储备型仓库以物资的长期保管或储备为目的，货物在库时间长，周转速度慢，如国家粮食储备库。

2. 按仓库的使用范围分类

根据使用范围的不同，可以把仓库分为企业仓库、营业仓库和公用仓库。

(1) 企业仓库。企业仓库指企业自己投资兴建，用于保管自己生产经营所需货物的仓库。

(2) 营业仓库。营业仓库指面向社会提供仓储服务而修建的仓库。这类仓库以出租库房和仓储设备，提供装卸、包装、流通加工、送货等服务为经营目的，功能比较齐全，服务范围较广，进出货频繁，吞吐量大，使用效率较高。

(3) 公用仓库。公用仓库指由国家或一个主管部门修建的，为社会物流业务服务的公共仓库，如车站货场仓库、港口码头仓库等。其特点是公共、公益性强，功能比较单一，仓库结构相对简单。

3. 按仓库保管的条件分类

根据保管条件的不同，可以把仓库分为普通仓库、恒温保湿仓库、冷藏仓库、特种仓库和水面仓库。

(1) 普通仓库。这种仓库设施一般，只能保管无特殊要求的货物。

(2) 恒温保湿仓库。这种库房始终能保持一定的温度和湿度。

(3) 冷藏仓库。冷藏仓库指配备了冷冻设备，使库房保持一定低温的仓库。

(4) 特种仓库。特种仓库用于存放有特殊要求的货物，如易燃、易爆、有毒的货物。

(5) 水面仓库。圆木、竹排等能够在水面上漂浮的物品可以储存在水面仓库。

4. 按仓库建筑的结构分类

根据建筑结构的不同，可以把仓库分为简仓、单层仓库、多层仓库、立体仓库、露天堆场和罐式仓库。

(1) 简仓。简仓 (见图 4-1)指用于存放散装的小颗粒或粉末状货物的封闭式仓库。这种仓库一般被置于高架上，经常用来存储粮食、水泥和化肥等。

(2) 单层仓库。单层仓库(见图 4-2)构造较为简单，造价较低，一般只有一层，不设楼梯，有效高度不超过 6 米，适于人工操作，各项作业也较为方便简单。

图 4-1　水泥厂简仓　　　　　　　　　　图 4-2　单层仓库

(3) 多层仓库。多层仓库(见图 4-3)指两层及两层以上的仓库，它可以减少土地占用，降低分摊的地价，但进出库需要采用机械化或半机械化作业，日常装卸搬运费用比较高。

(4) 立体仓库。立体仓库(见图 4-4)是当前经济发达国家较普遍采用的一种先进仓库，主要采用电子计算机进行管理和控制，实行机械化、自动化作业。

(5) 露天堆场。露天堆场(见图 4-5)是在露天堆放货物的场所，一般堆放大宗原材料，或者不怕受潮的货物。

(6) 罐式仓库。罐式仓库(见图 4-6)的构造特殊，或球形，或柱式，像一个大罐子，主要用于储存石油、天然气和液体化工产品等。

图 4-3 多层仓库

图 4-4 立体仓库

图 4-5 露天堆场

图 4-6 罐式仓库

5. 按仓库所处的位置分类

根据仓库所处位置的不同，可以把仓库分为港口仓库、车站仓库、汽车终端仓库、工厂仓库和保税仓库。

(1) 港口仓库。港口仓库是指以船舶发到货物为储存对象的仓库，一般仓库地址选择在港口附近，以便进行船舶的装卸作业。

(2) 车站仓库。车站仓库是指以铁路运输发到货物为储存对象的仓库，通常在火车货运站附近建库。

(3) 汽车终端仓库。汽车终端仓库是指在汽车货物运输的中转地点建设的仓库，为汽车运输提供方便。

(4) 工厂仓库。工厂仓库是指在企业内建设的仓库，如原材料仓库、产成品仓库、半成品仓库等。

(5) 保税仓库。保税仓库是指存放保税货物的仓库。为满足国际贸易的需要，保税仓库设置在一国国土之上，但在海关关境之外。

4.3 货架

在仓储设备中，货架是指专门用于存放成件物品的保管设备，在物流及仓库中占有非常重要的地位。随着现代工业的迅猛发展，物流量大幅度增加，为实现仓库的现代化管理，改善仓库的功能，不仅要求货架的数量多，还要具有多种功能，并能实现机械化、自动化的要求。

4.3.1　货架的作用与功能

货架在现代物流活动中起着相当重要的作用，仓库管理的现代化与货架的种类、功能有直接的关系。

货架的功能有以下几方面。

(1) 货架是一种架式结构物，可充分利用仓库空间，提高库容利用率，扩大仓库的储存能力。

(2) 存入货架中的货物互不挤压，物资损耗小，可完整保证物资本身的功能，减少货物的损失。

(3) 货架中的货物存取方便，便于清点及计量，可做到先进先出。

(4) 货架可以采取防潮、防尘、防盗、防破坏等措施，以提高物资存储质量。

(5) 很多新型货架的结构及功能有利于实现仓库的机械化及自动化管理。

4.3.2　常见的货架

1. 轻量型货架

轻量型货架(见图 4-7)结构简单、外形美观、安装拆卸方便；层高以 50 毫米为节距任意调节，每层在均匀分布状态下最大承重可达 150 千克。轻型冲孔货架是一种通用性很强的结构系统，可广泛应用于组装轻型料架、工作台、工具车、悬挂系统、安全护网及支撑骨架。冲孔角钢的长度可按刻度快捷切割，可用螺丝任意组装、修正并重新安装，这样既可满足经过周密计划的使用需要，又可满足紧急使用的需要，广泛应用于超市、企业仓库。

图 4-7　轻量型货架

2. 中量型货架

(1) 中量 A 型货架。中量 A 型货架(见图 4-8)为组合式结构，不用任何螺栓，外形美观，结构科学，安装拆卸方便；层高以 50 毫米为节距任意调节，每层在均匀分布状态下最大承重可达 400 千克。货架表面采用静电喷塑处理，防腐防锈、坚固耐用，广泛应用于超市、企业及事业单位仓库。

(2) 中量 B 型货架。中量 B 型货架(见图 4-9)为插接组合式结构，采用柱片与横梁挂接，增加了货架的坚固性和稳定性，安装拆卸方便；层高以 50 毫米为节距任意调节，每层在均匀分布状态下最大承重可达 800 千克；层板可选用钢板、木板、橡胶板等板料。

图 4-8　中量 A 型货架

图 4-9　中量 B 型货架

3. 货位式货架

货位式货架(见图 4-10)又称横梁货架、托盘货架，采用插接组合装配式结构，优化型截面设计，承载能力强；配以各种型号的堆高设备，可实现货物的快捷存取；经过不同的变形和组合，可以适应多种物料的储存，是各行各业最常用的货物存储系统。

货位式货架的设计参数包括：叉车的型号或参数；货物的重量及堆垛高度；托盘的规格及进叉方向；储库区的平面尺寸及可利用净高；货物进出库的物流走向及要求。

4. 阁楼式货架

阁楼式货架(见图 4-11)采用货架做楼面支撑，可设计成多楼层(通常 2～3 层)，并设有楼梯和货物提升电机等；适用于库房较高、货物轻小、人工存取、储货量大的情况。阁楼式货架可充分利用空间，节约库房面积，广泛应用于汽车、电子器材、机械零配件等物品的存储。

图 4-10　货位式货架

图 4-11　阁楼式货架

5. 汽配库货架

汽配库货架(见图 4-12)又称 4S 店货架、配件库货架。依据汽车品牌特点、库房面积及要求，一般采用阁楼式或中量型货架。此外，根据一部分汽车配件的特殊形状及存放形式，设计了适合其储存的专用货架(如玻璃架、翼子板架、减震器架等)，外形美观。根据汽车 CI 标准要求，汽配库货架表面喷塑可配置不同色彩。

图 4-12　汽配库货架

6. 悬臂式货架

悬臂式货架(见图 4-13)具有结构轻巧、载重能力好、空间利用率高等特点。悬臂式货架使用专用型材立柱，配有高强度悬臂(悬臂可以为单面或双面)，并设计背拉增加稳定性。加了搁板后的悬臂式货架，特别适合空间小、高度低的库房，管理方便，视野宽阔，与普通搁板式货架相比，利用率更高。根据承载能力的不同，可以把悬臂式货架分为轻量型、中量型、重量型三种，适合长物料、板材、环型物料和不规则的货物存储。

图 4-13　悬臂式货架

7. 贯通式货架

贯通式货架(见图 4-14)又称通廊式货架、驶入式货架。叉车可直接进入货道内存储货物，适合批量大、品种少、储存密度大的货物存储；采用不同的设计方式，贯通式货架可实现货物先进后出和先进先出的管理。

8. 抽屉式货架

抽屉式货架(见图 4-15)又称模具货架，主要用于存放各种模具物品；顶部可配置移动葫芦车(手拉或电动)，抽屉底部设有滚轮轨道，承载后依然能用很小的力自如地拉动。抽屉式货架附加定位保险装置，安全可靠。抽屉式货架根据承载能力可分为轻量型、重量型两种。

图 4-14　贯通式货架

图 4-15　抽屉式货架

9. 辊轮式货架

辊轮式货架(见图 4-16)又称重力式货架。货物从带有斜度,具有定位、定向的流利条上端存入,当在低端取货时,货物借助自身重力自动下滑,从而达到储存的目的,同时实现货物的先进先出,使存取迅速、方便。辊轮式货架适用于装配生产线,以及医药、电子行业仓库和超市配发中心等场所。

图 4-16　辊轮式货架

10. 压入式货架

压入式货架(见图 4-17)依据先进后出的原则,将托盘(或料箱)置于台车上,后储存的货物会将先存入的货物推往里面;台车跨于倾斜轨道上,当外侧货物被取走时,里面的台车会自动滑下,进货和出货在同一侧面;台车可喷涂不同颜色,更易于视觉存储。

图 4-17　压入式货架

11. 移动式货架

移动式货架(见图 4-18)是在固定式货架底部加装底盘组件组合而成的货架。这种货架仅需设一条通道，便于堆垛机或叉车进入存取货物，空间利用率高；转动机构采用精密轴承，转动灵活、平稳，根据需要可自由调整层高；货架设有控制装置与操作开关盘用以操作。

图 4-18　移动式货架

12. 线棒货架

线棒货架(见图 4-19)采用线棒(也称为覆塑管)与连接件组合而成；具有轻便、结实、表面洁净、耐磨、加工简单、可适应不同尺寸和造型的货物存储等特点；能适应生产现场不断改善的需要，符合人机工程原理，使现场工作人员操作准确、舒适，对环境的构思和创意得以迅速实现；已广泛用于家电、汽车、轻工电子等行业的工厂中，是物流一体化的必备工具。

图 4-19　线棒货架

13. 钢平台

钢平台(见图 4-20)为全组合式结构，楼面平整，整体性强，承载能力强且均匀。钢平台系统通常包括楼梯、扶手、安全入口。

图 4-20　钢平台

4.4　自动化立体仓库

自动化立体仓库(见图 4-21)由高层货架、有轨巷道堆垛机、出入库输送机系统、自动化控制系统、计算机仓库管理系统及其周边设备组成。它具有高速运转、操作简单、充分利用空间的特点，最适合大型生产性企业的采购件、成品件仓库及大型流通、配送中心的货物存储。

根据中国物流技术协会信息中心统计数据，中国自动化立体仓库保有量自 2014 年以来持续增长，截至 2018 年年底，中国自动化立体仓库保有量达 5 390 座，新增 885 座。烟草、医药零售、电商等行业是主要应用领域。

随着物联网、机器人、仓储机器人、无人机、RFID 等新技术的应用，智能自动化仓储已经成为自动化技术的主要发展方向。

智能物流仓储系统是以立体仓库和配送分拣中心为产品的表现形式，由立体货架、有轨巷道堆垛机、出入库托盘输送机系统、检测阅读系统、通信系统、自动控制系统、计算机监控管理等组成，综合了自动化控制、自动输送、场前自动分拣及场内自动输送，通过货物自动录入、管理和查验货物信息的软件平台，实现仓库内货物的物理运动及信息管理的自动化、智能化。智能物流仓储系统可广泛应用于医药、食品饮料、冷链物流、电子商务、跨境电商、快消品及保健品等行业。

自动化技术在仓储领域(包括主体仓库)中的发展可分为 5 个阶段：人工仓储技术阶段、机械化仓储技术阶段、自动化仓储技术阶段、集成化仓储技术阶段和智能自动化仓储技术阶段，下面分别介绍这 5 个阶段。

图 4-21 自动化立体仓库

第一阶段：人工仓储技术阶段

物资的输送、存储、管理和控制主要靠人工实现，实时性和直观性是其显著的优点。人工仓储技术在初期设备投资的经济指标也具有优越性。

第二阶段：机械仓储技术阶段

物料可以通过各种各样的传送带、工业输送车、机械手、吊车、堆垛机和升降机来移动和搬运，用货架托盘和可移动货架存储物料，通过人工操作机械存取设备，用限位开关、螺旋机械制动和机械监视器等控制设备的运行。机械化满足了人们对速度、精度、高度、重量、重复存取和搬运等的要求。

第三阶段：自动化仓储技术阶段

自动化技术对仓储技术的发展起重要的促进作用。20 世纪五六十年代，相继研制和采用了自动导引搬运车、自动货架、自动存取机器人、自动识别和自动分拣等系统。20 世纪七八十年代，旋转体式货架、移动式货架、巷道式堆垛机和其他搬运设备都加入了自动控制的行列，但这时只是各个设备的局部自动化并各自独立应用，被称为"自动化孤岛"。随着计算机技术的发展，工作重点转向物资的控制和管理，要求实时、协调和一体化。计算机之间、数据采集点之间、机械设备的控制器之间，以及它们与主计算机之间的通信可以及时地汇总信息，仓库计算机及时地记录订货和到货时间，显示库存量，计划人员可以方便地做出供货决策，他们知道正在生产什么、订什么货、什么时间发什么货，同时，管理人员也可以随时掌握货源及需求。信息技术的应用已成为仓储技术的重要支柱。

第四阶段：集成化仓储技术阶段

在 20 世纪七八十年代，自动化技术被越来越多地用到生产和分配领域，显然，"自动化孤岛"需要集成化，于是便形成了"集成系统"的概念。在集成化系统中，整个系统的有机协作，使总体效益和生产的应变能力大大超过各部分独立效益的总和。

集成化仓库技术作为计算机集成制造系统(computer integrated manufacturing system, CIMS)中物资存储的中心受到人们的重视。虽然人们在 20 世纪 80 年代已经注意到系统集成化，但至今在我国已建成的集成化仓储系统还不多。在集成化系统里包括了人、设备和控制系统，且该阶段以前三个阶段为基础。

第五阶段：智能自动化仓储技术阶段

立体库采用自动化立体储存方式+智能硬件设备+智能软件系统，实现产品自动入库、智能仓储、分拣、管理、出库与运输，达到全流程智能自动化仓储。

1) 智能硬件设备包括：

(1) 智能机器人。它装有多种传感器，能识别作业环境，能自主决策，具有人类大脑的部分功能，且动作灵活，是人工智能技术发展到高级阶段的产物。目前，已有各种类型、各种用途的机器人在仓储领域得到广泛应用。

(2) 无人叉车，完成搬运、拣选。

(3) 条形码、智能标签、无线射频识别。

2) 智能软件系统包括：

(1) 仓储管理系统(warehouse management system，WMS)。

(2) 仓储控制系统(warehouse control system，WCS)。

(3) 运输管理系统(transport management system，TMS)。

随着物联网、机器人、仓储机器人、无人机等新技术的应用，智能物流仓储系统已成为智能物流方式的最佳解决方案。电子商务的兴起促进了智能物流云仓系统的蓬勃发展。云仓是伴随电子商务而产生的有别于传统仓储方式的智能化仓储模式，它以智能物流硬件设备与 WMS 软件系统的集成为特征，依托仓储设施实现在线交易、交割、融资、支付、结算等一体化服务。传统的仓储是根据配送需要到不同的仓库去分别取货，而云仓却可以通过相关技术自动拣选，这是最适合电商的一种配送模式。

20 世纪 70 年代初期，我国开始研究采用巷道式堆垛机的立体仓库。1980 年，由北京机械工业自动化研究所等单位研制建成的我国第一座自动化立体仓库在北京汽车制造厂投产。从此以后，立体仓库在我国得到了迅速发展。

目前，我国仓储业机械化作业率达到 35%以上，仓储管理信息化达到 50%以上。从信息化水平来看，我国仓储业的信息化正在向深度(智能仓储)与广度(互联网平台)发展，条形码、智能标签、无线射频识别等自动识别标识技术、可视化及货物跟踪系统、自动或快速分拣技术，在一些大型企业与医药、烟草、电子、电商等行业的专业仓储企业中的应用比例有较大提高。

在菜鸟新一代智能仓内，有总量超过千台的多种不同类型的机器人，其中最大的机器人更是能搬起吨级重货。在 AI 的调度下，千台机器人分工有序。全自动立体库实现商品的无人化存储及搬运，机械臂完成承托商品的拆垛分拣，AGV 机器人、无人叉车完成搬运、拣选，打标设备给包裹贴上电子面单，分拨机器人将包裹分类，智能输送分拣体系将包裹送往指定发货路线装车……多方联手共同完成批量商品的拆零、重组打包及发货。

智能立体仓库的优势体现在以下方面：占地面积小，库存量大；节省人工；提升提货效率；避免产生差错，提升客户体验；员工作业环境得到改善。

4.5　堆垛机

堆垛机是整个自动化立体仓库的核心设备，通过手动操作、半自动操作或全自动操作把货物从一处搬运到另一处。它由机架(上横梁、下横梁、立柱)、水平行走机构、提升机构、载货台、货叉及电气控制系统构成。堆垛机是一种仓储设备，分为桥式堆垛机和巷道式堆垛机两种。

使用堆货机的仓库一般都很高，最高可达 40 多米。而且堆货机只能在立体仓库里面使用，必须配备其他设备搬运货物进出仓库。

4.5.1　巷道式堆垛机

巷道式堆垛机(见图 4-22、图 4-23)是自动化立体仓库中重要的运输设备，是随着立体仓库的出现而发展起来的专用起重机。巷道式堆垛机的主要用途是在高层货架的巷道内来回穿梭运行，将位于巷道口的货物存入货格，或者将货格中的货物取出并运送出巷道。这对巷道式堆垛机的结构和性能提出了严格的技术要求。高层货架仓库有轨巷道堆垛机的功能是向货格存取货物，完成出入库作业。就其整体结构而言，取决于货物的重量、尺寸、形状、使用场所。个性化较强，没有统一的性能参数指标。

图 4-22　巷道式堆垛机 1

巷道堆垛机的主要包括以下技术参数。

1. 速度参数

速度参数主要包括巷道堆垛机的水平运行速度、起升速度和货叉伸缩速度。巷道堆垛机的各项运行速度的高低，直接影响着货物出入库的速度，即影响着仓库的作业效率。

2. 尺寸参数

尺寸参数包括堆垛机的外形尺寸(长、宽、高)、起升高度、下降深度和最低货位极限深度。最低货位极限深度是指货叉表面最低一层货格的低位到地轨安装水平面的垂直距离。

3. 货叉下挠度

堆垛机的货叉下挠度是指在额定起重量下，上升到最大高度时，货叉最前端弯下的距离，这一参数反映货叉抵抗变形的能力，它与货叉的材料、结构形式及加工货叉的热处理工艺有关。

堆垛机的额定载重量一般为几十千克到几吨，其中 0.5 吨的使用最多。行走速度一般为 4～120 米/分钟，提升速度一般为 3～30 米/分钟。

图 4-23　巷道式堆垛机 2

4.5.2　桥式堆垛机

桥式堆垛机(见图 4-24)就像起重机一样,有能运行的桥架结构和设置在桥架上能运行的回转小车,桥架在仓库上方的轨道上纵向运行,回转小车在桥架上横向运行;桥式堆垛机还和叉车一样,有固定式或可伸缩的立柱,立柱上装有货叉或其他取物装置,可在垂直方向移动。因此,桥式堆垛机可以完成三维空间内的取物工作,可以同时服务于多条巷道。

图 4-24　桥式堆垛机

桥式堆垛机一般安装在仓库的上方,在仓库两侧的墙壁上安装固定的轨道,同时要求货架和仓库顶棚之间留有空间,以保证桥架正常运行。桥式堆垛机通常适用于 12 米以下的中等跨度的仓库,而且巷道三维宽度较大,方便长的、大的、笨重货物的搬运和堆垛。

4.6　智能化仓库

在 21 世纪,人工智能技术在仓储中进一步开发应用,出现了各种智能化仓储机械,如在自动导向车中应用专家系统确定行走路线和运行方案;在物料存取过程中,应用专家系统指挥机器人进行入架和出架操作;将多媒体技术和专家系统应用于仓储机械人员培训、操作指导、远程现场监视、异地故障分析和诊断等。智能化仓储设备更智能、更高效、更安全、更可靠。

这里介绍一种，将物联网技术引入仓储过程，通过构建基于物联技术的智能仓库环境，实现仓库状态实时感知与传递，并在此基础上，建立多规则约束的多目标智能仓库。

仓库状态实时感知与传递是库位动态分配的关键。将以 RFID 为核心的物联网技术引入制造业，建立基于 RFID 的智能对象，构造智能仓库环境，实现仓库状态实时感知与传递。RFID 电子标签是一种非接触式的自动识别技术，它通过射频信号自动识别目标对象并获取相关数据。每个标签含有一个储存数据的小集成电路和一个像天线一样从阅读器收发信号的微型铜线圈。电子标签附着在被识别的物体上(表面或者内部)，当带着电子标签的物品通过读写器的可识读区域时，读写器自动以无接触的方式将电子标签中的约定识别信息读出，从而实现自动识别物品或自动收集物品标识信息的功能。关于 RFID 电子标签的更详尽的内容，请参见第 9 章(物流信息技术)，第 9.3.3 节。

1. 基于 RFID 的智能对象

在仓库作业活动过程中，涉及的物理对象包括物品、货架、货位、托盘、搬运叉车、工人等。为了实时获取这些物理对象的信息，掌握仓库状态，用 RFID 技术标志与跟踪这些物理对象，使得它们成为具有自身状态信息反馈能力的智能对象。

基于 RFID 的智能对象主要包括：

(1) 智能物品。将 RFID 标签贴附在物品上，用于标志与跟踪物品；物品入库、盘点、出库时扫描物品标签，实时获取物品状态。RFID 标签内可写入物品名称、物品种类、生产日期、保质期、入库时间等信息。

(2) 智能货架。将 RFID 标签贴附在货架的出入口处，用于标志货架。当载有 RFID 阅读器的智能叉车或拿有手持 RFID 阅读器的个人进出货架时，扫描货架标签，即可获取相应信息。RFID 标签内可写入货架编号、总货位量、货架实时的空闲货位状态等信息。

(3) 智能货位。将 RFID 标签贴附在货位指定位置，用于标志货位状态。当货位存入物品时，RFID 标签写入所存放物品的信息，其存储状态为"已存储"；当从货位取出物品后，货位存储物品所有信息转存至后端管理数据库，清除 RFID 标签数据，其存储状态为"空闲"。

(4) 智能托盘。将 RFID 标签贴附在托盘便于识别的位置，用于标志与跟踪托盘状态。当托盘上放置物品时，托盘 RFID 标签写入所放置物品的信息，其存储状态为"使用中"；当物品从托盘上取下后，清除 RFID 标签数据，其存储状态为"空闲"。

(5) 智能叉车。在叉车特定位置上安装固定式 RFID 阅读器和车载智能终端，叉车作业过程中，通过叉车 RFID 阅读器，可识别物品标签、货架标签、货位标签和托盘标签，实时获得这些物理对象的状态信息，并通过车载智能终端传递至后端管理数据库，同时也可修改这些标签存放的数据；车载智能终端是面向叉车工作的交互式作业终端，一方面接收后端管理数据库发出的物品搬运任务；另一方面实时传递叉车 RFID 阅读器采集的信息。

(6) 智能工人。采用 RFID 标签制作工人工牌，当工人进行物品入库、装载托盘、物品上架、取货出库等作业过程时，扫描 RFID 标签，以便标志与跟踪工人作业过程。

2. 基于智能对象的智能仓库架构

智能对象使得仓库传统的物理对象具有了信息反馈能力。为了能全面掌握仓库作业状态，需在此基础上，结合计算机网络技术，构建以智能对象为核心的智能仓库。

智能仓库内，按照货架所存储物品种类划分 N 个区域，每个区域内有 M 个货架，每个货架内有多个货位。物品、货架、货位、托盘、叉车、工人等物理对象均应用 RFID 技术，成为具有实时信息反馈与交互的智能对象。在仓库的出入口，设置 RFID 门禁，可实时感知智能对象的进出。部署在智能叉车上的车载智能终端与手持 RFID 阅读器具有无线通信功能，通过无线网络与后端计算机管理系统进行数据的上传下达。

当仓库接收到物品入库单时，后端计算机管理系统实时获取当前仓库货位状态，然后根据货位分配模型和算法，将最合适的货位分配给入库单的物品，形成叉车作业单，并发给叉车的智能终端，安排叉车将该入库单的货物运送至分配的货位。

出库操作，反之亦然。

3. 智能仓库货位规划与管理

智能仓库货位规划与管理不仅要考虑货位利用率，也需要提高货物出入库操作效率，货位分配规则主要包括以下 5 项。

1) 不同种类物品分区存放

多品种小批量仓库存放的物品种类多，考虑存取效率及物品的存取安全性，很多物品需要分开存放，如摩托车的发动机、传动系统零件和行走系统零件等，为此，需要对不同种类的物品进行分区存放。

2) 较重物品低层存放

目前，仓库操作时间作为关注的重点，物品的重量对货架结构稳定性的影响往往被忽略。从保障货架结构稳定性的角度，建立"较重物品放置货架低层，较轻物品放置货架高层"规则，使货架承载稳定。

3) 出入库频率高的物品靠近出入口存放

对于仓库中出入库频率高(即在仓库中存放时间不长)的物品，为了减少运输时间、运输成本，提高出入库效率，应将该类物品靠近出入口存放。

4) 相关物品靠近存放

对于关联的品类，尽可能靠近存放，以便提高物品的查找和存取效率，如螺丝和螺母应挨着存放。

5) 先进先出

先进先出是指在同种类的物品中，为了加快物品周转，避免仓库物品因长期存储而变形、变质或过期等，影响到物品的品质，需考虑最先入库的物品最先出库。

4. 智能物流云仓系统

电子商务的兴起促进了智能物流云仓系统的蓬勃发展。云仓是伴随电子商务而产生的有别于传统仓储方式的智能化仓储模式，它以智能物流硬件设备与 WMS 软件系统的集成为特征，依托仓储设施实现在线交易、交割、融资、支付、结算等一体化服务。传统的仓储是根据配送需要到不同的仓库去分别取货，而云仓却可以通过相关技术自动拣选，这是最适合电商的一种配送模式。

视频链接：阿里巴巴最新的菜鸟智能仓库。2'8"。

https://tv.360kan.com/player?id=dfe462d431ea8cb2d2c16559207aca5b&q=%E6%99%BA%E8%83%BD%E
4%BB%93%E5%BA%93&src=result-video&srcg=pc_daohang

视频链接：中国机器人规模最大的智能仓库。1'24"。

https://tv.360kan.com/player?id=b48123529d9bd1012c9a75cf81f8b0a7&q=%E6%99%BA%E8%83%BD%E
4%BB%93%E5%BA%93&src=result-video&srcg=pc_daohang

阅读材料 4-1　智能仓储行业发展现状及趋势分析(节选)

智能仓储行业发展现状

2020 年 11 月份中国仓储指数为 56.9%，较上月上升 4.1 个百分点，连续九个月保持在荣枯线以上。各分项指数中，期末库存指数与上月持平，业务活动预期指数较上月小幅回落，其余指数均有不同程度的回升。11 月指数回升至高位水平，各分项指数均保持在 50% 以上，表明仓储业务受电商活动影响，需求涨幅显著，行业运行继续保持良好态势

随着中国经济的快速发展，居民消费行为迅速增加，商业活动愈加频繁，再加上我国电商行业的迅速崛起，使得对于物流的需求越来越大，带动智能仓储行业的迅速发展。根据数据显示，2015 年中国智能仓储行业市场规模为 410.5 亿元，到 2019 年智能仓储行业市场规模增长至 969.8 亿元，2015—2019 年中国智能仓储行业市场规模年均复合增长率为 24%。

自动化立体仓库应用

自动化立体仓库是自动化仓储阶段和智能化仓储阶段的重要应用。在人力和土地成本双双上升的背景下，制造业企业开始以物流端为切入点对企业进行自动化升级，自动立体仓库作为物流仓储环节重要的自动化装备，备受各行业关注。2019 年烟草行业对于自动化立体仓库应用最广，应用率达到 14.8%；其次为医药行业，应用率达到 12.8%；零售行业第三，应用率达到 12.3%。

随着我国产业升级，各行各业都开始自动化升级，带动中国自动化立体仓库保有量增长。根据中国物流技术协会信息中心统计数据，中国自动化立体仓库保有量自 2014 以来持续增长，截至 2018 年底，中国自动化立体仓库保有量达 5 390 座，新增 885 座。

中国智能仓储行业未来发展趋势

1. AGV 部分核心零部件实现国产化技术突破

中国制造业多数企业仍处于自动化的早期阶段，以粗放型发展模式为主，自主创新能力不强，在高附加值产品市场的竞争力较弱，产品稳定性与安全性仍有较大改进空间，低端制造业产能过剩与高端产品供不应求的现象并存。在企业对物流及时性、仓储有效性要求不断提高的背景下，仓储物流机器人的自动化和智能化程度仍需提高。

预计在未来 5～10 年内仓储机器人的核心零部件的国产化将有较大突破，如南通振康、双环传动等本土企业在 AGV 减速器、控制器等方面有较大突破，有望打破海外供应商垄断 AGV 核心零部件市场的竞争局面。

2. 无人仓应用普及有望加速

目前，我国仓储行业智能化程度仍然较低，自动化立体仓库行业应用程度也较低，而无人仓库更为稀少。但是随着人工成本的逐渐上升，以及智能技术的进步和大规模普及，使得智能技术成本降低，因此未来仓储无人化将是智能仓储行业的发展方向，无人仓的应用普及有望加速。

(资料来源：智能仓储行业发展现状及趋势分析，无人仓应用普及有望加速。华经情报网，链接：https://xueqiu.com/1973934190/165418352，2020-12-10)

4.7 仓储辅助设备

1. 托盘

托盘是用于集装、堆放、搬运和运输的放置作为单元负荷的货物和制品的水平平台装置。按制作托盘使用的材质划分，托盘的种类主要有木质的、塑料的、金属的等。托盘是仓储、运输业广泛使用的消耗品，随着中国物流业的发展，托盘的使用量越来越大，品种也越来越丰富。目前，中国国内托盘的流通量每年约为 8 000 万个，其中港口出口用托盘 2 000 万个。常见的托盘有塑木托盘(见图 4-25)、木质托盘(见图 4-26)、塑料托盘(见图 4-27)、钢制托盘(见图 4-28)等。

托盘除了应用在仓储节点，它还属于一种"集装单元"，关于它的定义、标准和分类，更详尽的内容，请参见第 8 章，第 8.3 节。

图 4-25 塑木托盘　　　　　　　　图 4-26 木质托盘

图 4-27 塑料托盘　　　　　　　　图 4-28 钢制托盘

2. 置物架

置物架(见图 4-29)的层高以 25 毫米为节距任意调节，可任意组合、延伸，具有结构独特、灵活多变、用途广泛、受力极大、装卸简便等特点。

3. 登高车

登高车(见图 4-30)一般采用优质钢材制造，并配以优质脚轮，具有安全可靠、结构简单、方便快捷的特点，特别适合工厂、仓库等环境下轻小型物料的人工登高拣货作业。

 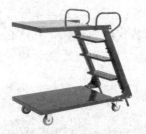

图 4-29 置物架   图 4-30 登高车

4. 仓储笼

仓储笼又称储物笼(见图 4-31)，采用强力钢丝焊接而成，底部以 U 形焊接补强，具有可折叠、可安装万向轮、外形美观、结构坚固、移动方便、装载能力大的特点。仓储笼最高可叠四层，以实现仓储的立体化，广泛应用于生产制造企业和大型仓储式超市中。采用国际标准，仓储笼可与集装箱配套使用，是木质包装箱的换代产品。

图 4-31 仓储笼

5. 周转箱

周转箱(见图 4-32)自重轻，使用寿命长，可分为敞开型、带盖型、折叠型三种。在流通领域可替代纸质包装，到达企业工厂后，不必变更包装形式，可直接进入加工、装配工位或仓库。周转箱可重复、周转使用。

图 4-32　周转箱

6. 零件盒

零件盒(见图 4-33)自重轻，使用寿命长，可分为背挂式、组立式、储存式三种。零件盒广泛应用于加工、装配、检测、维修等工位存放轻型、小型零部件，也适用于保管多品种、轻小型物料的仓库。

图 4-33　零件盒

除了上述设备，仓储设备还包括计量设备、养护设备、安全设备等，本书不再一一赘述。

本章小结

　　本章介绍了有关仓储设备的基本知识，详细介绍了仓库、货架、托盘、自动化立体仓库的概念、特点及常用的各种类型的仓库、货架等。自动化立体仓库和智能化仓库是主要的发展方向。此外，还介绍了托盘、仓储笼、周转箱等其他典型仓储辅助设备的特点。

　　学习时，应该重点了解物流仓储设备的基本概念、各种仓储设备的特点及自动化立体仓库和智能化仓库。

 思考题

　　1. 货架的分类有哪些？

　　2. 货位式货架适用于哪些地方？

　　3. 什么是托盘标准化？

　　4. 什么是自动化立体仓库？

　　5. 什么是堆垛机？

　　6. 构建基于物联技术的智能仓库环境，需要进行 RFID 的智能化的物理对象有哪些？

第5章
物流分拣技术与装备

学习目标

通过本章的学习，了解拣货与分拣的差异，掌握拣货与分拣技术的分类与特点，理解自动分拣的作业流程，掌握摘取式和播种式拣选的特点，掌握自动分拣系统的一般特点、构成及其性能，了解常见的自动分拣装备。通过实例，对目前流行的分拣系统有初步了解。

核心要点

- 拣货与分拣技术的分类和特点。
- 拣货与分拣装备。
- 自动拣货与分拣的作业方式与流程。
- 常见的自动拣货与分拣设备。

5.1 拣货与分拣概述

商品在从生产场地流向顾客的过程中，总是伴随着商品数量和商品集合状态的变化。因此，有必要将集装化的货物单元解体，重新分类，形成新的供货单元。

在快递、邮政包裹集散地，以及在火车站、机场，快件、包裹、行李需要根据其目的地，按编列的分拣路由(即路向)，逐件分入相关格口或码堆。

1. 拣货

拣货，是电商企业依据顾客的订货要求或配送中心的送货计划，尽可能迅速、准确地将商品从其储位或其他区域拣取出来，并按一定的方式进行分类、集中、等待配装送货的作业流程；也可以是生产/制造企业的物料仓库根据领料单/生产计划进行核准规格、型号和数量，快速及时地将物料从其储位或其他区域拣取出来发放给领料人，精准地配料上线。

拣货策略是影响拣货作业效率的关键，主要包括分区、订单分割、订单分批、分类四个因素，这四个因素相互作用可产生多个拣货策略。

在物流配送作业的各环节中，拣货作业是非常重要的一环，它是整个配送作业系统的核心。根据美国对物流成本的数据统计，一件商品最终售价中的 30%来源于物流成本，而在物流成本的结构分析中，拣货作业和配送作业所占的比重又最大，分别为 40%和 39%，两项合计，商品价格中几乎 1/4 的费用来自于物流作业中的拣货和配送。在配送搬运成本中，拣货作业的搬运成本大约占 30%，拣货时间约占整个配送中心作业时间的 30%~40%。因此，合理规划拣货作业系统，对提高配送中心的作业效率和服务水平具有决定性的作用。

此外，提高拣货的准确率和订单处理能力，也是物流配送中心工作的重点。

现代物流的拣货配送体系要求物流商品在配送中心停留的时间尽量缩短，以至于出现"通过式仓库"的概念。在信息处理量逐渐增加的情况下，如何提高货物处理的速度和精度，降低物流配送中心的营运成本，是摆在物流企业尤其是物流运作面前的难题。

2. 分拣

分拣，一般分为邮件、快递、包裹寄递分拣与配送中心将接收到的货物进行分类入库存储两类。它对物流的各环节都起到了非常关键的作用。

按照分拣手段的不同，可以将其分为人工分拣、机械分拣和自动分拣三大类。人工分拣基本上靠人力搬运，或者可以利用最简单的器具和手推车等，这种分拣方式劳动强度非常大，但是分拣的效率却非常低。机械分拣大多指利用机械(如输送机)为主要的输送工具，通过在各分拣位置配备作业人员进行分拣。这种分拣方式投资不多，也可以在一定程度上减轻劳动强度，提高分拣的效率。自动分拣则是指货物从进入分拣系统到指定的位置为止，所有的作业均是按照人的指令自动完成。因此，这种分拣方式的分拣处理能力相当强，分拣的货物品种多和数量大。

分拣设备是进行物件自动快速分拣作业的设备，其技术水平是物料配送作业现代化的重要标志之一。

多数情况下，不严格区分拣货和分拣，而是将其统称为分拣。

阅读材料 5-1　开行业先河，京东物流北斗新仓实现的三大颠覆式创新

一直以来，拣选作业约占仓库运营成本的 30%～50%，是仓储物流中劳动最密集、耗时最多的环节。因此，针对拣选的作业，业内进行了很多改良和升级，但缺少整体化的协同效应和同时处理多品类，海量 SKU[①] 场景的能力，智能技术在拣选流程中的应用并不广泛。

京东物流北斗新仓可进行极端复杂场景下高效率、高精度、高度自动化、密集波次、多种件型的拣选作业。在物联网和人工智能的基础上，京东物流北斗新仓对深度学习、大数据、运筹学、机器视觉识别、数字孪生五大前沿技术进行深度融合，实现了百万级 SKU、数百种品类的并发式混合处理和高度柔性化的供应链。与"亚洲一号"和无人仓着重提升自身物流硬实力的理念不同，京东物流北斗新仓的核心特点是作业模式和管理模式的颠覆式创新，全环节的智能感知，自主动态调整。同时，京东物流将这种模式的核心技术开放给广大商家，通过上下游、全渠道进行技术共享与扩展。

1. 智能大脑驱动三大颠覆式创新，100%自主研发

与传统仓库主要以订单拣选为作业模式不同的是，京东物流北斗新仓采用的流拣选是目前行业最领先的拣选模式，以商品为核心进行拣选任务优化，把人工静态的拣货任务分配变为全自动动态任务分配；大幅提高了拣货密度，缩短了拣货员走动距离，实现了人机CP(配对) 的最佳应用；拣选动作从烦琐的 14 个节点精简为 6 个节点。这也是京东物流北

---

① 海量 SKU：SKU 原义为最小库存单位，现引申为产品统一编号的简称，是商品入库时给商品编号、归类的一种方法。海量 SKU 是指通过 ERP 系统大量地上传产品。

斗新仓实现的三大颠覆式创新。京东物流北斗新仓通过智能感应、高精定位、动态分配、商品扫描、订单聚合、商品复核 6 个步骤有机结合地完成了物流过程中最烦琐的作业，实现员工体能的巨大释放和机器智能的最佳应用，每一步都通过软件、硬件、员工的动态组合实现高效智能化的拣选。

在看上去最精简的操作动作、操作流程背后，是最复杂、最智能的全自动生产及运营管理系统。在这个仓库中，所有人、货、场的指挥权全部交给智能大脑，即全新开发的WMS 仓储管理系统。这个智能大脑算力惊人且无所不在。它与京东物流在亚洲一号、无人仓中的智能大脑有所不同，它是京东物流通过 1 260 万行代码重新开发编写而成，在物联网和人工智能的基础上，智能大脑实现了深度学习、大数据、运筹学、机器视觉识别、数字孪生五大前沿技术深度融合，拥有 100%的自主知识产权。

京东物流北斗新仓就像一台高速运转的机器，由芯片、传感器、工业相机、指环扫描枪、智能拣货车等数万个零部件组成，实现了物联网的 100%覆盖。每一件商品、每一个料箱、每一个拣货车都具有了可以感知的特性，从而可以和智能大脑实现交互，接受智能大脑的指令和任务分配。

在智能大脑的支配下，大型分拣机上面的 800 个智能分拣车，可以动态规划流转路径，定位速度毫秒级，准确率 99.99%，检测精度可精确到毫米级别，分拣流畅度大大提升。通过多种前沿技术和尖端设备的创新和集成，京东物流北斗新仓将让它所辐射的京津冀核心区的消费者体验进一步提升，等待时间将缩短 2～3 个小时。

传统的物流作业场景下，仓库订单都是靠员工拿大喇叭喊人去作业区处理的，订单生产以周或者天为单位，这与电商行业广泛推行的"24 小时达""半日达"的履约时效服务极不匹配。京东物流北斗新仓打破了这种模式，依据生产预测量及大数据历史分析，实现智能排产和智能排班，其结果是人员排班可以做到小时级；同时在运营当天，可以进行人力资源的实时调配，不同仓库操作区的作业量大小、操作人员的实时效率都可以进行动态自动调整。在"618"大促期间，单量瞬时暴涨会产生订单积压、配送延误的风险，京东物流北斗新仓通过机器学习、人工智能实时分析计算出多种应对方案，建立专家辅助决策系统，指导运营平稳运行。

总之，京东物流北斗新仓颠覆了传统的人工现场运营管理模式，全新设计了基于机器学习、大数据挖掘、专家辅助决策的高度智能化、柔性化的自动运营管理系统，其对运营状态进行动态实时感知，实时人力、设备资源调度分配，实时风险监控预警，可实现基于小时级的业务量变化及预测，分钟级的最优运营方案制定与资源调整，全面解决了行业内普遍面临的仓储运营大量依靠管理人员的个人经验，不同团队运营仓库水平参差不齐的痛点。同时，京东物流北斗新仓运用大量的智能算法，达到不断自我学习、自我优化，持续提升运营管理水平的目标。

2. 高复用与开放性，均仓节省费用可达 3 000 万元

京东物流仓储管理的 SKU 数量已经扩大到千万量级，覆盖零售领域的绝大多数品类，但库存周转效率始终高于行业平均水平。究其原因，关键便是京东物流在智能化、数字化方面的持续建设。大规模兴建的 28 座"亚洲一号"，是传统仓库运营效率的 3～5 倍左右，用超大分拣机、超大自动立体库应对电商行业潮汐性强的复杂作业场景，通过集中式规模

化的作业方式来处理海量订单和多件型商品的集合；"亚洲一号"和无人仓应用的智能大脑不断迭代，从 WMS1.0 到 WMS5.0，从 WMS 自营版到 WMS 开放版、海外版，功能不断升级，应用更加强大，且兼容性更强，这种系统的高扩展性很好地推动了京东物流在拣货效率提升，仓库智能排产，路由网络升级，批量订单瞬时处理，时效产品加密等一系列物流作业场景的顺利落地。

如今，应用在京东物流北斗新仓中的智能大脑另辟蹊径，具有更强的开放性和可复用性。不仅可以支撑京东平台复杂的作业场景，也适用于京东生态体系的品牌商及大型企业集团。京东物流北斗新仓实现了百万级 SKU、3C、服装、母婴、美妆、个护、食品、图书等数百种品类的并发式混合处理和高度实时性、柔性化、智能化的全环节自主管理，可进行极端复杂场景下高效率、高精度、高度自动化、密集波次、多种件型的拣选作业。同时，这种模式可复用性强，投入成本较低。今后，京东物流希望将这种模式的核心技术开放给广大商家，通过上下游、全渠道进行技术共享与扩展。

（资料来源：京东集团：开行业先河，京东物流落地全流程智能柔性生产物流园. 环球时报，https://www.sohu.com/a/402378447_310397，2020-06-17 10:54)

视频链接：https://v.qq.com/x/page/b3080ldrfdu.html

5.2　拣货技术与设备

5.2.1　自动拣货技术

拣货作业系统是物流配送中心的"心脏"。一个拣货作业系统的成功与否往往决定了一个物流配送中心效率的高低，尤其是在商品呈现多品项、多批次的情况下，拣货作业的困难度随之升高。

自动拣货时，对物品的身份标识可以采用条码技术和电子标签技术。

1. 条码技术

在物流拣货作业中，尤其是在配送中心，条码技术发挥着重要的作用。总部或配送中心接收到客户的订单后，将订货单汇总，并分批发出印有条码的拣货标签，这种条码包含有这件商品要发往的连锁店的信息。拣货人员根据计算机打印出来的拣货单，在仓库中进行拣货，并在商品上贴上拣货标签(在商品上已有包含商品基本信息的条码标签)。将已经拣出来的商品运到自动分类机，旋转于感应输送机上。激光扫描器对商品上的两个条码进行自动识别，检验所拣货物是否有差错。如果没有差错，商品即分别流入按分店分类的滑槽中。然后将不同分店的商品装入不同的货箱中，并在货箱上贴上印有条码的送货地址卡，这种条码包含有商品到达区域的信息。由于条码的应用，大大提高了信息传递的速度和数据的准确性，提高了拣货的效率，从而可以实时跟踪整个配送中心的运营状况。

2. 电子标签技术

另一种比较常见的拣货技术是电子标签技术。电子标签与单纯的条码标签的最大不同之处是，条码必须单个地识别，而电子标签却可以批量地被识别。例如，超市使用电子标签结账，顾客可以将贴有电子标签的商品放在购物篮中集中通过识别器，而不必一件件分别通过识别器，收款机即时就显示合计，大大方便了顾客付款，减少了排队等候的时间。虽然目前电子标签由于成本的原因，还没有进入批量应用的阶段，但是这种技术在物流领域中的应用前景还是很广阔的。例如，在产品的周转箱上使用电子标签，可有效提升货物拣取的效率。

电子标签拣货系统拣货时，在操作台上把客户的订单输入电脑，存放各种商品的货架上的货位指示灯和品种显示器会立刻显示出拣选商品在货架上的具体位置及所需数量，作业人员便可以从货架上取出相应的商品，放入周转箱并按确认按钮就可以完成该商品的拣货工作。配齐订单商品的周转箱由输送带送入自动拣货系统。

电子标签自动引导作业人员进行拣选作业，从而可以大大提高处理速度，免除表单作业，减轻作业强度，而且可以使差错率大幅度下降。这是一种具有广泛用途的数字化拣货设备，无论是少量、多品种，还是大量、少品种，都可以实现拣货的自动提示和自动记录，它还具有弹性控制拣货流程、即时现场控制、紧急订单处理等功能。图5-1为某企业的电子标签拣货系统界面。

图5-1 电子标签拣货系统界面

在物流配送中心，根据订单和拣取商品的对应关系、操作流程，可以将作业方式分为以下两大类：摘取式拣货(pick-to-light)、播种式拣货(put-to-light)。有时采用二者混检方式。

电子标签拣货系统的分拣方式，如图5-2所示。

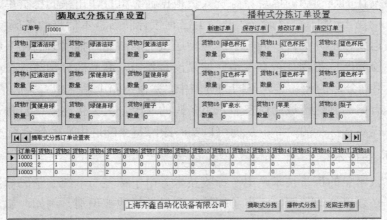

图5-2 电子标签拣货系统的分拣方式

其中，摘取式拣货和播种式拣货的分拣流程，分别如图 5-3 和图 5-4 所示。

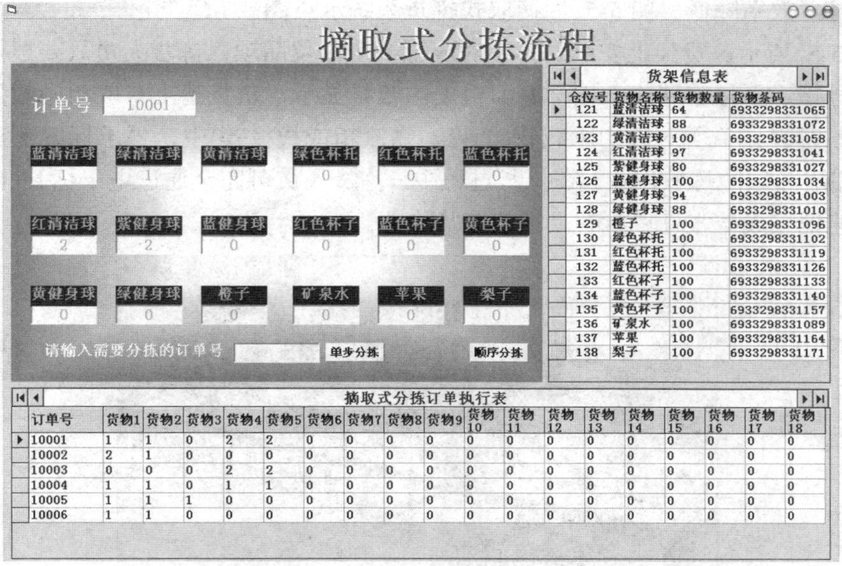

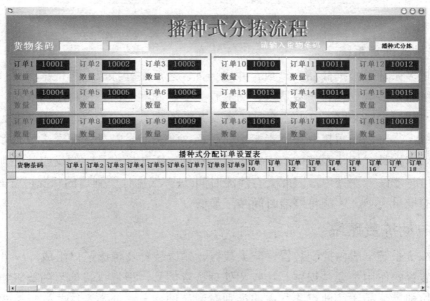

图 5-3　摘取式分拣流程

图 5-4　播种式分拣流程

3. 摘取式拣货系统

通常是由拣货人员将每一张订单中的货品逐一选出。这种拣货方式多应用于多订单配送、货品品项多但商品储位相对固定的情形，一般拣货 SKU 小于货品总 SKU 的 50%。摘取式拣货系统的优点：①作业方法单纯；②订单处理前置时间短；③导入容易且弹性大；④作业人员责任明确，派工容易、公平合理；⑤拣货后不必再进行分类作业，适用于多份拣货单的拣货作业处理。摘取式拣货系统的缺点：①商品品项多时，拣货行走路径较长，拣取效率降低；②拣取区域大时，搬运系统设计困难；③少量多次拣取时，造成拣货路径重复、费时，效率降低。图 5-5 为摘取式拣货系统示意图。

如图 5-5 所示，货架上安装的标签对应至一个储位品项，拣货人员只要根据电子标签点亮的灯号指示至指定储位，按标签面板上的数量显示，从货架上拿取相同数量的商品，并放置在该客户订单所对应的承载物(纸箱、物流箱或栈板等)中，再于标签上进行确认动作，即可完成品项的拣取作业。在拣货过程中，拣货人员可完全通过电子标签的作业指示，轻松、迅速地完成一张订单所有品项的拣货作业。

图 5-5　摘取式拣货系统

4. 播种式拣货系统

它是把多张订单根据商品品项数合并成一批，之后进行拣取，再依据客户订单分配。播种式系统通常适合处理客户数量多、商品种类少、商品储位经常移动的情况，一般拣货 SKU 大于货品总 SKU 的 50%。播种式拣货系统的优点：①适合订单数量庞大而商品品项少的系统；②可以缩短拣取时行走搬运的距离；③货品量越少、配送次数越多，批量拣取就越有效。播种式拣货系统的缺点：对订单的到来无法做出及时的反应，必须等订单达到一定数量时才做一次处理，因此会有停滞时间(只有根据订单到达的状况进行等候分析，决定适当的批量大小，才能将停滞时间减至最低)。

5.2.2　自动拣货系统

自动拣货系统一般由控制装置、分类装置、输送装置及拣选道口组成。

控制装置的作用主要是识别、接收和处理拣货信号，根据拣货信号的要求指示分类装置按商品品种、商品送达地点或货主的类别对商品进行自动分类。这些拣货需求可以通过不同方式，如条形码扫描、色码扫描、键盘输入、重量检测、语音识别、高度检测及形状识别等方式，输入到拣货控制系统中去，根据对这些拣货信号的判断，来决定某一种商品该进入哪一个拣选道口。

分类装置的作用主要是根据控制装置发出的拣货指令对商品进行分类。当具有相同拣货信号的商品经过该装置时，该装置运行，使商品改变在输送装置上的运行方向进入其他输送机或进入拣选道口。分类装置的种类很多，一般有推出式、浮出式、倾斜式和分支式几种，不同的装置对货物的包装材料、包装重量、包装物底面的平滑程度等有不同的要求。

输送装置的主要组成部分是传送带或输送机，其作用主要是使待拣选商品鱼贯通过控制装置、分类装置。同时，输送装置的两侧一般要连接若干拣选道口，使分类好的商品滑下主输送机(或主传送带)以便进行后续作业。

拣选道口是已拣选商品脱离主输送机(或主传送带)进入集货区域的通道，一般由钢带、皮带、滚筒等组成滑道，使商品从主输送装置滑向集货站台。在那里由工作人员将该道口的所有商品集中后或是入库储存，或是组配装车并进行配送作业。

以上四部分装置通过计算机网络联结在一起，并且配合人工控制及相应的人工处理环节构成一个完整的自动拣货系统。

5.2.3 自动拣货系统的特点

自动拣货系统的主要特点如下。

1. 能够连续、大批量地分拣货物

自动拣货系统不受时间、气候、人力等的限制，每台设备的日拣货量超过 30 万件，每天 24 小时无故障不间断运行，是人工拣货效率的 3 倍，出错率仅为万分之一；如果是人工作业，拣货人员也达不到在这种劳动强度下连续工作 8 小时。

2. 拣货误差率极低

自动拣货系统的拣货误差率大小主要取决于所输入拣货信息的准确性，而准确性又取决于拣货信息的输入机制，如果采用人工键盘或语音识别方式输入，误差率会在 3%以上；如果采用条形码扫描输入，除非条形码的印刷本身有差错，否则不会出错。因此，目前自动拣货系统主要采用条形码技术来识别货物。

3. 拣货作业基本实现无人化

建立自动拣货系统的目的之一就是减少人员的使用，减轻人员的劳动强度，提高人员的使用效率，因此，自动拣货系统能最大限度地减少人员的使用，基本做到无人化。拣货作业本身并不需要使用人员，人员的使用一般在以下几项工作中：

(1) 送货车辆抵达自动拣货线的进货端时，由人工接货。

(2) 由人工控制拣货系统的运行。

(3) 拣货线末端由人工将拣选出来的货物进行集载、装车。

(4) 自动拣货系统的经营、管理与维护。

如一家公司配送中心面积为 10 万平方米左右，每天可拣选近 40 万件商品，仅使用大约 400 名员工，其中部分人员都在从事上述(1)(3)(4)项工作，自动拣货线做到了无人化作业。

5.2.4 自动拣货系统的包装要求

自动拣货机只适于拣选底部平坦且具有刚性的包装规则的商品。袋装商品、包装底部柔软且凹凸不平、包装容易变形、易破损、超长、超薄、超重、超高、不能倾覆的商品不能使用普通的自动拣货机进行拣选。因此，为了使大部分商品都能用机械进行自动拣货，可以采取以下两项措施：一是推行标准化包装，使大部分商品的包装符合国家标准；二是根据所拣选的商品统一的包装特性定制特定的拣货机。但要让所有商品的供应商都执行国

家的包装标准是很困难的，定制拣货机又会使硬件成本上升，并且越是特别定制的拣选机，其通用性就越差。因此，要根据经营商品的包装情况来确定是否建或建什么样的自动拣货系统。

5.2.5 电商智能拣货系统

随着电子商务行业不断发展，如何提高物流的运行效率和用户体验已成为全行业关注的重要问题。电商企业正在不断通过技术对业务进行着强有力的驱动，自建物流体系以提高核心竞争力，为购物狂欢节提供了有力的保障。在物流大环节中，拣货订单最为烦琐，用时长短、拣货差错率将会直接影响用户的购物体验。

智能拣货中心是一套全智能化、机械化操作的平台，它拥有独立的场院管理系统及 AGV 操作台，其完善的远程实时监控体系有效地实现了整个业务操作流程的可视化。智能拣货机和龙门架的引入实现了智能收货和发货，脱离人工操作，让拣货环节更加自动化和智能化，保证包裹拣选正确率达到 99%，促进了包裹的高速运转；自动称重设备有助于快速、精确地对包裹进行称重，并准确计算物流费用；视觉扫描仪可以实现漏扫描包裹影像照片的调取，通过人工补码方式完成系统数据录入，实现扫描率 100%；智能拣货柜采用立体拣选结构，结合 LED 灯光完成包裹实物拣选和系统数据同步流转；工位管理系统能够对员工智能排班和岗位管理，有效提升运营效率；智能看板和远程视频，实现对拣货场地的实时流程控制，有效提升对现场的管控力度；AGV 机器人自动沿规定的导引路径行驶，将包裹自动移载到特定的位置，极大地节省了人力和运输时间。

智能拣货中心促进电商物流的标准化、精细化、可视化，在节约成本的同时，提升了物流的运转效率。

5.2.6 烟草自动拣货机

1. 半自动立式拣货机

半自动拣货机是一种广泛应用于烟草配送行业的新型拣货机，其拣货速度快、精度高、结构简单、易于维护，以单元组为单位，每个单元有 20 个通道组，每个通道可以存储大量的物件。半自动拣货机常根据不同的订单，给众多下属单位配送高频度的小件，其结构有很好的通用性。

半自动立式拣货机(见图 5-6)采用中央控制器，是集机、光、电、计算机网络、通信软件、拣货控制软件于一体的多功能、集成、高效、高精度的卷烟半自动拣货系统。系统通过计算机网络控制软件从烟草公司的销售系统中导入销售数据，经软件优化后导出待拣选烟的品种、数量等资料，拣选时通过计算机和 PLC(可编程逻辑控制器) 指令控制各机械部件，高效、准确地实行拣货作业，实现高度自动化。

半自动立式拣货机主要由以下几个模块组成。

(1) 拣货模块。拣货模块为拣货设备最重要的模块之一，本模块采用组合立式结构，由上烟通道和出烟装置组成，综合客户所销售品牌的数量给整机设立 80~120 个拣选通道。

图 5-6　半自动立式拣货机

(2) 喷码模块。高速、自动、准确的在线喷码系统，可以按客户的要求配备激光或喷墨喷码机，无须对系统做任何更改，方便、快捷；喷印内容一户一码，符合国家烟草局"一号工程"的标准要求，有利于增强防伪保密性。

(3) 堆垛模块。经拣货机拣选出来的卷烟经主输送、整形输送、喷码后，进行 3～25 条卷烟的任意整理叠加，实现叠加卷烟的预码垛功能，从而极大地提高自动包装效率。

(4) 输送模块。拣选出来的条烟经主传送、减速整形、喷码到堆垛区，由堆垛装置完成拣选条烟的堆垛并输出，自动装箱或由人工完成打包装箱。同时，在包装区留有自动包装的接口，以便实现自动堆垛包装，提高整机的自动化程度。

半自动立式拣货机的优点如下。

(1) 设备拣货速度为 180～200 件/小时。

(2) 实现了按品牌、数量和批次的方式出烟，完全解决了以往设备拣选时卷烟品牌混乱的现象。

(3) 特有的语音广播系统，实现卷烟拣货的报数、报错、特种烟提示、设备运行提示、缺烟提示、任务完成提示等功能，方便了拣货操作。

(4) 客户可以根据需要，选择配备专用标准箱自动装箱机构(每箱 25 条)，从而大大提高了自动化程度，节省了人力资源成本，降低了长期的运营成本。

2. 电子标签拣货机

电子标签拣货机(见图 5-7)是根据国家烟草专卖局推出的"电话访销、网上配货、电子商务、现代物流"的运营模式开发的，是集拣货、喷码为一体的产品。

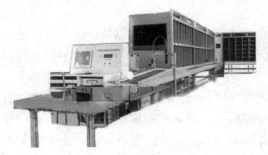

图 5-7　电子标签拣货机

该分拣系统的特点是：设计人性化、应用科学化、功能系统化、操作简单化、识别专业化、应用经济化。构成分拣系统的主要模块如图 5-8 所示。

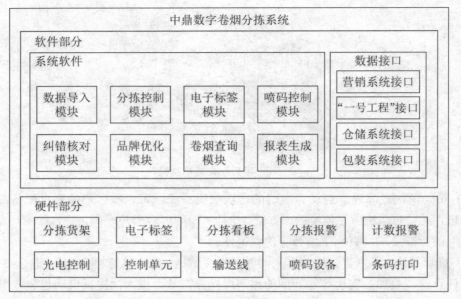

图 5-8　分拣系统构成图

(资料来源：合肥中鼎信息科技股份有限公司. http://www.zd315.net/pro_info_fjj2.asp；http://www.zd315.net/pro_info_fjj.asp)

5.2.7　药品自动拣选设备

药品自动拣选的概念最早出现于 20 世纪 80 年代。信息技术、自动化技术和医疗保障体系的发展，促进了药品自动拣选技术的不断进步和成熟。近年来，国内、外各种形式的药品自动拣选设备不断涌现，按应用领域分类有面向医药配送中心、医院药房、零售药店 3 类，按自动化程度分类有人工辅助、半自动、全自动 3 类。

目前，用于医药配送中心的药品自动拣选设备主要有有轨巷道堆垛机、A 字机、电子标签拣选系统等；用于医院药房和零售药店的药品自动拣选设备主要有直角坐标式拣选机械手、斜槽式自动拣选机、片剂分包机、注射剂摆药机等。

我国已经开发出了多种药品自动拣选设备，如深圳三九药业有限公司研发的"盒装药品自动售药机"，苏州艾隆科技有限公司开发的"自动化药房"等。

1. 药品整件拣选

药品整件拣选指以药品入库时的最大原始包装形态为单位进行的拣选作业，其设备常见的有托盘到托盘拣选(P—P)，托盘到包装箱拣选(P—C)和包装箱到包装箱拣选(C—C)等。

1) 托盘到托盘拣选(P—P)

药品以托盘为单位进行存储、输送和拣选，订单信息由上位机通过仓库管理系统(WMS)传输到自动仓储系统的计算机上，后者控制堆垛机或叉车将整托盘药品从储位取出，经由输送机或穿梭车将整托盘药品输送到指定的发货位置。由于现实中很少会有客户一次性需要这么大量的药品，因此托盘到托盘拣选主要是一种播种式拣货手段，作为药品按线路配送的前期预拣选来使用。

2) 托盘到包装箱拣选(P—C)

药品以托盘为单位进行存储和输送，但是以包装箱为单位进行拣选，可使用多自由度关节式机器人进行拣选，相当于拆盘作业，具有机动灵活、适应性强的优点；也可以采用框架式直角坐标式拣选机械手，针对某一特定药品包装，具有结构简单、成本低的优点。拣选出来的成箱药品可以由机器人直接码垛，也可以采用输送机汇集到指定的位置。

3) 包装箱到包装箱拣选(C—C)

药品以包装箱为单位进行存储、输送和拣选，一般使用各种输送式拣选设备(如斜辊式拣选机、摆臂式拣选机、堆块式拣选机等)将拣选出来的成箱药品利用输送机汇集到指定的发货位置。

药品整件拣选主要适用于药品配送中心，配送中心类型不同，整件拣选所占作业量的比例也有差别。以某物流企业为例，批发为主的配送中心整件拣选量要占到总拣选量的 80%以上；以快速配发为主的配送中心整件拣选量大约在 30%以下。

2. 药品拆零拣选

药品拆零拣选即以上一级包装之内的次一级包装物品为单位进行的拣选作业，该次一级包装之内可以含有更次一级的包装，也可为单品。药品拆零拣选广泛适用于医药配送中心、医院药房和零售药店等场合。目前，用于药品拆零拣选的设备主要有电子标签拣选系统、垂直旋转货柜、A 字机、直角坐标式拣选机械手、斜槽式自动拣选机、片剂分包机、自动拣选药库等。常见设备的介绍及其性能比较归纳如下。

1) 电子标签拣选系统与垂直旋转货柜

电子标签拣选系统在药品拣选领域较早得到了应用，虽然其本质是属于计算机信息系统辅助下的人工拣选系统，但由于实现了信息自动处理，节省了人工进行判断、识别的时间，从而极大降低了拣货错误率，提高了拣货效率，因而目前仍在广泛使用。由于该设备靠人工完成拣选作业，所以特别适合处理一些不规则形态、大包装、贵重及易碎药品。

将垂直旋转货柜与电子标签拣选系统相结合，可进一步减少拣货作业时人员的走动距离，大幅度降低作业人员的劳动强度，提高拣货效率。垂直旋转货柜还具有占地面积小、空间利用率高、可实现药品的封闭式存储等特点。

2) A 字机与立式药品拣选机

A 字机是一种目前比较常见的通用拣选设备，主要用于拣选外形规则的小件物品，在医药拣选领域应用也比较广泛。传统形式的药品拣选 A 字机由两侧连续排列的储药槽、槽底部的拣选机构、连续输送机构及控制系统等组成。在接收到订单(处方)后，通过计算机上的控制系统下达拣货指令，槽底部的拣选机构动作，拣出所需的药品，药品通过过渡板滑到连续输送机构上，然后输送到指定位置。A 字机具有制造成本低，拣货速度快，使用、维护方便等特点，但由于一般采用人工补货，当遇到拣选量大的情况时，补货压力亦较大，往往影响拣货效率。因此比较适合频次较低，多品种、小批量药品的拣选。

在实际应用中，也可只保留单侧储药槽，称为立式药品拣选机或柜式药品拣选机。立式药品拣选机如图 5-9 所示。

图 5-9 立式药品拣选机

3) 直角坐标式拣选机械手

直角坐标式拣选机械手是将抓取药品的机械手安装在垂直面上的直角坐标移动装置上，实现机械手的上、下、左、右移动，从矩阵式分布的药品储位上拣取药品。机械手可以抓取瓶装药品和盒装药品。其工作原理是，当需要取药时，控制系统发出指令，机械手在直角坐标移动机构带动下移动到指定药瓶的储位，然后电磁铁通电吸合将药瓶吸出，实现拣取动作。

4) 斜槽式自动拣选机

斜槽式自动拣选机是利用在垂直方向上呈矩阵排列的倾斜滑槽储放盒装药品，在每个滑槽的低端出口安装拣选机构实现药品的拣选。当排在前面的药盒拣选出去后，后面的药盒在重力作用下立即补充上去。拣选机构按有无动力分类可有主动式和被动式两类。斜槽式自动拣选机较直角坐标式拣选机械手的拣货效率要高得多，适合于发药频次最高、出库量最大的药品的自动拣选作业

5) 片剂分包机

片剂分包机可为医院住院药房的患者提供按每次服用量分包的药品拣选服务。其工作原理是将药片或胶囊散装在特制的罐体中，罐体的底部有闸板控制药片的漏出，每台设备上可安装上百个罐体，能储存上百种药品。通过控制系统控制罐体底部闸板的动作实现药品的自动拣选，拣选出的药品自动装入塑封袋封口，并贴上带有患者姓名和用法用量等信息的标签。

6) 注射剂摆药机

注射剂摆药机主要针对注射剂类药品拣选。其主要由供筐机、摆药机、电脑控制系统、打印系统和自动码筐机等组成，系统运行后根据医嘱单将药品自动摆入药筐，再通过排出装置送入自动码筐机完成摆药的全过程。该设备提高了药品的发放准确率，确保了患者用药安全，且方便药品管理，提高工作效率。

3. 自动拣选药库

自动拣选药库可以看作是在斜槽式自动拣选机或直角坐标式拣选机械手的基础上进一步发展而来的，其具有更大的储药量，增加了自动补药装置，有相对封闭的存储空间，是

集药品储存与拣选于一体的现代医药物流装备，可实现药品的自动入库和按订单(处方)要求拣选出库。自动拣选药库有望成为未来大型医院和药店的主流配置设备。

4. 药品拣选管理系统

药品拣选管理系统是自动拣选设备的神经中枢，是集信息、控制、管理于一体的复杂系统。该系统具有药品信息采集、通信管理、设备状态监控、格口记数、报表打印、与其他网络互通、系统维护等功能。医院药品拣选管理系统一方面要实现与医院信息系统(HIS)对接，实时接收来自 HIS 的处方信息；另一方面要实现上药、出药、拣货的协调动作。该管理系统可对药品名称、规格、生产厂家、批号、生产日期、有效期等药品基本信息进行设置，对拣选货位进行编码并存储在系统的数据库中，使系统有效追踪药品位置。在拣选药品时，拣选管理系统接收人工输入订单信息或 HIS 传达的医嘱信息，将其转换为对应的药品的识别数码、拣货目的位置等一系列拣货控制信息和指令，输送给拣货控制器，并根据货位布局确定拣选顺序和拣选路径，打印相应的清单、文件和药品标签。拣货控制器对照拣货信息和指令确认该药品拣货要求，识别其在拣选线上的准确位置，由此产生控制指令传输给控制输送和拣货装置的可编程控制器(PLC)，将药品准确输送到拣选格口。当药品完成拣选被输送并经过激光扫描或射频识别(RFID)等识别系统装置时，该药品的拣选信息被提取并修改库存信息。系统通过自动补货算法，确保设备存货量，提高空间利用率。

5.2.8　通道式拣货系统

通道式拣货系统(见图 5-10)由多台通道推送拣选机和链板输送机等组成，用于拣选量大的、外形尺寸规范的商品，如条烟、纸包药品等，每台通道式拣选机可对大件商品进行拣选出货，在一定时间内只拣选且每次可拣选若干个(如 5 个)同一品牌的商品。

图 5-10　通道式拣货系统

5.3　分拣技术与设备

5.3.1　自动分拣系统

随着互联网及电商时代的到来，我国物流业迅猛发展，传统的以人工分拣为主的物流企业越来越力不从心，人力成本不断上升，运营成本持续增加，所以使用自动分拣系统(automated sorting system)也显得尤为重要。目前，物流快递公司都在使用自动分拣系统。该系统的作业过程可以简单描述如下：物流中心每天接收成百上千家供应商或货主通过各种运输工具送来的成千上万种商品，在最短的时间内将这些商品卸下，并按商品品种、货主、储位或发送地点进行快速、准确的分类，将这些商品运送到指定地点(如指定的货架、加工区域、出货站台等)。同时，当供应商或货主通知物流中心按配送指示发货时，自动分拣系统在最短的时间内从庞大的高层货架存储系统中准确找到要出库的商品的位置所在，并按所需数量出库，将从不同储位上取出的不同数量的商品按配送地点运送到不同的理货区域或配送站台集中，以便装车配送。

5.3.2　自动分拣技术

分拣系统按识别方式可分为两类，一类根据被分拣对象的固有属性(如重量、外形尺寸、外形、硬度等)就可以将它们分拣开的，这类分拣机识别方式一般采用传感器、摄像头等，能直接获取对象的属性，然后由控制器根据获取的属性数据控制机械和电气系统动作，达到分拣目的；另一类根据被分拣对象的固有属性不能或者很难将它们分拣开来的(如邮件、包裹等)，对于这些对象必须给它们外加上一个统一的身份标识(如条形码等)，当它们通过这个身份标识识别装置(如条形码阅读器等)的时候识别出它们的身份，然后由控制器发出分拣指令，控制机械和电气系统动作，达到分拣的目的。

5.3.3　分拣设备的分类及技术指标

自动分拣输送技术和装备在我国已有多年的应用历史，近年来，各专业厂商根据用户物件规格差异、场地布局及主要技术指标需求等因素，研制出了许多不同类型、规格的分拣设备。为便于区分和管理，这些设备可按不同的原则进行分类。

按照分拣物品/物件的形状分类，分拣设备可分为片状类分拣机，扁平类分拣机，箱、包类分拣机，如表 5-1 所示。

表 5-1　分拣设备分类

按照分拣物品/物件的形状分类	分拣设备名称	备　　注
片状类分拣机	半自动信函分拣机	处理物件规格 长度 L: 90 ～ 230 毫米 宽度 B: 55 ～ 140 毫米 厚度 T: 0.2 ～ 5 毫米 重量 W: ≤ 150 克
	自动信函红框理信机	
	自动信函分拣机	
	理分合一自动信函分拣系统	
	票据排序机	
	纸钞分类机	
	社保卡分类排号机	
	其他薄片类分拣机	
扁平类分拣机	扁平信函分拣机	处理物件规格 长度 L: 90 ～ 230 毫米 宽度 B: 55 ～ 140 毫米 厚度 T: 5 ～ 20 毫米 重量 W: ≤ 1 500 克
	期刊、书籍配数分拣机	

续表

按照分拣物品/物件的形状分类	分拣设备名称	备　注
箱、包类分拣机	邮袋分拣机	处理物件规格
	包裹分拣机	长度 L：200 ～ 800 毫米
	图书总包分拣机	宽度 B：100 ～ 500 毫米
	成品烟箱分拣机	高度 T：10 ～ 500 毫米
	条烟配数分拣机	重量 W：≤ 30 千克
	周转箱路向分拣机	
	其他包类分拣机(邮袋、服装类)	

　　按结构技术分类，可分为吸气式分离信函分拣机、摩擦式信函分拣机、横推式路向分拣机、悬挂推式路向分拣机、底带水平旋转式分拣机、交叉带式分拣机等。此处不再一一赘述。

　　分拣装备的技术指标如下。

　　(1) 分拣效率：指整个系统装备能达到的最大分拣效率，实际使用效率一般为最大效率的 70%。

　　(2) 运行速度：指主分拣线的运行速度。

　　(3) 处理物件规格：表示系统装备能处理的物件形状规格的限定范围。

　　(4) 分拣格口数量：表示系统装备应具备的最多分拣路向数量。

　　(5) 供件席位数量：指分拣系统达到最大分拣效率时应具备的最少供件席位数量。

　　(6) 分拣差错率：系统因各种因素引起的物件错分拣率(邮政系统的分拣差错率一般为万分之一)。

　　(7) 运行噪声：距设备约 1 米、分点测试后取得的最大值或平均值。

5.3.4　常见的自动分拣机

　　自动分拣机一般由输送机械部分、电器自动控制部分和计算机信息系统联网组合而成。它可以根据用户的要求、场地情况，对条烟、整箱烟、药品、货物、物料等，按用户、地名、品名进行自动分拣、装箱、封箱的连续作业。机械输送设备根据输送物品的形态、体积、重量而设计定制。分拣输送机是工厂自动化立体仓库及物流配送中心对物流进行分类、整理的关键设备之一，通过应用分拣系统可实现物流中心准确、快捷的工作。

1. 交叉带式分拣机

　　交叉带式分拣机(见图 5-11)，其工作原理是由一组小车组成的封闭输送分拣系统，一般呈环形，小车沿轨道运动，小车表面皮带可在与小车运动垂直的方向上转动，包裹通过导入台装置，被准确地推到小车上，经过条码扫描后识别出张贴于包裹上的条码，根据条码信息将不同目的地的包裹在不同的格口卸载下去，从而实现根据目的地将包裹进行分类。

图 5-11　交叉带式分拣机

交叉带式分拣机的优点就是运行平稳、噪声低、输送物免受震动损坏、可分拣货物的范围广，分拣出口多、左右两侧分拣、可以实现单台最大能力约 2 万件每小时。但缺点也是比较明显的，即造价比较昂贵、维护费用高。

大型交叉带式分拣系统一般应用于机场行李分拣和安检系统。

2. 翻盘式分拣机

翻盘(托盘)式分拣机(见图 5-12)是通过托盘倾翻的方式将包裹分拣出去的，该分拣机在快递行业也有应用，但更加多的是应用在机场行李分拣领域。最大能力可以达到 1 万 2 千件每小时。标准翻盘式分拣机由木托盘、倾翻装置、底部框架组成，倾翻分为机械倾翻和电动倾翻两种。

3. 滑块式分拣机

滑块式分拣机(见图 5-13)也是一种特殊形式的条板输送机。输送机的表面用金属条板或管子构成，如竹席状，而在每个条板或管子上有一枚用硬质材料制成的导向滑块，能沿条板做横向滑动。

图 5-12　翻盘式分拣机

图 5-13　滑块式分拣机

平时滑块停止在输送机的侧边，滑块的下部有销子与条板下导向杆联结，通过计算机控制，当被分拣的货物到达指定道口时，控制器使导向滑块有序地自动向输送机的对面一侧滑动，把货物推入分拣道口，从而将商品引出主输送机。这种方式是将商品侧向逐渐推出，并不冲击商品，故商品不容易损伤，它对分拣商品的形状和大小适用范围较广，是目前新型的高速分拣机。

滑块式分拣机也是在快递行业应用非常多的一种分拣机。它运行可靠、故障率低，在大型配送中心使用量大。它还可以多台交叉重叠起来使用，以满足单一滑块式分拣机无法达到的能力要求。

4. 挡板式分拣机

挡板式分拣机(见图 5-14)是利用一个挡板(挡杆)挡住在输送机上向前移动的商品,将商品引导到一侧的滑道排出。挡板的另一种形式是挡板一端作为支点,可做旋转。挡板动作时,像一堵墙似的挡住商品向前移动,利用输送机对商品的摩擦力推动,使商品沿着挡板表面移动,从主输送机上排出至滑道。平时挡板处于主输送机一侧,可让商品继续前移;如挡板做横向移动或旋转,则商品就排向滑道。

挡板一般是安装在输送机的两侧,和输送机上平面不相接触,即使在操作时也只接触商品而不触及输送机的输送表面,因此它对大多数形式的输送机都适用。就挡板本身而言,也有不同形式,如有直线型、曲线型,也有的在挡板工作面上装有滚筒或光滑的塑料材料,以减少摩擦阻力。

5. 胶带浮出式分拣机

这种分拣结构用于辊筒式的主输送机上,将有动力驱动的两条或多条胶带或单个链条横向安装在主输送辊筒之间的下方。当分拣机接受指令启动时,胶带或链条向上提升,接触商品底面把商品托起,并将其向主输送机一侧移出,如图 5-15 所示。

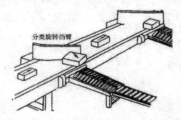

图 5-14　挡板式分拣机

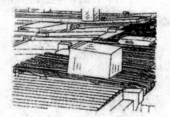

图 5-15　胶带浮出式分拣机

6. 辊筒浮出式分拣机

这种分拣结构用于辊筒式或链条式的主输送机上,将一个或数十有动力的斜向辊筒安装在主输送机表面下方,分拣机启动时,斜向辊筒向上浮起,接触商品底部,将商品斜向移出主输送机。这种上浮式分拣机,有一种是采用一排能向左或向右旋转的辊筒,可将商品向左或向右排出,如图 5-16 所示。

7. 条板倾斜式分拣机

条板倾斜式分拣机(见图 5-17),是一种特殊型的条板输送机,商品装载在输送机的条板上,当商品行走到需要分拣的位置时,条板的一端自动升起,使条板倾斜,从而将商品移离主输送机。商品占用的条板数是随不同商品的长度而定,所占用的条板数如同一个单元,同时倾斜,因此,这种分拣机对商品的长度在一定范围内不受限制。

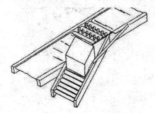

图 5-16　辊筒浮出式分拣机

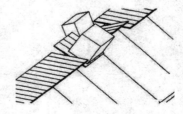

图 5-17　条板倾斜式分拣机

本章小结

本章主要介绍了物流拣货与分拣过程中涉及的技术及装备。尽管多数情况下并不区分拣货和分拣，但是本教材仍然对拣货和分拣进行了区别介绍，先后分两节对拣货和分拣采用的作业方式、系统组成、系统特点及其性能进行了介绍，最后介绍了常见的几种拣货设备。

思考题

1. 物流拣货作业流程是什么？
2. 物流拣货采用哪几种作业方式？分别适合哪种情景？
3. 简要描述拣货条码系统和拣货电子标签系统的特点。
4. 自动拣货系统一般由哪几部分组成？
5. 自动拣货系统主要有哪些特点？
6. 按照分拣物品/物件的形状分类，分拣装备可分为哪三类？
7. 分拣装备的技术指标包括哪几种？
8. 常见的分拣机有哪些？

第6章
物流包装技术与装备

学习目标

通过本章的学习，应该掌握包装的概念、分类和作用，了解常见的包装材料，理解包装合理化的内容，掌握包装技术与包装设备，了解包装标准的基本知识。

核心要点

- 包装的概念和作用。
- 包装的分类。
- 包装材料。
- 包装技术。
- 包装合理化。
- 包装标准。
- 包装设备。

6.1 物流包装概述

商品总是和一定的包装联系在一起的，有些商品的包装已经不仅仅是一件"外套"，而是商品本身的一个有机组成部分。在国际贸易中，包装更有其特殊的意义，是主要贸易条件之一。商品的包装还是提升商品附加值和企业品牌形象的有效手段。包装作为实现商品价值和使用价值的手段，是商品生产、流通、销售中不可或缺的环节。随着时代的发展和人们对产品审美要求的提高，包装已经告别了原来单一的使用功能，成为传播商品信息、提升商品价值、占领市场的必胜法宝。传统的商品包装大都"傻大黑粗"，既不实用，又不美观，极大地影响了商品的市场价值；现在的企业已经意识到通过商品包装设计，不但可以提升商品本身的附加值、增加企业的利润，更能使企业的整体品牌形象得到提升。

无论是产品或是材料，在搬运、输送以前都要经过某种程度的包装、捆扎或装入适当容器，以保证产品完好地运送到消费者手中，所以包装被称为生产物流的终点，同时也是社会物流的起点。物流系统的所有构成要素均与包装有关，同时物流也受包装的制约。作为搬运、运输的基础步骤，包装应尽可能地满足物品的搬运(方便搬运工具对包装的操作)、装卸、运输(采用标准运输包装尺寸，进行集合包装，以配合单件货载尺寸、车厢尺寸和集装箱尺寸等，合理利用运输空间)、仓储(方便入库的堆垛与取用)的要求，按照集装与混装的标准化要求，以适合的包装材料和数量进行包装，使产品能直接进入搬运与运输作业，避免重复分装或组装造成企业流通费用的增加，提高物流效率，降低成本。

6.2 包装的概念和功能

6.2.1 包装的概念

国家标准 GB/T 4122.1—2008《包装术语》第一部分：基础，对包装有如下定义。包装(packing)是指为在流通过程中保护产品，方便储运，促进销售，按一定技术方法而采用的容器、材料及辅助物等的总体名称。也指为了达到上述目的而采用容器、材料和辅助物的过程中施加一定方法等的操作活动。从该定义的表述中，我们不难理解包装的目的和意义，即包装一是为了保护产品；二是为了方便储运；三是为了促进销售。包装在维持产品的存在价值和实现产品的使用价值方面发挥着作用。

6.2.2 包装的功能

1. 保护货物功能

在物流系统中，包装的主要作用是保护商品，避免在移动和储存过程中发生货损货差。商品保护程度的高低，涉及包装是否满足了商品要求，以及包装材料是否适合。由于商品需要在一定的环境中移动并储存，所以某一包装商品受损的敏感度直接与其所处的环境有关。包装受损常起因于运输、储存和所利用的管理系统。在物流系统中，四个最容易引起货损的原因是：振动、碰撞、击穿、挤压。

商品在储存时，堆码出了问题也会导致货损，从表面破损到压碎、变形和破裂都有可能出现。在物品的运输过程中，包装对货物的保护作用可使货损降低。

包装要求也会影响物流系统的设计。一般来说，在物流系统的设计中，必须对货损的外界自然环境因素(如温度、湿度及其他因素)的影响做出估计，事先决定如何使包装的物品不受环境影响。包装的货物保护功能主要包括以下几个方面。

(1) 防止商品破损、变形。要求包装能承受在装卸、运输、保管过程中各种力的作用，如冲击、振动、颠簸、压缩等，形成对外力破坏的防护作用。

(2) 防止商品发生化学变化。要求包装能在一定程度上起到阻隔水分、溶液、潮气、光线、空气中酸性气体的作用，对于环境、气象的影响起到防护作用。

(3) 防止腐朽、霉变、虫食鼠咬。要求包装有阻隔霉菌、虫、鼠侵入的能力，起到防护作用。

(4) 包装还有防止异物混入、污物污染，防止丢失、散失的作用。

2. 提高效率功能

所有物流系统的作业都会受到包装效果的影响。物流生产率是指物流活动的产出与投入之比，几乎所有的物流活动的生产率都能用包装所组成的货物单元来描述。

按照商品外形和标准订单数量包装商品，有助于提高物流活动的生产率。减小包装尺寸，可以提高包装的利用率；通过将商品集中起来，或通过装运未装配的货物、成组的货物，并最小量地使用衬垫，也可以减少包装内的无效空间。

包装成组化是指为了材料搬运或运输的需要而将包装成组化为一个受约束的载荷。集装化包括了将两个成组化包装捆在一起的成组化到使用专门的运输设备成组化的所有形式。所有类型的集装化都有一个基本目的,那就是提高效率。在非集装化物流中,大约一半的总成本是花费在车辆间的换装、运输、包装成本,以及为防止货损货差所采取的措施和保险上的。因此,通过集装化可以提高效率,这是显而易见的。

便利作业是指包装的结构造型、辅助设施能适于装卸、搬运、多层堆码和有效而充分利用运载工具与库存容积。在包装的外部结构形式中,小型包装适于人工作业;大型的、集装的包装则适于叉车及各种起重机机械作业。包装的大小、形态、包装材料、包装重量等因素都影响着运输、保管、装卸等各项作业。

3. 传递信息功能

物品包装上的信息通常包括制造厂、商品名称、容器类型、个数、通用的商品代码等。在收货入库、拣选和出运查验过程中,包装箱上的信息可以用来识别商品,同时操作人员应能从各个方向、在合适的距离看到标签。物流包装能在收货、储存、取货、出运的各个过程中跟踪商品。

价格低廉的扫描设备和代码的标准化提高了跟踪能力和效率。物流包装提供有关装卸和防止货损的说明书,说明书对商品的装卸提出了容器、温度限制、堆垛要求、潜在环境等方面的要求。

6.3　包装的分类

6.3.1　按包装在流通中的作用分类

1. 商业包装

商业包装又称销售包装或内包装,是指以促进销售为主要目的的包装,主要作用是保护商品、方便使用、促进销售,但是也应该符合销售地国家的法律和法规。这种包装的特点是外形美观,有必要的装潢,包装单位适于顾客的购买量及商店陈设的要求。在流通过程中,商品越接近顾客,越要求包装有促进销售的效果。

2. 运输包装

运输包装是指以强化输送、保护产品为主要目的的包装,又称外包装,其主要作用是保护商品、方便储运和节省费用。

运输包装的重要特点是在满足物流要求的基础上使包装费用越低越好。为此,必须在包装费用和物流时的损失两者之间寻找最优的方案。为了降低包装费,包装的防护性也往往随之降低,商品的流通损失就必然增加,这样就会降低经济效益。相反,如果加强包装,商品的流通损失就会降低,包装费用就必然增加。如果完全不允许存在流通损失,就必然存在所谓的"过剩包装",物流及包装费用必然会大大增加,由此带来的支出的增加会大于不存在过剩包装时的必然损失。因此,对于普通商品,包装程度适中才会有最优的经济效果。

商品在运输过程中不一定都需要包装。随着运输、装卸技术的进步,越来越多的大宗颗粒状或液态商品,如粮食、水泥、石油等,都采用散装方式,即直接装入运输工具内运送,配合机械化装卸工作,既降低了成本,又加快了速度。另外有一类称为裸装的包装方式,这种方式适用于自行成件的商品，在运输过程中只需加以捆扎即可，如车辆、钢材、木材等。

但绝大多数商品，在长途运输过程中，需要进行运输包装。按其包装方式，可分成单件包装和集合包装。单件包装指货物在运输过程中作为一个计件单位的包装，常用的有箱、包、桶、袋、篓、罐等。集合包装是在单件包装的基础上，把若干单件组合成一件大包装，以适应港口机械化作业的要求。集合包装能更好地保护商品，提高装卸效率，节省运输费用。常见的集合包装方式有托盘、集装袋和集装箱。

6.3.2　按包装适用的广泛性分类

1. 专用包装

专用包装是根据被包装物特点进行专门设计、专门制造，只适用于某种专门产品的包装。

2. 通用包装

通用包装是不进行专门设计、制造，而根据标准系列尺寸制造的包装，通用包装可以包装各种标准尺寸的产品。

6.3.3　按包装容器分类

按包装容器的抗变形能力，可以把包装分为硬包装和软包装两类。硬包装又称刚性包装，包装体有固定形状和一定强度；软包装又称柔性包装，有弹性，包装体可有一定程度的变形。

按包装容器的结构形式，可以把包装分为固定式包装和拆卸折叠式包装两类。固定式包装尺寸、外形固定不变；可拆卸折叠式包装可通过折叠拆卸在不需包装时缩减容积以利于管理及返运。

按包装容器的使用次数，可以分为一次性包装和多次周转包装两类。

按包装容器的形状可以把包装分为包装袋、包装盒、包装箱、包装瓶、包装罐等。

1. 包装袋

包装袋是柔性包装中的重要技术，包装袋材料有较高的韧性、抗拉强度和耐磨性。一般包装袋的结构是筒管状结构，一端预先封死，在包装结束时再封装另一端。包装操作一般采用充填操作。包装袋广泛应用于运输包装、商业包装、内装、外装。

1) 集装袋

这是一种大容积的运输包装袋，盛装重量在 1 吨以上。集装袋的顶部一般装有金属吊架或吊环等，便于铲车或起重机的吊装、搬运。卸货时可打开袋底的卸货孔进行卸货，非常方便。集装袋适于装运颗粒状、粉状的货物。集装袋一般多用聚丙烯、聚乙烯等聚酯纤维纺织而成。由于集装袋装卸、搬运货物都很方便，装卸效率明显提高，近年来发展很快。

2) 一般运输包装袋

这类包装袋的盛装重量是 0.5~100 千克，大部分是由植物纤维或合成树脂纤维纺织而成的织物袋，或者由几层材料构成的多层包装袋，如麻袋、草袋、水泥袋等，主要包装粉状、粒状和个体小的货物。

3) 小型包装袋(或称普通包装袋)

这类包装袋的盛装重量较小，通常用单层材料或双层材料制成。对于某些具有特殊要求的包装袋也有用多层不同材料复合而成的。小型包装袋包装范围较广，液状、粉状、块状和异型的货物等均可采用这种包装。

上述几种包装袋中，集装袋适于运输包装，一般运输包装袋适于外包装及运输包装，小型包装袋适于内装、个装及商业包装。

2. 包装盒、包装箱

包装盒是介于刚性和柔性之间的包装技术。包装材料不易变形，有较高的抗压强度，刚性高于袋装材料。包装结构是规则几何形状的立方体，也可裁制成其他形状，如圆盒状、尖角状，一般容量较小，有开闭装置。包装操作一般采用码入或装填，然后将开闭装置闭合。包装盒整体强度不大，包装量也不大，不适合做运输包装，适合做商业包装、内包装，且适合包装块状及各种异形物品。

包装箱是刚性包装技术中的重要一类。包装材料为刚性或半刚性材料，有较高强度且不易变形。包装结构和包装盒相同，只是容积、外形都大于包装盒。包装操作主要为码放，然后将开闭装置闭合或将一端固定封死。包装箱整体强度较高，抗变形能力强，包装量也较大，适合做运输包装、外包装，包装范围较广，主要用于固体杂货包装。

3. 包装瓶

包装瓶是瓶颈尺寸有较大差别的小型容器，是刚性包装中的一种。包装材料有较高的抗变形能力，刚性、韧性要求一般也较高，个别包装瓶介于刚性与柔性材料之间，瓶的形状在受外力时虽会发生一定程度的变形，但外力一旦撤除，仍可恢复原来的瓶形。

包装瓶的瓶颈口径远小于瓶身，且在瓶颈顶部开口；包装操作是填灌操作，然后将瓶口用瓶盖封闭。

包装瓶的包装量一般不大，适合美化装潢，主要作为商业包装、内包装使用，用于包装液体、粉状货。包装瓶按外形可分为圆瓶、方瓶、高瓶、矮瓶、异形瓶等若干种。瓶口与瓶盖的封盖方式有螺纹式、凸耳式、齿冠式、包封式等。

4. 包装罐

包装罐是罐身各处横截面形状大致相同，罐颈短，罐颈内径比罐身内颈稍小或无罐颈的一种包装容器，是刚性包装的一种。

包装罐的包装材料强度较高，罐体抗变形能力强。包装操作是装填操作，然后将罐口封闭，可做运输包装、外包装，也可做商业包装、内包装。包装罐包括以下几种。

(1) 小型包装罐。这是典型的罐体，可用金属材料或非金属材料制造，容量不大，一般是做销售包装、内包装，罐体可采用各种方式装潢美化。

(2) 中型包装罐。中型包装罐的外形也是典型罐体，容量较大，一般做化工原材料、土特产的外包装，起运输包装作用。

(3) 集装罐。这是一种大型罐体，外形有圆柱形、圆球形、椭球形等，卧式、立式都有。集装罐往往是罐体大而罐颈小，采取灌填式作业，灌填作业和排出作业往往不在同一罐口进行，而是另设卸货出口。集装罐是典型的运输包装，适合包装液状、粉状及颗粒状的货物。

6.3.4　按包装技术分类

按包装层次及防护要求，包装可以分为个装、内装、外装三类。

按包装的保护技术可以把包装分为防潮包装、防锈包装、防虫蚀包装、防腐包装、防震包装、危险品包装等。

6.4　包装材料

用于物流包装的材料很多，从传统的纤维纸板到最新的记忆性塑料，可谓应有尽有。按不同的用途，包装材料可分为以下几类：容器材料，用于制作箱子、瓶子、罐子，包括纸制品、塑料、木料、玻璃、陶瓷、各类金属等；内包装材料，用于隔断物品和防震，包括纸制品、泡沫塑料、防震用毛毡等；包装用辅助材料，如各类接合剂、捆绑用纫绳(带)等。

1. 木质包装

木材是最传统的包装材料，至今仍被广泛使用。由于木材资源的再生速度很慢，许多包装领域已用纸或塑料替代。但因木材具有良好的包装特性，在重物包装及出口物品等方面还在使用。木材较多地用于制作木桶、木箱和胶合板箱三类容器。普通的密闭木箱可装运 200 千克的货物；如果选用下设垫板的木箱，则可装运 200 千克以上的货物。为了承载重物，通常选用木垫板，可装载并固定 60 吨的重物。木材的另一个用途是制作托盘。图 6-1 为大件木质包装箱，图 6-2 为花格木箱。

图 6-1　大件木质包装箱

图 6-2　花格木箱

▌阅读材料 6-1　我国进出境货物木质包装检疫有新规

为确保我国外贸顺利进行，根据新修订的国际标准，国家质检总局对进出境货物木质包装检疫的要求有了相应的调整并已实施，与以前木质包装检疫要求相比，新检疫要求有以下变化。

一是缩小木质包装监管定义范畴。其包括用于承载、包装、铺垫、支撑、加固货物的木质材料，新豁免了完全由薄木材(厚度 6 毫米或以下)制作的木质包装；完全由经过胶粘、加热、加压等方法生产的胶合板、刨花板、纤维板等制作的木质包装；在制作过程中经过加热处理用于存放散装葡萄酒或烈酒的木桶；用于包装葡萄酒、雪茄或其他商品的礼品盒，在其制作过程中经过加工或其他去除有害生物的处理；锯末、刨花木、丝；永久固定于运输车辆和集装箱上的木质配件等六种木质包装材料。

二是对树皮提出新的检疫要求。木质包装须使用去树皮木材制作，木质包装上单个树皮残留允许量应满足：宽度小于 3 厘米，或总面积小于 50 平方厘米。如使用溴甲烷对木质包装进行熏蒸处理，应在处理前去除树皮。进境木质包装如携带树皮不符合规定的，将须检疫处理合格方可放行。

三是认可新的木质包装检疫处理方法。除使用热处理、溴甲烷熏蒸处理外，也可采用介电加热处理。

四是放宽木质包装上 IPPC 标识加施要求。IPPC 标识是输出国或地区检疫主管部门按照国际植物保护公约的要求进行除害处理的标记。标识的大小、使用的字体、加施的位置均可根据需要变化，但必须是矩形或正方形的，样式必须满足 ISPM15 要求。标识的信息应当符合规定，不得增加商标、防伪符号等其他内容，这些内容可以在标识框外加注。

五是明确对木质包装重复使用的规定。未经修缮、再制造或其他改造的木质包装，经检疫合格的，可重复使用，不需要再进行检疫处理或重新标识。替换部件不超过三分之一的木质包装属于修缮木质包装，只需要对增加的木材进行检疫处理并加施相应的标识。对于替换部件超过三分之一的木质包装则应归于再制造的木质包装，须将原有的标识去除，并重新进行检疫处理加施标识。

为此，提醒出口企业务必严格遵守上述规定，出口货物携带木质包装的必须经处理并打印处理标识。同时，进口企业在进口商品启运前，一定要和国外发货商确认所使用的木质包装已进行过检疫除害处理，货主或其代理人在货物进境时要如实申报木质包装相关情况。

(资料来源：中国电子包材网. 进出境货物木质包装检疫有新规. http://www.zhongsou.net/%E7%94%B5%E5%AD%90%E5%8C%85%E6%9D%90%E7%BD%91/news/26739307.html，2014-09-02)

2. 纸质包装

纸的品种有很多，专用包装纸一般指牛皮纸。牛皮纸的强度与每平方米纸张的重量有关，一般有 75 克、78 克、81 克、84 克 4 种规格。它的特性项目包括抗拉强度、抗裂强度、伸长率、耐水率等，这些均有国家标准。纸袋多用强度较大的牛皮纸制成，是 3～6 层的多层叠合构造。如果需要，还可以对牛皮纸做防潮处理，把牛皮纸和塑料薄膜制成复合多层构造。大型纸袋通常用于水泥、肥料、谷物等粉粒状货物的包装。

纸板是指以牛皮纸浆、化学纸浆、旧纸浆等为原料制成的厚纸板的总称。根据不同用途，纸板可分为瓦楞原纸、白板纸、黄板纸等，其中瓦楞原纸的用途最广泛，产量也最大。

3. 塑料包装

塑料在包装中被广泛使用，可用于单个包装、内包装、外包装，用于运输包装时可制成各种塑料容器。聚乙烯塑料袋是最常见的包装物，可以替代 20～30 千克包装用纸袋；聚乙烯和聚丙烯塑料编织袋(俗称蛇皮袋)可以替代包装用麻袋。在箱袋结合的运输包装中，将塑料制成各种盛液体的容器，以替代玻璃瓶、金属罐、木桶等，再把塑料容器放入瓦楞纸箱内。成型容器(塑料罐、箱)也是塑料包装的重要领域，受价格和成型难易程度的影响，成型容器多数用聚乙烯材料制成，且国家在容量、尺寸、强度等方面都有规定。另外，用于替代木箱的运输用塑料箱也被大量使用，一般用在食品、饮料等物品的运输和包装方面。

4. 金属包装

用作包装的金属容器有罐和桶，用镀锌铁板制成。罐有方形和圆形两种，主要用于食品、药品、石油类、涂料类及油脂类物品的包装；桶主要用于以石油为主的非腐蚀性半流体、粉末体、固体等物品的包装，容量为 20～200 升。

5. 其他包装

1) 草制包装材料

草制包装材料是一种较落后的包装材料，是指用一些天然生长的草类植物，编制成草席、蒲草袋等包装材料。其防水、防潮能力较差，强度也很低，已逐渐被淘汰。

2) 纤维包装材料

纤维包装材料指用各种纤维制作的袋状容器。天然生长的纤维有黄麻、红麻、麻、罗布麻、棉花等。经工业加工的有合成树脂、玻璃纤维等。

3) 陶瓷与玻璃包装材料

此类包装材料的优点是耐风化、不变形、耐热、耐酸、耐磨等，尤其适合各种液体货物的包装；这种包装可回收复用，有利于降低包装成本，易洗刷、消毒、灭菌。缺点是易碎。

4) 复合包装材料

复合材料就是将两种以上具有不同性质的材料复合在一起，以改进单一包装材料的性能。应用最广泛的合成材料是金属箔和塑料及玻璃纸复合；纸与塑料复合等。

5) 绿色包装

绿色包装也称环保包装，指包装节省资源，用后可回收利用，焚烧时无毒害气体，填埋时占用耕地少并能生物降解和分解的包装。国外有人形象地把绿色包装归纳为 4R，即：减少包装材料消耗量(reduce)，大型容器可再次填充使用(refill)，可循环使用(recycle)，可回收使用(recovery)。所以，绿色包装应满足以下几个方面的要求。

(1) 包装用材料应当节约，包装要简化。严格控制包装材料用量，精细设计、选用包装方式及包装材料，节约包装、简化包装。

(2) 包装材料要可以回收或可循环使用。美国 20%的 FTE(四氟乙烯) 饮料瓶在循环使用。

(3) 包装用材料要可分解、可降解。日本在食品包装方面正努力用纸包装替代塑料包装；美国用旧报纸的再生纸浆和水制成可再生的包装新型垫材，用来替代广泛使用的泡沫塑料垫材。

(4) 改进包装质量。限制包装材料的重金属含量及其他部分(如油墨、染料、料合剂、瓶盖等) 的用量；限制卤素及其他危险物质的使用；限制使用由氯漂白的包装材料。

(5) 包装废弃物处理。避免使用聚苯乙烯泡沫、聚苯乙烯袋等作为包装材料；不能在纸箱上使用柏油、沥青等外刷涂料。

阅读材料 6-2　八部门联合印发指导意见 快递绿色包装有了"硬标准"

快递业覆盖全国，影响范围广，涉及的产业上下游链条很长，要推进快递包装的绿色发展，牵动的是全行业的上下游产业链，需要各行业及其监管部门共同参与。

2020 年 1 月至 7 月，我国快递业务量完成 408 亿件，超过了 2017 年全年业务量。然而，据估算，我国快递业每年消耗的纸类废弃物超过 900 万吨、塑料废弃物约 180 万吨，并呈快速增长趋势，对环境造成的影响不容忽视。

近年来，相关部门已陆续出台政策，推进快递包装绿色化。不久前，市场监管总局等八部门联合印发《关于加强快递绿色包装标准化工作的指导意见》(以下简称《指导意见》)，提出到 2022 年全面建立严格有约束力的快递绿色包装标准体系，推动标准成为快递绿色包装的"硬约束"。

对快速发展的快递业而言，这一标准意味着什么？

快递包装加强循环利用

"您好，这是您的快递，如果这个纸箱您不用的话可以留给我吗？"快递小哥陈宾在北京市东城区送快递已经两三年了，顾客都熟悉他，因为知道他需要纸箱，很多顾客会把快递纸箱攒下来给他。

陈宾告诉记者，从 2019 年 6 月起，公司不再提供取件物料，上门收的快件需要自行解决包装材料。"从成本考虑，我们会尽量多地回收顾客相对完好的纸箱，在打包时也会尽量少用胶带。"陈宾说，公司这一措施不仅节省成本，也更环保，让快递纸箱能够循环利用。

为解决快递包装用量激增造成的资源消耗和环境问题，近年来，国家邮政局不断推进快递业绿色发展。2019 年，实施"9571"工程，截至 2019 年底，全国电子运单使用率已达 98%、电商快件不再二次包装率已达 52%、循环中转袋使用率已达 75%、设置包装废弃物回收装置的邮政快递网点已达 3 万个。2020 年，提出邮政业力争实现"9792"目标，即："瘦身胶带"封装比例达 90%，电商快件不再二次包装率达 70%，循环中转袋使用率达 90%，新增 2 万个设置标准包装废弃物回收装置的邮政快递网点。

需上下游产业链协同配合

"其实目前大部分的快递都是电商自己包装的，快递只是贴个面单而已。"北京市朝阳区一家快递网点负责人邱先生告诉记者。

中国快递协会原副秘书长邵钟林表示，目前，我国快递包裹由电商产生的占 70% 以上。"快递包装绿色化，仅依靠快递企业远远不够。"

采访中，一家食品网店的店主告诉记者，从 2016 年开始，该店不再使用胶带包装快递纸箱，而是采用拉链式无胶带纸箱。据统计，2018 年，店铺共使用拉链纸箱 130 万个，相当于减少使用 189 万米胶带，"但成本会比普通包装贵一倍。"店主表示，成本压力下，推广环保纸箱仍有一定难度。

邵钟林表示，由于上下游链条缺乏统一的包装操作规范，导致包装选用和操作不统一、不合理，存在一定程度的过度包装和随意包装。"快递业覆盖全国全网，影响范围广，涉及的产业上下游链条很长，要推进快递包装的绿色发展，牵动的是全行业的上下游产业链，需要各行业及其监管部门共同参与。"

完善标准形成"硬约束"

记者梳理发现，国家邮政局曾于 2018 年 12 月发布《快递业绿色包装指南(试行)》，2020 年 6 月印发《邮件快件绿色包装规范》，对包裹绿色包装涉及环节作出可量化的规定。

那么，八部门此次联合印发的《指导意见》意味着什么？

邵钟林认为，邮件快件包装绿色治理工作的深入推进，对规范化、制度化和体系化的要求越来越高，《指导意见》的出台对于实现快递绿色发展意义重大。

《关于加强快递绿色包装标准化工作的指导意见》

"八部门所管辖的职责范围差不多覆盖了快递的产业上下游链条，这样就能对各个环节实行全监管，确保对所有涉及的行业都有制约作用。"邵钟林说，"这为快递产业上下游链条提供了统一的绿色包装标准。"

泰和泰律师事务所律师廖怀学认为，《指导意见》只是作为部门规范性文件，还不能设立行政许可和行政强制措施。"《指导意见》的主要目标之一是'强化快递绿色包装标准对法律政策的支撑'，推动重要快递绿色包装标准与法律法规、政策协调联动体系基本形成，以期提高快递绿色包装相关标准的法律效力。"

《快递包装绿色产品认证目录（第一批）》
《快递包装绿色产品认证规则》

资料来源：人民网。

6.5　包装技术

包装技术可分为销售包装技术和物流包装技术，在此仅讨论后者。物流包装技术又分为包括容器设计和标记技术的外包装技术，以及包括防震、防潮(水)、防锈、防虫等技术的内包装技术。

容器设计主要是容器尺寸和强度设计，标记技术是指把必要的注意事项标记在容器上的技术。以下着重介绍内包装技术。

1. 防震包装技术

防震包装技术可以防止运输中因震动或冲击而造成的物品损伤，一般情况下，采取在内包装材料中插入防震材料以吸收外部冲击力的方法。防震包装设计的主题是确定防震材料的种类和厚度。在设计上，还应该同时考虑成本问题，选择不同的材料、设计不同的衬垫形状都会影响成本。

2. 防锈包装技术

防锈包装的首选技术是使用防锈剂，防锈剂有防锈油和气化性防锈剂两类。各种防锈油是在矿物油中加入防锈漆添加剂后制成的。气化性防锈剂是一种常温下就能挥发的物质，挥发出的气体附着在金属表面，从而防止生锈。此外，还有不使用防锈剂的防锈包装技术，此处不一一做介绍。

3. 防潮包装技术

物品在流通过程中，因空气中的潮气侵蚀会变质、潮解、锈蚀、霉变。为防止上述现象的发生而使用的包装技术是防潮包装技术。防水包装技术指防止水侵入到包装物内部所采取的包装技术，可分为耐浸水包装和耐雨水、飞沫的耐散水包装两类。

防潮包装主要有两种方法：一是用透湿度低的材料包装；二是控制包装容器内的湿气。在防潮、防水材料中，有在纸等纤维材料上进行防潮加工的纸系材料，还有塑料薄膜及铝箔等。不同材料的透湿率是不同的，铝箔最小，小于 7，塑料薄膜次之，纸类最大。控制包装内湿气的方法主要还是使用干燥剂，有化学干燥和物理干燥两类，用于包装的主要是物理干燥。

6.5.1 真空包装与充气包装技术

1. 真空包装技术

真空包装技术是在容器封口之前抽成真空，使密封后的容器内基本没有空气的一种包装技术方法。目的是避免或减少氧化，抑制某些霉菌和细菌的生长。

2. 充气包装技术

充气包装技术也就是所谓的气体置换包装，是采用不活泼气体(氮气、二氧化碳等)置换包装容器中空气的一种包装技术。目的是通过改变密封容器中气体的组成成分，降低氧气的浓度从而抑制微生物的活动，达到防霉、防腐和保鲜的目的。

1) 气调包装定义

国际上将通过改变食品周围环境气氛(空气)达到防腐保鲜目的的包装技术都称为气调包装(modified atmosphere packaging / controlled atmosphere packaging，MAP / CAP)。

2) 食品气调包装

➢ 真空包装：要求残氧含量达到 0.5%～1%以下。

➢ 充氮包装：抽真空充入氮气后进一步稀释氧，降低残氧量。

➢ 充入保护气体包装：取代空气使食品防腐保鲜。

➢ 封入吸氧剂或二氧化碳/乙烯发射剂的包装：降低氧和产生气调。

3) 充混合气体的气调包装技术保鲜的基本原理

根据食品防腐保鲜特点，用不同气体组成的保护气体取代空气，抑制微生物繁殖、保持新鲜色泽和降低植物呼吸速度，达到延长食品防腐保鲜期的目的。

4) 常用气体种类及其特性

(1) CO_2(二氧化碳)

抑菌范围：抑制大多数需氧腐败菌和霉菌，不能抑制厌氧腐败菌和酵母。

抑菌特点：最低 CO_2 抑菌浓度 20%～25%、浓度高则抑菌效果高，但对产品风味有影响。

缺点：易溶解食品中的水分和脂肪并渗出汁液、易渗出塑料膜造成包装坍落。

(2) O_2(氧气)

抑菌范围：抑制厌氧菌生长繁殖，维持新鲜果蔬需氧呼吸的新陈代谢活动。

抑菌特点：高氧(>60%)可保持猪、牛、羊红色肉类的亮红色色泽；高氧(>40%)能抑制细菌和霉菌，防鲜切蔬菜褐变。

缺点：引起食品油脂氧化酸败，有助于需氧菌繁殖。

(3) N_2(氮气)

抑菌特点：置换空气延缓食品氧化反应；混合气体的充填气体；防止因 CO_2 渗出造成的包装坍落。

除了以上常用气体(CO_2、O_2、N_2)，还有其他气体：Ar(氩气)、NO_2(二氧化氮)、CO(一氧化碳)、SO_2(二氧化硫) 等用于食品气调包装。

5) 保护气体组成

空气组成：$21\%O_2+78.97\%N_2+0.03\%CO_2$(V/V%)(其中 V 为体积。)

保护气体根据食品类型和保鲜要求由两种或三种气体以不同的气体百分比混合成混合气体，气体配比以体积百分比表示，如：

➢ $5\%O_2+90\%N_2+5\%CO_2$(V/V%)；

➢ $40\%N_2+60\%CO_2$(V/V%)；

➢ $30\%N_2+70\%O_2$(V/V%)。

6.5.2 收缩包装与拉伸包装技术

1. 收缩包装技术

收缩包装技术是用收缩薄膜将欲包装物品裹包,然后对收缩薄膜进行有关处理(如适当加热处理，使薄膜收紧且紧贴于物品)的包装技术方法。其作用主要有两方面，一是使内装物品形体突出，形象鲜明，质感好，有利于销售；二是有利于提高装卸搬运效率，如使用收缩包装技术把物品固定于托盘上，不仅有利于提高物流过程的效率，而且方便保管与使用。

2. 拉伸包装技术

拉伸包装技术是用机械装置在常温下将弹性薄膜拉伸后，将待包装件紧裹的一种包装技术方法。这种方法也可提高物流效率、方便仓储与使用。

6.5.3 现代集合包装技术

1. 集合包装

集合包装是指将若干包装件或商品组合在一起形成一个适合运输的单元。集合包装能促使装卸合理化及包装合理化；方便运输和保管作业，可有效利用运输工具和保管场地的空间，改善了环境。

集合包装主要以集装箱为主，可以将装满货物的托盘和集装容器、集装货捆在一起装进大型的集装箱内，以便搬运、装卸和运输。

托盘包装，是为了有效地装卸、运输、保管，将其按一定的数量组合放置于一定形状的台面上，这种台面有供叉车从下部叉入并将台板托起的叉入口。这种基本结构的平面台板和在这种基本结构基础上所形成的各种形式的集装器具都属于托盘包装。

集装箱包装，是一种用于货物运输、便于用机械装卸的集合包装容器。集装箱是一个大型包装箱，具有安全、迅速、简便、节省等优点，是一种较好的运输方式。

2. 缠绕包装

缠绕包装技术是近年来在运输包装领域涌现出来的一种现代化的新技术，是推进集装化运输和物流产业化的基础。它采用特定配方与工艺技术制成的缠绕拉伸薄膜，通过应用先进电子技术和精湛的机械制造工艺制成缠绕包装机，将各种外形规则或不规则的产品包裹成一个整体，使货物能受到保护，防止擦伤、碰伤、破损、散失，减少因包装不善带来的经济损失。

缠绕包装技术具有以下优势。

(1) 防晒、防水、防潮、防盗、保持货物(产品)清洁的作用，有效地保证货物(产品)在运输和仓储过程中不改变物理、化学性能，不降低使用价值。

(2) 提高单元载荷率，提高装卸、运输作业效率。

(3) 保证装卸人员、运输工具的安全，是发展集装化运输和物流产业的基础。

(4) 可使货物(产品)包装美观、漂亮，提高产品档次。

(5) 大大降低货物(产品)的包装费用，提高工业企业和物流企业的经济效益。

3. 危险品包装技术及其他

1) 危险品包装技术

危险品包装技术就是按照危险品的性质、特点，根据有关法令、标准和规定专门设计的包装技术与方法。危险品的运输包装上必须标明不同性质、类别的危险货物标志及装卸、搬运的要求标志。

对于易燃易爆物品，如过氧化氢有强烈的氧化性，遇到微量不纯物质或受热，就会急剧分解引起爆炸，要使用防爆包装技术。防爆包装方法是先用塑料桶包装，然后将塑料桶装入铁桶或木箱中。防爆包装每件净重不超过 50 千克，并有自动放气的安全阀，当桶内的压力达到一定气体压力时能自动放气。

对于腐蚀性物品，要注意避免物品与包装容器的材料发生化学作用。如金属类的包装容器，要在容器内壁涂上涂料，防止腐蚀。

对有毒物品防毒的主要措施是严密包装，使其不透气。包装上要有明显的有毒标志，并标明装卸、搬运的要求。

2) 防虫害等包装技术

该包装方法是在包装主物品时，放入一定量的驱虫剂以达到防虫害的目的。包装物品的容器也应当做防虫处理。例如，竹片或条筐必须经过消毒或熬煮，所用浆糊应加放防腐剂，防止害虫滋生，注意不要让处理包装材料的药剂与所包装的物品直接接触。

6.6　包装合理化

6.6.1　包装合理化要素

包装合理化一方面包括包装总体的合理化，这种合理化往往用整体物流效益与微观包装效益的统一来衡量，另一方面也包括包装材料、包装技术、包装方式的合理组合及运用。

包装合理化的三要素如下。

1. 防止包装不足

包装不足指的是以下几个方面。

(1) 包装强度不足。致使包装防护性不足，造成被包装物的损失。

(2) 包装材料水平不足。由于包装材料选择不当，材料不能很好地承担运输防护及促进销售的作用。

(3) 包装容器的层次及容积不足。缺少必要层次或所需体积不足，从而造成损失。

(4) 包装成本过低，不能保证有效的包装。

由于包装不足造成的主要问题是在流通过程中的损失及促销能力的降低。这一点不可忽视。我国曾经举行过全国包装大检查，经过统计分析，认定由于包装不足引起的损失，一年达 100 亿元以上。

2. 防止包装过剩

包装过剩指的是以下几个方面。

(1) 包装物强度设计过高。如包装材料截面过大，包装方式大大超过强度要求等，从而使包装防护性过高。

(2) 包装材料选择过高。如可以用纸板却不用而采用镀锌、镀锡材料等。

(3) 包装技术过高。包装层次过多，包装体积过大。

(4) 包装成本过高。一方面可能使包装成本支出大大超过减少损失可能获得的效益，另一方面包装成本在商品成本中比重过高，损害了消费者利益。

包装过剩所造成的浪费不可忽视，因为对于消费者而言，购买的主要目的是内装物的使用价值，包装物大多作为废物丢弃。此外，过重、过大的包装，有时适得其反，反而会降低促销能力，所以也不可取。根据日本的调查，目前发达国家包装过剩问题很严重，其比例约占20%以上。

在网络经济时代，由于现代物流技术，尤其是集装箱技术的广泛采用，包装不足已经不是主要问题，未来的主要问题是包装过剩问题，包装过剩占用了过多的物流成本。

3. 从物流管理角度，用科学的方法确定最优包装

由于物流诸因素是可变的，因此，包装也是不断发生变化的。

物流对包装的影响如下。

(1) 确定包装形式、选择包装方法，都要与物流诸因素的变化相适应。

(2) 在确定包装时，必须对保管的条件和方式有所了解。例如，采用高垛，就要求包装有很高的强度，否则就会压坏。如果采用低垛或料架保管，包装的强度就可以相应降低，以节约资源，降低费用。

(3) 输送工具类型、输送距离长短、道路情况都对包装有影响。例如，道路情况比较好的短距离汽车输送，就可以采用轻便的包装。同一种产品，如果进行长距离的车船联运，就要求采用严密、厚实的包装。

6.6.2　包装合理化的途径

现代企业包装合理化的途径有以下 5 种。

1. 包装的轻薄化

由于包装只是起保护作用，对产品使用价值没有任何意义，因此，在强度、寿命、成本相同的条件下，更轻、更薄、更短、更小的包装，可以提高装卸、搬运的效率。而且轻、薄、短、小的包装一般价格比较便宜，如果用作一次性包装还可以减少废弃包装材料的数量。

2. 包装的单纯化

为了提高包装作业的效率，包装材料及规格应力求单纯化和标准化，包装形状和种类也应单纯化。

3. 包装的标准化

包装的规格和托盘、集装箱关系密切，因此应考虑到包装与运输车辆、搬运机械的匹配，从系统的观点制定包装的尺寸标准，协调包装模数与物流模数。物流模数是指以模数包装最大设计尺寸为基础，研究有关的托盘、集装箱等集器器具，铁路货车、轮船和飞机等运载工具及起重机、叉车、搬运车等装卸搬运机械的模数，以便与包装模数相互配合和相互协调。包装模数与物流模数的协调有利于运输和保管，提高物流的运作效率。

4. 包装的机械化

为了提高作业效率和包装的现代化水平，各种包装机械的开发和应用是很重要的。

5. 包装的集装化

包装的集装化有利于物流系统在装卸、搬运、保管等过程的机械化；有利于加快这些环节的作业速度，满足顾客对时间的要求；有利于减少单位包装，节约包装费用；有利于对商品的保护。现代企业要特别注重对包装集装化的运用，以提高物流效率。

6. 包装的绿色化

绿色包装是指无害、污染少的、符合环保要求的各类包装物品，主要包括纸包装、可降解塑料包装、生物包装和可食用包装等，这是包装合理化发展的主流趋势。

采用通用包装，按标准模数尺寸用瓦楞纸、纸板、木材和塑料制造通用外包装箱，不用专门安排回返使用，由于其通用性强，无论在何处都可转用于其他包装。有一定数量规模并有固定供应流转渠道的商品，可采用周转包装，多次反复周转使用。

6.6.3　包装设计合理化

包装设计需要运用专门的设计技术，将物流需要、加工制造、市场营销及产品设计等要求综合起来考虑，尽可能满足多方面的需要，当然这是很难的。由于在此讨论的是物流包装，因此，设计中考虑的首要因素是对货物的保护功能。包装设计基本上决定了货物的保护程度。包装设计不能忽视费用问题，过度的包装会增加包装费用，包装设计应正好符合保护货物的要求；包装的尺寸大小会影响运输工具和仓库容积的使用率，这也是一个影响费用的重要因素。

6.7　包装标准

6.7.1　包装标准的构成

包装标准是为了取得物品包装的最佳效果，根据包装的科学技术和实际经验，以物品的种类、性质、质量为基础，在有利于物品生产、流通安全和厉行节约的原则上，经有关部门充分协商并经一定审批程序，而对包装的用料、结构造型、容量、规格尺寸、标志，以及盛装、衬垫、封贴和捆扎方法等方面所做的技术规定，从而使同种、同类物品所用的包装逐渐趋于一致和优化。

由于包装标准是国家的技术法规，因而具有权威性和法制性。因此，一经批准颁发的包装标准，无论是生产、使用的企业单位还是管理部门都必须严格执行，不得更改。

包装标准可以分为以下 5 类。

第一类是包装基础标准和相关标准。包装基础标准是包装的最基本的标准，具有广泛的使用性。它包括包装术语、包装尺寸系列、包装标志和运输包装基本试验四大类。相关标准主要由包装管理标准、集装箱与托盘标准、运输储存条件标准构成。

第二类是包装的材料与试验方法标准。包装材料与试验方法标准对各类材料及包装辅助材料均规定了不同的技术质量指标，以及相应的物理指标、化学指标、具体的试验测定和卫生标准及检验方法。

第三类是包装容器及试验方法的标准。不同的包装材料所制成的各种容器，或用同一材料包装不同的物品容器，以及试验方法的技术指标、质量要求、规格容量、形状尺寸、性能测试方法等都有具体的规定。

第四类是包装技术标准。包装技术对各种防护技术的防护等级、技术要求、检验规则、材料选择、防护药剂、防护方法、防护性能试验等都有明确的规定。

第五类是产品包装标准。产品包装标准是对某一具体的产品的包装用料要求、包装技术、包装含量、包装标志、容器形状、充填要求、捆扎方法等的具体规定。

6.7.2　包装标准化的管理

包装标准化是以制定、贯彻和修改包装标准为主要内容的规范包装技术和生产的全过程，是根据科学技术的发展对包装标准不断完善、补充、提高，并在生产、流通、技术管理各环节中定型化、规范化、系列化、标准化、科学化地推行包装标准的全部活动。

包装标准化一般可以分为两类，即包装的系列化和包装的通用化。包装系列化是物品本身的系列化和为了销售方便、适应消费习惯的需要而存在的，一种物品存在几种规格型号，相应地就存在几种规格的包装。包装的通用化，即要求一种包装容器的设计，不仅能适应一种物品的需要，而且能够尽可能地在不同物品之间通用。

1) 包装模数问题

包装模数是关于包装基础尺寸的标准化及系列尺寸选定的一种规定。包装模数标准确定之后，各种进入流通领域的商品便须按模数规定的尺寸进行包装，按模数包装之后，各种包装货物可以按一定规定随意组合，这就有利于小包装的集合，有利于集装箱用托盘装箱、装盘。包装模数如能和仓库设施、运输设施尺寸模数统一化，也有利于运输和保管。

包装模数尺寸的标准化有一定的局限性,大部分工业产品,尤其是散杂货可以实现包装标准化,有些产品则无法实现其标准化。

2) 包装管理最优化问题

随着包装技术、包装材料、运输方式的进步和自然环境的变化,企业应该随之变化,正确地确定包装形式、选择包装方法,以适应物流因素的变化。在确定包装时,必须针对企业不同的装卸、保管和运输的条件及其方式来确定最优化包装。

6.8 包装装备

包装机械是随着新包装材料的出现和包装技术的不断革新而发展的。1861 年德国建立了世界上第一个包装机械厂,并于 1911 年生产了全自动成形充填封口机。1890 年美国开始生产液体灌装机,1902 年又生产了重力式灌装机。20 世纪初,英国的杜兰德采用金属容器保存食物,从而出现各种罐头包装食品。

包装机械的基本结构主要由七种装置组成:进给机构、计量装置、传动机构、输送装置、动力部件、控制系统和机身与操作系统。

(1) 进给机构:主要用于被包装产品和包装材料及容器的进给。

(2) 计量装置:在物料供送前或供送过程中,通过计量装置进行计量。

(3) 传动机构:起着动力传送的作用,直接驱动各执行机构运动,完成包装作业,在包装机械中占有重要地位。

(4) 输送机构:将包装物品和已经包装好的产品,从一个工位送到另一个工位上,以致最后把包装制品输送入库。

(5) 动力部件:最常见的动力部件是电动机。

(6) 控制系统:按照控制对象状态的不同,可分为流体自动化控制和机械自动化控制;其中,流体控制是利用流体的各种控制元件(各种阀、缸等)及装置,组成控制回路,来进行自动控制的;机械控制借助的是机械零件和机械设备进行控制。

(7) 机身与操作系统:机身主要用来安装包装机械的部件和设备,操作系统用于对设备进行操作和控制。

采用物流包装设备可以提高劳动生产率,确保包装质量,降低劳动强度,改善劳动条件和降低包装成本,减少流通费用。包装过程包括充填、裹包、封口等主要工序,以及与其相关的前后工序,如清洗、堆码和拆卸等。根据包装的程序,包装机械可分为填充机械、灌装机械、封口机械、裹包机械、贴标机械、捆扎机械、封箱机械及清洗机、干燥机、杀菌机等辅助设备。

6.8.1 填充机械

填充机械是将包装物料按预定量填充到包装容器内的填充设备。一般由计量装置、充填装置和封口装置等几部分组成。根据计量方式的不同,可分为:①计数式充填机(见图 6-3),常用多孔转盘对粒状或块状的产品进行定量计数,有单件计数与多件计数之分;②容积式

图 6-3 计数式充填机

充填机(见图 6-4)，对粉状、颗粒状、液体、膏体等形式的物料以一定容积的装置进行计量和充填，又分为量杯式、插管式、柱塞式、螺杆式、料位式、定时式等几种；③称重式充填机(见图 6-5)，利用称重方法进行计量，常用于计量精度要求较高的粉粒状物料，又有动态称量、静态称量、间歇称量和连续称量之分。

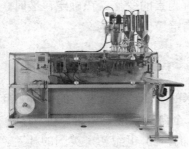

图 6-4　容积式充填机

图 6-5　电子称重式定量充填机

6.8.2　灌装机械

灌装机械指的是将液体产品按预定量灌注到包装容器内的设备。从生产的自动化程度来讲分为半自动灌装机和全自动灌装生产线；从对物料的包装角度可分为液体灌装机、膏体灌装机、粉剂灌装机、颗粒灌装机。近年来，随着食品的 QS 认证，食用油的厂家已经开始注重产品质量和包装，所以油类灌装机在灌装机中地位凸显。

图 6-6 所示的自动液体灌装机适用于食品原料、涂料、油漆、助剂、甘油、机油、固化剂、清洗剂、防冻剂、染料等食品化工、工业化工行业。

图 6-7 所示的膏体灌装机适用于化工、食品、日化、药品、农药、润滑油等行业的液体、膏体等物质的定量灌装。

图 6-6　自动液体灌装机

图 6-7　膏体灌装机

图 6-8 所示的粉剂灌装机主要用于农药、兽药、预混料、添加剂、奶粉、淀粉、调味品、酶制剂、饲料等粉剂状、颗粒状物料的定量包装。

图 6-9 所示的颗粒灌装机适用于医药、日化、食品、农药及特殊行业的颗粒浆状流体充填。

图 6-8　粉剂灌装机

图 6-9　颗粒灌装机

6.8.3　封口机械

封口机械是医药、农药、食品、化妆品、润滑油等行业理想的封口设备。图 6-10 为一种全自动铝箔封口机，该设备为全不锈钢模具成型外壳，可根据用户要求定做水冷式、风冷式机；可与自动流水线配套生产或独立工作。

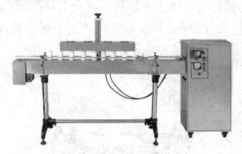
图 6-10　铝箔封口机

6.8.4　裹包机械

裹包机械广泛应用于外贸出口、家具、电子电器产品、食品饮料、印刷造纸、制瓶、玻璃、陶瓷、工艺品、半成品周转及参展物品/机械的中转等行业，具有性能稳定、操作简单、使用可靠等特点。

图 6-11 为一种半自动拉伸薄膜缠绕机。该设备以拉伸膜/缠绕膜为包装材料，应用于托盘/栈板包装，采用缠绕方法对各种规则或不规则的商品进行包装，利用拉伸膜的回缩性和自粘性将货物和托盘束缚成整体，起到固定的作用，因而货物不会发生散包和倒塌现象。缠绕包装还能对货物起到防尘、防潮、防破损的作用，特别适用于大量快速运输或储存、捆扎纸箱、瓶装物品或大件货品，同时减轻了劳动强度，提高了工作效率，是现代企业产品包装的理想设备。

图 6-11　半自动拉伸薄膜缠绕机

6.8.5　贴标机械

贴标机械主要用于两面贴标，医药、食品、润滑油、化妆品等行业常使用贴标机械对两个对应表面进行贴标。目前市场上提供了多种贴标机械，主要有扁瓶贴标机、单面贴标机、侧面贴标机、洗发水瓶贴标机、不干胶贴标机、自动贴标机、全自动贴标机、两面贴标机等。图 6-12 为不干胶自动贴标机。

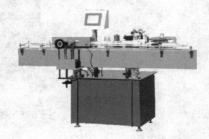

图 6-12　不干胶自动贴标机

6.8.6　捆扎机械

捆扎机械广泛应用于食品、医药、五金、化工、服装、邮政等行业，适用于纸箱打包、纸张打包、包裹信函打包、药箱打包、轻工业打包、五金工具打包、陶瓷制品打包、汽车配件打包、日化用品打包、文体用品打包、器材打包等各种大小货物的自动打包捆扎。图 6-13 为自动打包机。

图 6-13　自动打包机

6.8.7　封箱机械

封箱机械具有自动封箱、自动捆扎、光电感应、精确无误、自动输送、自动转向等功能，可调节打包距离。图 6-14 为封箱机。

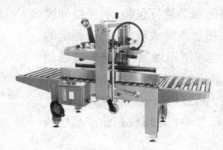

图 6-14　封箱机

6.8.8　喷码机

喷码机广泛应用于食品、饮料、化工、建材、制药和塑胶等行业，可根据需要喷印中文、英文、数字、日期、批号等信息。图 6-15 为激光喷码机。

图 6-15　激光喷码机

6.8.9　包装辅助设备

包装辅助设备主要包括清洗机、干燥机、杀菌机等。清洗机(见图 6-16)是指对包装容器、包装材料、包装物、包装件进行清洗以达到预期清洁度要求的机器。主要包括干式清洗机、湿式清洗机、机械式清洗机、电解清洗机、电离清洗机、超声波清洗机、组合式清洗机等。干燥机(见图 6-17) 是指对包装容器、包装材料、包装辅助物及包装件上的水分进行去除，并进行预期干燥的机器。主要包括热式干燥机、机械干燥机、化学干燥机、真空干燥机等。杀菌机(见图 6-18)是指对产品、包装容器、包装材料、包装辅助物及包装件上的有害生物进行灭杀，使其降低到允许范围内的机器。主要包括高温杀菌机、微波杀菌机等。

图 6-16　清洗机

图 6-17　干燥机

图 6-18　杀菌机

本章小结

本章主要介绍了物流包装的技术与装备。首先介绍了什么是包装，包装的功能及其类型；然后介绍了在物流包装中常见的包装材料，如木质包装、纸质包装、金属包装等；接下来列举了常见的包装技术，如防霉、防震、防潮等技术；又介绍了包装合理化及其途径，分析了目前的包装标准；最后详细介绍了在包装中常见的装备，如裹包机械、封口机械、捆扎机械、贴标机械、封箱机械等。

 思考题

1. 什么是包装？
2. 包装具有哪些功能？
3. 请列举常见的包装类型。
4. 包装中常见的材料有哪些？
5. 常见的包装技术有哪些？
6. 如何进行包装合理化？
7. 常见的包装机械有哪些？

第7章
流通加工技术与装备

🎯 **学习目标**

通过本章的学习，应该掌握流通加工的概念、特点和作用，掌握流通加工的类型及流通加工的合理化，了解常见的流通加工装备，了解绿色流通加工的概念。

🔍 **核心要点**

- 流通加工的概念和特点。
- 流通加工的地位和作用。
- 流通加工的类型。
- 流通加工的合理化。
- 流通加工的技术装备。
- 绿色流通加工。

7.1 流通加工概述

流通加工是流通中的一种特殊形式。流通加工功能是在物品从生产领域向消费领域流动的过程中，为了促进产品销售、维护产品质量和实现物流高效化，对物品进行加工处理，使物品发生物理或化学变化的功能。这种在流通过程中对商品进一步地辅助性加工，可以弥补企业、物资部门、商业部门生产中加工程度的不足，从而更有效地满足用户的需求，更好地衔接生产和需求环节，使流通过程更加合理化，是物流活动中一项重要的增值服务，也是现代物流发展的一个重要趋势。

总体来讲，流通加工在流通中仍然和流通总体一样起"桥梁和纽带"作用。但是，它却不是通过"保护"流通对象的原有形态来实现这一作用的，而是和生产一样通过改变或完善流通对象的原有形态来实现。流通加工和一般的生产型加工在加工方法、加工组织、生产管理方面并无显著区别，但在加工对象、加工程度方面差别较大。流通加工是为了消费(或再生产)所进行的加工，这一点与商品生产有共同之处。

商品流通是以货币为媒介的商品交换，它的重要职能是将生产及消费(或再生产)联系起来，起到"桥梁和纽带"的作用，完成商品所有权利和实物形态的转移。因此，流通与流通对象的关系，一般不是改变其形态而创造价值，而是保持流通对象的已有形态，完成空间的转移，实现其时间效用及场所效用。

流通加工的内容有装袋、定量化小包装、拴牌子、贴标签、配货、挑选、混装、刷标记等。通过流通加工，可以进行初级加工，方便用户；提高原材料利用率；提高加工效率及设备利用率；充分发挥各种运输手段的最高效率；改变品质，提高收益。

流通加工的出现并非一日而成，而是包含了多种因素，主要包括以下几个方面。

1. 流通加工的出现与现代生产方式有关

现代生产发展的趋势之一就是生产规模大型化、专业化，依靠单品种、大批量的生产方法降低生产成本获取规模经济效益，这样就出现了生产相对集中的趋势。这种规模的大型化、生产的专业化程度越高，生产相对集中的程度也就越高。生产的集中化进一步引起产需之间的分离，产需分离表现在空间、时间及人的分离，即生产和消费不在同一个地点，而是有一定的空间距离；生产及消费在时间上不能同步，而是存在着一定的"时间差"；生产者及消费者不是处于一个封闭的圈内，某些产品供给成千上万人消费，而某些消费的产品又来自其他许多生产者。弥补上述分离的手段则是运输、储存及交换。

近年来，人们进一步认识到，现代生产引起的产需分离并不局限于上述三个方面。第四种重大的分离就是生产及需求在产品功能上的分离。尽管"用户第一"等口号成了许多生产者的主导思想，但是生产毕竟有生产的规律，尤其在强调大生产的工业化社会，大生产的特点之一就是"少品种、大批量、专业化"，产品的功能(规格、品种、性能)往往不能和消费需要密切衔接。弥补这一分离的方法就是流通加工。所以，流通加工的诞生实际上是现代生产发展的一种必然结果。

2. 流通加工不仅是大工业的产物，也是网络经济时代服务社会的产物

流通加工的出现与现代社会消费的个性化有关。消费的个性化和产品的标准化之间存在着一定的矛盾，使本来就存在的产需第四种形式的分离变得更加严重。本来，弥补第四种分离可以采取增加一道生产工序或消费单位加工改制的方法，但因个性化问题日益突出，采取上述弥补措施将会使生产及生产管理的复杂性和难度增加，按个性化需求生产的产品难以组织高效率、大批量的流通。所以，消费个性化的新形势及新观念就为流通加工开辟了道路。

3. 流通加工的出现还与人们对流通作用的观念转变有关

在社会再生产全过程中，生产过程是典型的加工制造过程，是形成产品价值及使用价值的主要过程，再生产型的消费究其本质来看也和生产过程一样，通过加工制造消耗了某些初级产品而生产出深加工产品。在过去生产不太复杂、生产规模不大的时期，所有的加工制造几乎全部集中于生产及再生产过程中，而流通过程只是实现商品价值及使用价值的转移而已。

在社会生产向大规模生产、专业化生产转变之后，社会生产越来越复杂，生产的标准化和消费的个性化出现，生产过程中的加工制造常常满足不了消费的要求。而由于流通的复杂化，生产过程中的加工制造也常常无法满足流通的要求。于是，加工活动开始部分地由生产及再生产过程向流通过程转移，在流通过程中形成了某些加工活动，这就是流通加工。

流通加工的出现使流通过程明显地具有某种"生产性"，改变了长期以来形成的"价值及使用价值转移"的旧观念，这就从理论上明确了：流通过程从价值观念来看是可以主动创造价值及使用价值的，而不单是被动地"保持"和"转移"的过程。因此，人们必须

研究流通过程中孕育着多少创造价值的潜在能力，这就有可能通过努力在流通过程中进一步提高商品的价值和使用价值，并且以很小的代价实现这一目标。这样，就引起了流通过程从观念到方法的巨大变化，流通加工则适应这种变化而诞生。

4. 效益观念的树立也是促使流通加工形式得以发展的重要原因

20 世纪 60 年代后，效益问题逐渐引起人们的重视，过去人们盲目追求高技术，引起了燃料、材料投入的大幅度上升，结果虽然采用了新技术、新设备，但往往是得不偿失。70 年代初，第一次石油危机的发生证实了效益的重要性，使人们牢牢树立了效益观念。流通加工可以以少量的投入获得很好的效果，是一种高效益的加工方式，自然获得了很好的发展。所以，流通加工从技术上来讲，可能不需要采用什么先进技术，但是却在现代的社会再生产过程中起着重要的作用。

■ 阅读材料 7-1　流通加工中的延迟

流通加工是在需求地通过简单装配、分割、包装、冠以商标、重量等作业而形成终产品，是制造在流通领域的延续和终结。流通加工改变产品的形体，创造产品的形体价值。流通加工在运输、物料处理方面的作用不言而喻，因为有些成品的性质和特征是不方便集装箱运输的，物料处理效率很低，或者它们空间利用率很低，所以把一部分制造工序留到消费地来完成。例如，自行车、电动助力车、家具等。成形的自行车和家具是不利于集装运输的，因为他们或是外形不规则或是占用太大的空间，但他们的散件可以实施集装运输和大批量物料处理，规模效益是相当明显的。在流通加工中考虑应用延迟策略，待接到客户订单后立即开始装配、分拨等作业。这样，在供应地到需求地之间实现规模运输，在消费地完成流通加工，满足了客户多样化的需求，可谓一箭三雕。

7.2　流通加工的概念、特点和作用

7.2.1　流通加工的概念

我国国家标准《物流术语》中对流通加工的定义是：物品在从生产地到使用地的过程中，根据需要施加包装、分割、计量、分拣、刷标志、拴标签、组装等简单作业的总称。

流通加工是为了提高物流速度和物品的利用率，在物品进入流通领域后，按客户的要求进行的加工活动，即在物品从生产者向消费者流动的过程中，为了促进销售、维护商品质量和提高物流效率，对物品进行一定程度的加工。流通加工通过改变或完善流通对象的形态来实现"桥梁和纽带"的作用，因此流通加工是流通中的一种特殊形式。随着经济增长，国民收入增多，消费者的需求出现多样化，促使在流通领域开展流通加工。目前，世界许多国家和地区的物流中心或仓库经营中都大量存在流通加工业务，日本、美国等物流发达国家则更为普遍。流通加工与生产的关系如图 7-1 所示。

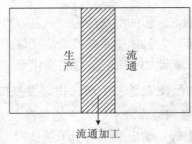

流通加工

图 7-1   流通加工与生产的关系

7.2.2   流通加工的内容

流通加工的内容主要包括以下几个方面。

1. 食品的流通加工

为便于保存，提高流通效率，食品的流通加工是不可缺少的。如鱼和肉类的冷冻，生奶酪的冷藏，将冷冻的鱼肉磨碎及蛋品加工，生鲜食品的原包装，大米的自动包装，上市牛奶的灭菌和摇匀等。

2. 消费资料的流通加工

消费资料的流通加工以服务顾客、促进销售为目的。例如，衣料品的标识和印商标，粘贴标价，安装做广告用的幕墙，家具等的组装，地毯剪接等。

3. 生产资料的流通加工

具有代表性的生产资料加工是钢铁的加工：钢板的切割，使用矫直机将薄板卷材展平，纵向切割薄板卷材，使之成为窄幅(钢管用卷材)，用气割厚板，切断成形钢材。这种加工以适应顾客需求的变化、服务顾客为目的。

流通加工不仅能够提高物流系统效率，对于生产的标准化和计划性，对于提高销售效率，提高商品价值，促进销售将越来越重要。

7.2.3   流通加工的特点

与生产加工相比较，流通加工具有以下特点。

(1) 从加工对象看，流通加工的对象是进入流通过程的商品，具有商品的属性，以此来区别多环节生产加工中的一环。流通加工的对象是商品，而生产加工的对象不是最终产品，而是原材料、零配件或半成品。

(2) 从加工程度看，流通加工大多是简单加工，而不是复杂加工。一般来讲，如果必须进行复杂加工才能形成人们所需的商品，那么这种复杂加工应该专设生产加工过程。生产过程理应完成大部分加工活动，流通加工则是对生产加工的一种辅助及补充。特别需要指出的是，流通加工绝不是对生产加工的取消或代替。

(3) 从价值观点看，生产加工的目的在于创造价值及使用价值，而流通加工的目的则在于完善其使用价值，并在不做大的改变的情况下提高价值。

(4) 从加工责任人看，流通加工的组织者是从事流通工作的人员，能密切结合流通的需要进行加工活动。从加工单位来看，流通加工由商业或物资流通企业完成，而生产加工则由生产企业完成。

(5) 从加工目的看，商品生产是为交换、消费而进行的生产，而流通加工是为消费(或再生产)所进行的加工，这一点与商品生产有共同之处。但是流通加工有时候也是以自身流通为目的，纯粹是为流通创造条件，这种为流通所进行的加工与直接为消费进行的加工在目的上是有区别的，这也是流通加工不同于一般生产加工的特殊之处。

7.2.4　流通加工的地位和作用

1. 流通加工在物流中的地位

1) 流通加工有效地完善了物流

流通加工在实现时间、场所两个重要效用方面，确实不能与运输和储存相比，因而，不能认为流通加工是物流的主要功能要素。流通加工的普遍性也不能与运输、储存相比，流通加工不是所有物流中必然出现的。但这绝不是说流通加工不重要，实际上它也是不可轻视的，是起着补充、完善、提高、增强作用的功能要素，它能起到运输、储存等其他功能要素无法起到的作用。所以，流通加工的地位可以描述为提高物流水平、促进流通向现代化发展的不可缺少的形态。

2) 流通加工是物流中的重要利润来源

流通加工是一种低投入、高产出的加工方式，往往以简单加工解决大问题。实践证明，有的流通加工通过改变包装使商品档次跃升而充分体现其价值，有的流通加工将产品利用率一下子提高 20%～50%，这是采取一般方法提高生产率所难以实现的。根据我国近些年的实践，流通加工仅就向流通企业提供利润一点，其成效并不亚于从运输和储存中挖掘的利润，是物流中的重要利润来源。

3) 流通加工在国民经济中也是重要的加工形式

在整个国民经济的组织和运行方面，流通加工是其中一种重要的加工形态，对推动国民经济的发展及完善国民经济的产业结构和生产分工有一定的意义。

2. 流通加工的作用

1) 提高原材料利用率

利用流通加工环节进行集中下料，是将生产厂直运来的简单规格产品，按使用部门的要求进行下料。例如，将钢板进行剪板、裁切；把钢筋或圆钢裁制成毛坯；将木材加工成各种长度及大小的板材、方材等。集中下料可以优材优用、小材大用、合理套裁，有很好的技术经济效果。北京、济南、丹东等城市通过对平板玻璃进行流通加工(集中裁制、开片供应)，使玻璃利用率从 60%左右提高到 85%～95%。

2) 进行初级加工，方便用户

用量小或临时需要的使用单位，缺乏进行高效率初级加工的能力，依靠流通加工使用单位可省去进行初级加工的投资、设备及人力，从而搞活供应。目前发展较快的初级加工有：将水泥加工成生混凝土，将原木或板方材加工成门窗，冷拉钢筋及冲制异型零件，钢板预处理、整形、打孔等加工。

钢材剪切中心的出现，使钢材用户可节省其对有关加工设备的投资和劳务安排。尤其在使用量不多的钢材用户，自己加工钢材，其加工成本比钢材剪切中心高很多。而通过钢材剪切中心，用户可得到相应的质量保证，并可享受剪切中心的"JIT"(适时供货)服务，从而减少钢材积压。目前许多行业都需要剪切中心的配送服务，如家电产品生产厂家及其零部件生产厂家、汽车制造厂家及其零部件生产厂家、办公设备和办公家具生产厂家及其零部件生产厂家、轻型型钢和钢管制造厂家等。而剪切中心所能加工的钢材种类正是这些制造厂家所需要的原材料。

3) 提高加工效率及设备利用率

建立集中加工点，可以采用效率高、技术先进、加工量大的专门机具和设备，这样就提高了加工效率和设备利用率。

7.3 流通加工的类型

流通加工有以下 10 种类型。

1. 为弥补生产领域加工不足所进行的深加工

有许多产品在生产领域只能加工到一定程度，这是由于许多限制因素使生产领域不能完全实现终极的加工。例如，钢铁厂的大规模生产只能按标准规定的规格生产，以使产品有较强的通用性，使生产能有较高的效率和效益；木材如果在产地完成成材加工或制成木制品的话，就会给运输造成极大的困难，所以原生产领域只能加工到圆木、板方材这个程度，进一步地下料、切裁、处理等加工则由流通加工完成。这种流通加工实际是生产的延续，是生产加工的深化，对弥补生产领域的加工不足有重要意义。

2. 为满足需求的多样化所进行的服务性加工

从需求角度看，需求存在着多样化和变化两个特点，为满足需求的多样化，用户经常自己设置加工环节，例如，生产消费型用户的再生产往往从原材料初级处理开始。就用户来讲，现代生产的要求是生产型用户能尽量减少流程，尽量集中力量从事较复杂的、技术性较强的劳动，而不愿意将大量初级加工包揽下来。这种初级加工带有服务性，由流通加工来完成，生产型用户便可以缩短自己的生产流程，使生产技术密集程度提高。对一般消费者而言，则可省去烦琐的预处置工作，而集中精力从事较高级、能直接满足需求的劳动。

3. 为保护产品所进行的流通加工

在物流过程中，直到用户投入使用前都存在对产品的保护问题，因此要防止产品在运输、储存、装卸、搬运、包装等过程中受损，顺利实现其使用价值。和前两种加工不同，这种加工并不改变进入流通领域的"物"的外形及性质，这种加工主要采取稳固、改装、冷冻、保鲜、涂油等方式。

4. 为提高物流效率，方便物流操作所进行的流通加工

有一些产品本身的形态使之难以进行物流操作。如鲜鱼的装卸、储存操作困难；过大设备的搬运、装卸困难；气体的运输、装卸困难等。进行流通加工，可以使物流各环节易于操作，如鲜鱼冷冻、过大设备解体、气体液化等。这种加工往往改变"物"的物理状态，但并不改变其化学特性，并最终仍能恢复原物理状态。

5. 为促进销售所进行的流通加工

流通加工可以从若干方面起到促进销售的作用。如将过大包装或散装物(这是提高物流效率所要求的)分装成适合一次销售的小包装的分装加工；将原以保护产品为主的运输包装改换成以促进销售为主的装潢性包装，以起到吸引消费者、指导消费的作用；将零配件组装成用具、车辆，以便于直接销售；将蔬菜、肉类洗净切块，以满足消费者要求，等等。这种流通加工可能是不改变"物"的本体，只进行简单改装的加工，也有许多是组装、分块等深加工。

6. 为提高加工效率所进行的流通加工

许多生产企业的初级加工由于数量有限、加工效率不高，难以投入先进的科学技术。流通加工以集中加工的形式，代替了若干生产企业的初级加工工序，了单个企业加工效率不高的弊病，促使生产水平更快地发展。

7. 为提高原材料利用率所进行的流通加工

流通加工利用其综合性强、用户多的特点，可以采取合理规划、合理套裁、集中下料的办法，有效提高原材料利用率，减少损失和浪费。

8. 衔接不同运输方式，使物流合理化的流通加工

在干线运输及支线运输的结点，设置流通加工环节，可以有效解决大批量、低成本、长距离干线运输与多品种、少批量、多批次末端运输和集货运输之间的衔接问题，在流通加工点与大生产企业间形成大批量、定点运输的渠道，又以流通加工中心为核心，组织对多用户的配送，也可在流通加工点将运输包装转换为销售包装，从而有效衔接不同目的的运输方式。

9. 以提高经济效益、追求企业利润为目的的流通加工

流通加工的一系列优点，可以形成一种"利润中心"的经营形态。这种类型的流通加工是经营的一环，在满足生产和消费要求的基础上获取利润，同时在市场和利润引导下使流通加工在各个领域中有效发展。

10. 生产—流通一体化的流通加工形式

依靠生产企业与流通企业的联合，或者生产企业涉足流通，或者流通企业涉足生产，形成的对生产与流通加工进行合理分工、合理规划、合理组织，统筹进行生产与流通加工的安排，这就是生产—流通一体化的流通加工形式。这种形式可以促成产品结构的调整，充分发挥企业集团的经济技术优势，是目前流通加工领域的新形式。

7.4 几种常见的流通加工作业

1. 钢材的流通加工

各种钢材(钢板、型钢、线材等)的长度、规格有时不完全适用于客户，如热轧厚钢板等板材最大交货长度可达 7～12 米，有的是成卷交货，对于使用钢板的用户来说，如果采用单独剪板、下料的方式，设备闲置时间长、人员浪费大、不利于采用先进的方

法，那么采用集中剪板、集中下料方式，可以避免单独剪板、下料的一些弊病，提高材料利用率。

剪板加工是在固定地点设置剪板机进行下料、加工，或设置种种切割设备将大规格钢板裁小，或切裁成毛坯，降低销售起点，为用户提供便利。钢板剪板及下料的流通加工，可以选择加工方式，加工后钢材的晶体组织很少发生变化，可保证原来的交货状态，有利于进行高质量加工；加工精度高，可以减少废料、边角料，减少进行再加工的切削量，既提高了再加工效率，又有利于降低消耗；由于集中加工可保证批量及生产的连续性，可以专门研究此项技术并采用先进设备，从而大幅度提高效率和降低成本，使用户简化生产环节，提高生产水平。

除钢板的流通加工，还有薄板的切断、型钢的熔断、厚钢板的切割、线材切断等集中下料，线材冷拉加工等。为此，专门进行钢材流通加工的钢材流通中心，不仅从事钢材的保管，而且进行大规模的设备投资，使其具备流通加工的能力。中国物资储运企业自 20 世纪 80 年代便开始了这项流通加工业务，利用现代剪裁设备从事钢板剪板和其他钢材的下料加工(即钢板剪切流通加工)。

汽车、冰箱、冰柜、洗衣机等的生产制造企业每天需要大量的钢板，除非是大型汽车制造企业，一般规模的生产企业如果自己单独剪切，难以解决因用料高峰和低谷的差异所引起的设备忙闲不均和人员浪费问题，如果委托专业钢板剪切加工企业，就可以解决这个矛盾。专业钢板剪切加工企业能够利用专业剪切设备，按照用户设计的规格、尺寸和形状进行套裁加工，精度高、速度快、废料少、成本低；专业钢板剪切加工企业数量很多，大部分由流通企业经营。这种流通加工企业不仅提供剪切加工服务和配送服务，还出售加工原材料和加工后的成品。

2. 木材的流通加工

木材的流通加工的方式可依据木材的种类、地点等决定。在木材产区可对原木进行流通加工，使之成为容易装载、易于运输的形状。

1) 磨制木屑、压缩输送

这是一种为了实现流通的加工。木材是容重轻的物资，在运输时占有相当大的容积，往往使车船满装但不能满载，同时，装车、捆扎也比较困难。从林区外送的原木中有相当一部分是造纸材，这种材料磨成木屑并不影响使用，而且木屑可以制成便于运输的形状，以供进一步加工，这样可以提高原木利用率、出材率，也可以提高运输效率，具有相当可观的经济效益。在林木生产地就地将原木磨成木屑，然后压缩使之成为容重较大、容易装运的形状，而后运至靠近消费地的造纸厂，采取这种方式能够比直接运送原木节约一半的运费。

2) 集中开木下料

这种方法是在流通加工点将原木锯截成各种规格的锯材，同时将碎木、碎屑集中加工成各种规格板，甚至还可进行打眼、凿孔等初级加工。过去用户直接使用原木，不但加工复杂、加工场地大、加工设备多，更是资源浪费严重，木材平均利用率不到 50%，平均出材率不到 40%。而实行集中下料、按用户要求供应规格料，可以使原木利用率提高到 95%，出材率提高到 72%左右，取得相当好的经济效益。

3. 煤炭的流通加工

煤炭的流通加工有多种形式：除矸加工、煤浆加工、配煤加工等。

1) 除矸加工

除矸加工是以提高煤炭纯度为目的的加工形式。一般煤炭中混入的矸石有一定发热量，混入一些矸石是允许的，也是较经济的。但是，有时则不允许煤炭中混入矸石，在运力十分紧张的地区要求充分利用运力、降低成本，多运"纯物质"，少运矸石，在这种情况下，可以采用除矸的流通加工方法排除矸石。除矸加工可提高煤炭运输效益和经济效益，减少运输能力浪费。

2) 煤浆加工

用运输工具载运煤炭，运输中的损失、浪费比较大，又容易引起火灾。采用管道运输是近代兴起的一种先进技术。使用管道运输煤浆，有利于减少煤炭消耗、提高煤炭利用率。

煤浆加工在流通的起始环节将煤炭磨成细粉，这样煤炭粉本身便有了一定的流动性，再用水将煤炭粉调和成浆状，则具备了流动性，可以像其他液体一样进行管道输送。将煤炭制成煤浆采用管道输送是一种新兴的加工技术。这种方式不和现有运输系统争夺运力，输送连续、稳定、快速，是一种经济的运输方法。

3) 配煤加工

在使用地区设置集中加工点，将各种煤及一些其他发热物质，按不同配方进行掺配加工，生产出各种不同发热量的燃料，称为配煤加工。配煤加工可以按需要发热量生产和供应燃料，防止热能浪费和"大材小用"，也能防止发热量过小，不能满足使用要求。工业用煤经过配煤加工还可以起到便于计量控制、稳定生产过程的作用。煤炭消耗量非常大，进行煤炭流通加工的潜力也很大，可以大大节约运输能源，降低运输费用，具有很好的技术和经济价值。

4. 水泥的流通加工

1) 水泥熟料的流通加工

在需要长途运入水泥的地区，变运入成品水泥为运进熟料这种半成品，即在该地区的流通加工点(磨细工厂)磨细，并根据当地资源和需要的情况掺入混合材料及外加剂，制成不同品种及标号的水泥供应给当地用户，这是水泥流通加工的一种重要形式。在需要经过长距离输送供应的情况下，以熟料形态代替传统的粉状水泥有很多优点。

(1) 可以大大降低运费、节省运力。在普通水泥和矿渣水泥的运输中，平均约有 30%的运力消耗在矿渣及其他各种加入物上。我国水泥需用量较大的地区，工业基础大都较好，当地又有大量的工业废渣。如果在使用地区对熟料进行粉碎，可以根据当地的资源条件选择混合材料的种类，这样就节约了消耗在混合材料上的运力，节省了运费。同时，水泥输送的吨位也大大减少，有利于缓和铁路运输的紧张状态。

(2) 可按照当地的实际需要大量掺加混合材料。生产廉价的低标号水泥，发展低标号水泥的品种，就能在现有生产能力的基础上更大限度地满足需要。我国大型、中型水泥厂生产的水泥，平均标号逐年提高，但是目前我国使用水泥的部门大量需要较低标号的水泥，然而，大部分施工部门没有在现场加入混合材料来降低水泥标号的技术设备和能力，因此，不得已使用标号较高的水泥，这是很大的浪费。

(3) 如果以熟料为长距离输送的形态，在使用地区加工粉碎，就可以按实际需要生产各种标号的水泥，尤其可以大量生产低标号水泥，以减少水泥长距离输送的数量。

(4) 容易以较低的成本实现大批量、高效率的输送。从国家的整体利益来看，在铁路输送中运力利用率比较低的输送方式显然不是发展方向。如果采用输送熟料的流通加工形式，可以充分利用站、场、仓库等地现有的装卸设备，又可以利用普通车皮装运，比散装水泥方式具有更好的技术经济效果，更适合我国的国情。

(5) 可以大大降低水泥的输送损失。水泥的水硬性是在充分磨细之后才表现出来的，而未磨细的熟料抗潮湿的稳定性很强。所以，输送熟料基本可以防止因受潮而造成的损失。此外，颗粒状的熟料也不像粉状水泥那样易于散失。

(6) 能更好地衔接产需，方便用户。采用长途输送熟料的方式，水泥厂就可以和有限的熟料粉碎工厂之间形成固定的直达渠道，使水泥的物流更加合理，从而实现经济效果较优的物流。水泥的用户也可以不出本地区而直接向当地的熟料粉碎工厂订货，因而更容易沟通产需关系，大大方便了用户。

2) 集中搅拌混凝土

集中搅拌混凝土改变了以粉状水泥供给用户，由用户在建筑工地现场拌制混凝土的惯用方法，而将粉状水泥输送到使用地区的流通加工点，搅拌成混凝土后再供给用户使用，这是水泥流通加工的另一种重要加工方法。这种流通加工方式，优于直接供应或购买水泥在工地现场搅拌制作混凝土的技术经济效果。

这种水泥流通加工方法有如下优点。

(1) 将水泥的使用从小规模的分散形态改变为大规模的集中加工形态，因此可以利用现代化的科技手段，组织现代化大生产。

(2) 集中搅拌可以采取准确的计量手段，选择最佳的工艺，提高混凝土的质量和生产效率，节约水泥。

(3) 可以广泛采用现代科学技术和设备，提高混凝土的质量和生产效率。

(4) 可以集中搅拌设备，有利于提高搅拌设备的利用率，减少环境污染。

(5) 在相同的生产条件下，能大幅度降低设备、设施、电力、人力等费用。

(6) 可以减少加工据点，形成固定的供应渠道，实现大批量运输，使水泥的物流更加合理。

(7) 有利于新技术的采用，简化工地的材料管理，节约施工用地等。

5. 食品的流通加工

食品流通加工的种类很多。只要我们留意超市里的货柜就可以看出，那里摆放着各类洗净的蔬菜、水果，还有肉末、鸡翅、香肠、咸菜等，这些都是流通加工的结果。这些商品的分类、清洗、贴商标和条形码、包装、装袋等是在摆进货柜之前就进行的，这些流通加工都不是在产地，已经脱离了生产领域，进入了流通领域。食品流通加工的具体项目主要有如下几种。

1) 冷冻加工

冷冻加工是为了保鲜而进行的流通加工，为了解决鲜肉、鲜鱼在流通中的保鲜及装卸、搬运的问题，采取低温冻结的方式加工。这种加工方式也用于某些液体商品、药品等。

2) 分选加工

分选加工是为了提高物流效率而进行的对蔬菜和水果的加工，如去除多余的根叶等。农副产品规格、质量离散情况较大，为获得一定规格的产品，对其采取人工或机械分选的方式加工，称为分选加工。这种方式广泛用于果类、瓜类、谷物、棉毛原料等。

3) 精制加工

农、牧、副、渔等产品的精制加工是在产地或销售地设置加工点，去除无用部分，甚至进行切分、洗净、分装等加工。这种加工不但大大方便了购买者，而且还可以对加工过程中的淘汰物进行综合利用。比如，鱼类的精制加工所剔除的内脏可以制成某些药物或用作饲料，鱼鳞可以制成高级黏合剂，头尾可以制成鱼粉等；蔬菜的加工剩余物可以制成饲料、肥料等。

4) 分装加工

许多生鲜食品零售起点较小，而为了保证高效输送出厂，包装一般比较大，也有一些是采用集装运输方式运达销售地区。为了便于销售，在销售地区按照要求的零售起点进行新的包装，即大包装改小包装、散装改小包装、运输包装改销售包装，以满足消费者对不同包装规格的需求，从而达到促销的目的。

此外，半成品加工、快餐食品加工也成为流通加工的组成部分。这种加工形式节约了运输等物流成本，保护了商品质量，增加了商品的附加价值。如葡萄酒是液体，从产地批量地将原液运至消费地，配制、装瓶、贴商标、包装后出售，既可以节约运费，又安全、保险，成本低，出售价格高，商品附加值大幅度增加。

6. 机电产品的流通加工

多年来，机电产品的储运困难较大，主要原因是不易进行包装，如进行防护包装则包装成本过大，并且运输、装载困难，装载效率低，流通损失严重。但是这些货物有一个共同的特点，即装配比较简单，对装配技术要求不高，产品的主要功能已在生产中形成，装配后不需要进行复杂的检测及调试。所以，为了解决储运问题，降低储运费用，可以采用半成品大容量包装出厂，在消费地拆箱组装的方式。组装一般由流通部门在所设置的流通加工点进行，组装之后随即进行销售，这种流通加工方式近年来已在我国广泛采用。

7.5　流通加工的合理化

流通加工合理化的含义是实现流通加工的最优配置，不仅要避免各种不合理的情况，使流通加工有存在的价值，还要选择最优。

流通加工是在流通领域中对生产的辅助性加工，从某种意义来讲，它不仅是生产过程的延续，实际上也是生产本身或生产工艺在流通领域的延续。这个延续可能有正、反两方面的作用，即一方面可能有效地起到补充、完善的作用，但是也必须考虑到另一方面的可能性，即对整个过程的负效应。各种不合理的流通加工都会产生抵消效益的负效应。

1. 不合理的流通加工形式

1) 流通加工地点的设置不合理

流通加工地点的设置即布局状况是决定整个流通加工是否有效的重要因素。一般来说，为衔接单品种、大批量生产与多样化需求的流通加工，将加工地点设置在需求地区，才能实现大批量的干线运输与多品种末端配送的物流优势。如果将流通加工地设置在生产地区，一方面，为了满足用户多样化的需求，会出现多品种、小批量的产品由生产地向需求地的长距离运输；另一方面，在生产地增加了一个加工环节，同时也会增加近距离运输、保管、装卸等一系列物流活动。所以，在这种情况下，不如由原生产单位完成这种加工而无须设置专门的流通加工环节。

另外，一般来说，为方便物流，流通加工环节应该设置在产出地，设置在进入社会物流之前。如果将其设置在物流之后，即设置在消费地，则不但不能解决物流问题，又在流通中增加了中转环节，因而也是不合理的。

即使在生产地或需求地设置流通加工的选择是正确的，还有流通加工在小地域范围内的正确选址问题。如果处理不当，仍然会出现不合理。比如说交通不便，流通加工与生产企业或用户之间距离较远，加工点周围的社会环境条件不好等。

2) 流通加工方式选择不当

流通加工方式包括流通加工对象、流通加工工艺、流通加工技术、流通加工程度等。流通加工方式的确定实际上是对生产加工的合理分工。分工不合理，把本来应由生产加工完成的作业错误地交给流通加工来完成，或者把本来应由流通加工完成的作业错误地交给生产过程去完成，都是不合理的。

流通加工不是对生产加工的代替，而是一种补充和完善。所以，一般来说，如果工艺复杂，技术装备要求较高，或加工可以由生产过程延续或轻易解决的，都不宜再设置流通加工。如果流通加工方式选择不当，就可能会出现增加成本、降低生产利润等恶果。

3) 流通加工作用不大，形成多余环节

有的流通加工过于简单，或者对生产和消费的作用都不大，甚至有时由于流通加工的盲目性，同样未能解决品种、规格、包装等问题，相反却增加了作业环节，这也是流通加工不合理的重要表现形式。

4) 流通加工成本过高，效益不好

流通加工的一个重要优势就是它有较大的投入产出比，因而能有效地起到补充、完善的作用。如果流通加工成本过高，则不能实现以较低投入实现更高使用价值的目的，势必会影响其经济效益(一些必需的、从政策要求即使亏损也应进行的加工除外)。

2. 实现流通加工合理化的途径

为避免流通加工中的不合理现象，对是否设置流通加工环节、在什么地点设置、选择什么类型的加工、采用什么样的技术装备等，都需要做出正确选择。目前，国内在进行这方面已积累了一些经验，取得了一定成果。要实现流通加工的合理化，主要应从以下几个方面加以考虑。

1) 加工和配送结合

这是将流通加工设置在配送点,一方面按配送的需要进行加工,另一方面加工又是配送业务流程中分货、拣货、配货的一环,加工后的产品直接投入配货作业。这就无须单独设置一个加工的中间环节,使流通加工有别于独立的生产,而使流通加工与中转流通巧妙结合在一起。同时,由于配送之前有加工,可使配送服务水平大大提高。这是当前流通加工合理化的重要形式,在煤炭、水泥等产品的流通中已表现出较大的优势。

2) 加工和配套结合

在对配套要求较高的流通中,配套的主体来自各个生产单位,但是完全配套有时无法全部依靠现有的生产单位。进行适当流通加工,可以有效促成配套,大大提高流通的桥梁与纽带的能力。

3) 加工和合理运输结合

如前所述,流通加工能有效衔接干线运输与支线运输,促进两种运输形式的合理化。利用流通加工,在支线运输转干线运输或干线运输转支线运输这本来就必须停顿的环节,不进行一般的支线运输转干线运输或干线运输转支线运输,而是按干线或支线运输合理的要求进行适当加工,从而大大提高运输及运输转载水平。

4) 加工和合理商流相结合

通过加工有效促进销售,使商流合理化,也是流通加工合理化的考虑方向之一。加工和配送相结合,通过加工提高了配送水平,强化了销售,是加工与合理商流相结合的一个成功的例证。此外,通过简单地改变包装加工,方便客户购买;通过组装加工,解除用户使用前进行组装、调试的难处,都是有效促进商流的例子。

5) 加工和节约相结合

节约能源、节约设备、节约人力、节约耗费是流通加工合理化应重点考虑的因素,也是目前我国设置流通加工、考虑其合理化的较普遍形式。

7.6 流通加工装备

7.6.1 剪板机

剪板机是在各种板材的流通加工中应用比较广泛的一种剪切设备,可用于板料或卷料的剪裁。剪板机连接运动的上刀片和固定的下刀片,采用合理的刀片间隙,对各种厚度的金属板材施加剪切力,使板材按需要的尺寸断裂、分离。普通剪板机一般由机身、传动系统、刀架、压料器、前挡料架、后挡料架、托料装置、刀片间隙调整装置、灯光对线装置、电气控制装置等部件组成。

1. 液压剪板机

液压剪板机采用钢板焊接结构,液压传动,蓄能器回程,刃口间隙调整有指示牌指示,调整轻便、迅速,设有灯光对线照明装置,并能无级调节上刀架的行程量。工作区采用栅栏式人身安全保护装置,后挡料尺寸及剪切次数有数字显示装置。图 7-2 为龙门式液压剪板机。

图 7-2 龙门式液压剪板机

2. 液压摆式剪板机

液压摆式剪板机(见图 7-3)为液压传动、摆式刀架。机架整体焊接坚固耐用，使用氮气缸回程，平稳、迅速，具有无级调节行程的功能，上下刀片刃口间隙用手柄调节，刀片间隙均匀度容易调整，防护栅与电器连锁确保操作安全。数控系统与位置编码器组成闭环控制系统，速度快、精度高、稳定性好，能精确地保证后挡料位移尺寸的精度，同时数控系统具有补偿功能及自动检测的多种附加功能。

图 7-3 数控液压摆式剪板机

3. 液压闸式剪板机

液压闸式剪板机(见图 7-4)为全钢焊接结构，综合处理(振动时效、热处理)消除内应力，有很好的刚性与稳定性。采用先进的集成式液压系统，可靠性好，具有机动后挡料、手动微调、数字显示的功能。刀片间隙有手轮调整，迅速、准确、方便。矩形刀片使各个刃口均可使用，且使用寿命长。剪切角可调，有利于减少板料扭曲变形。上刀架采用内倾结构，便于落料，并能提高工作的精度，具有分段剪切和灯光对线装的功能。

图 7-4 液压闸式剪板机

阅读材料 7-2　剪板机在使用过程中的注意事项

剪板机在使用过程中要注意以下事项。

(1) 开动剪板机机器作空转若干循环，确保剪板机正常，在正常运转时，试剪不同厚度的板料，由薄至厚。确保用户熟悉剪板机的性能。

(2) 试剪时，针对不同板厚必须调对不同刀片间隙。若不调对相应的刀片间隙，则影响刀片耐用度。

(3) 在剪切过程中打开剪板机压力表开关，观察油路压力值，不得为剪超规定材料面提高压力，造成机器损坏。

(4) 操作时声音平衡。剪板机如有杂音，应停机检查。

(5) 剪板机操作时油箱温度升高的范围要低于 60°，超过时关机休息。

(资料来源：剪板机在使用过程中的注意事项. 中国剪板机网. http://www.jianbanji.org/ new_view_1646.html)

7.6.2　卷板机

卷板机一般具备预弯和卷圆两种功能，广泛应用于装潢、化工、金属结构、输入输油管道及机械制造行业，是金属薄板弯曲成型的理想设备。图 7-5 为上辊万能卷板机。

图 7-5　上辊万能卷板机

7.6.3　折弯机

折弯机主要用于锻压机床、压力机、折弯机、制药机、印刷机等的折弯、校直。图 7-6 为双机联动液压板料折弯机。

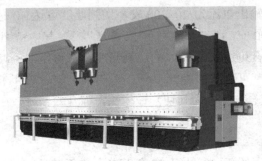

图 7-6　双机联动液压板料折弯机

7.6.4 校平机

校平机(见图 7-7)主要用于将不同规格的卷料，经过开卷、校平、剪切成为所需长度和宽度的平整板材。校平机操作方便，自动化程度高，可加工各种冷轧和热轧卷板、硅钢板、不锈板、彩板、铝板及电镀后或涂装后的各类金属板材，适用于汽车、集装箱、家电、食品、包装、建材等金属板材加工行业。主要由上料小车、单或双支撑开卷机、初校机、精校机、切边机、横剪机、堆垛装置、伺服传动系统等组成，同时在各机之间配有摆动式中间桥、牵引装置、纠偏装置等。

图 7-7 校平机

7.6.5 切割技术与设备

1. 常见的切割技术

1) 氧乙炔/新型燃气火焰切割

氧乙炔火焰切割作为最古老的热切割技术至今仍是机械制造中的一种加工方法。由于生产乙炔的原料为电石，生产过程中会排出大量电石渣(1 吨电石生成 3.3 吨电石渣)及硫化氢、二氧化硫等有毒有害气体，严重污染环境，而且在制取溶解乙炔气时又消耗大量重要化工原料丙酮，加大了生产成本。目前国内已自主开发及引进了多种成本低、安全、减少环境污染的新型工业燃气代替乙炔用于工业火焰加工。同时，与新型工业燃气相配套的割炬也相继建成投产，各种割炬品种齐全。手工割炬切割厚度可达 350 毫米，机用割炬切割厚度可达 1800 毫米。

2) 等离子弧切割

等离子弧切割是 20 世纪 80 年代中期发展起来的一种加工方法，当时主要是为解决不锈钢和有色金属的切割，先后使用了氩、氢、压缩空气、氮、氧等多种气体，和一般等离子弧切割及水再压缩等离子切割等多种工艺方法，以适应不同的需要。

普通等离子电源的输出电流为 20~200 安，切割厚度可达 30 毫米以下；精细等离子电源输出电流最高可达 100 安，切割厚度可达 12 毫米以下，其中精细等离子割缝宽 0.65~0.75 毫米，与数控切割机配合可达±0.2 毫米的切割精度；水再压缩等离子电源输出的电流最高可达 1 000 安，切割厚度可达 130 毫米以下。近年来，随着等离子弧技术的发展，可切割 20 毫米以下的碳钢和低合金钢，因其切割速度快，综合效益好，在工程机械制造业的应用有增长的趋势。

3) 激光切割

激光切割的工业应用始于 20 世纪 70 年代初。由于其切割尺寸质量好、速度快、精度高、效率高等优点，在多种行业获得了广泛应用。随着激光器件功率等级、稳定性及可靠性的提高和加工技术的进步，其应用领域逐步扩大到各种金属和非金属板材的切割。在世界激光工业应用范围内，激光切割所占比例最大，约为 24%。

4) 水射流切割

水射流作为工业产品的精密加工手段，其特点是没有或很少有热量释放，无热变形、无气体或蒸汽排出。第一台高压水射流切割设备，用于切割各种金属和陶瓷等材料。我国于 20 世纪 90 年代开发研制出高压加磨料型水射流切割设备并用于生产。目前大部分水射流切割设备主要应用于非金属板材的切割。

2. 切割机

在现代工业制造领域中，切割是应用量很大、应用面广泛的基础工艺之一，尤其是在工程机械制造行业，切割工作量占有很大的比重，切割的效率和质量将直接影响生产的效率和质量。近年来，国内外切割技术取得了突破性进展，从单一的氧乙炔火焰气割发展成为新型工业燃气火焰切割、等离子弧切割、激光切割、水射流切割等多能源、多种工艺方法在内的现代化切割技术，与此同时，又将现代化控制技术与切割技术相结合，研究开发出新一代的全自动切割设备。

图 7-8 中的切割机主要用于外墙防水工程及更换机车玻璃。图 7-9 中的相片切割机主要用来切割不同的照片。

图 7-8　多功能切割机　　　　图 7-9　相片切割机

扫描仪切割机(见图 7-10)可边画边切，并拥有更高的切割速度和更精确的走纸精度(达10 米)，以满足服装行业(如婚纱行业等)对此类型机器的更大幅面、更快速度和更高精度的要求。

图 7-10　扫描仪切割机

7.6.6　混凝土搅拌机

混凝土搅拌机(见图 7-11)主要用来生产和运输高品质的混凝土，在工程建设中起到了很大的作用。水泥混凝土搅拌机的用途就是机械化地拌制水泥混凝土，其种类较多，分类方法和特点如下。

图 7-11　混凝土搅拌机

1. 按作业方式来分类

按作业方式可分为循环作业式和连续作业式两种。

循环作业式的供料、搅拌、卸料三道工序是按一定的时间间隔周期进行的，即按份拌制。由于拌制的各种物料都经过准确的称量，故搅拌质量好。目前大多采用此种类型的作业方式。

连续作业式的供料、搅拌、卸料三道工序是在一个较长的筒体内连续进行的。虽然其生产率较循环作业式高，但由于各料的配合比、搅拌时间难以控制，故搅拌质量差，目前使用较少。

2. 按搅拌方式来分类

按搅拌方式可分为自落式和强制式两种。

自落式搅拌机就是把混合料放在一个旋转的搅拌鼓内，随着搅拌鼓的旋转，鼓内的叶片把混合料提升到一定的高度，然后靠自重自由撒落下来。这样周而复始地进行，直至拌匀为止。这种搅拌机一般拌制塑性和半塑性混凝土。

强制式搅拌机是搅拌鼓不动，而由鼓内旋转轴上均置的叶片强制搅拌。这种搅拌机拌制质量好，生产效率高；但动力消耗大，且叶片磨损快，一般适用于拌制干硬性混凝土。

3. 按装置方式来分类

按装置方式可分为固定式和移动式两种。

固定式搅拌机是安装在预先准备好的基础上，整机不能移动。它的体积大，生产效率高，多用于搅拌楼或搅拌站。

移动式搅拌机本身有行驶车轮，且体积小，重量轻，故机动性能好，应用于中小型临时工程。

4. 按出料方式来分类

按出料方式可分为倾翻式和非倾翻式两种。倾翻式靠搅拌鼓倾翻卸料，而非倾翻式靠搅拌鼓反转卸料。

5. 按搅拌鼓的形状不同来分类

按搅拌鼓的形状不同，分为梨型、鼓筒型、双锥形、圆盘立轴式和圆槽卧轴式。前三种是自落式搅拌；后两种为强制式搅拌，目前国内较少使用。

6. 按搅拌容量来分类

按搅拌容量可分为大型(出料容量：1 000～3 000 升)、中型(出料容量：300~500 升)和小型 (出料容量：50～250 升)。

7.6.7　冷链设备

冷链(cold chain)是指易腐食品从产地收购或捕捞之后，在产品加工、储藏、运输、分销和零售，直到消费者手中，其各个环节始终处于产品所必需的低温环境下，以保证食品质量安全，减少损耗，防止污染的特殊供应链系统。冷链物流(cold chain logistics) 泛指冷藏冷冻类食品在生产、储藏运输、销售，到消费前的各个环节中始终处于规定的低温环境下，以保证食品质量、减少食品损耗的一项系统工程。各种生、鲜食物在生产、运输、销售、储存的全过程中，要将温度控制在 0℃～4℃范围内，最大限度地保持食物的新鲜和口味。"冷链"也就是这一过程及实现这一过程的设备的总称。最先引进"冷链"概念的是食品行业，但现在在更多领域都有应用，如医学、航天等。常见的冷链设备包括冷藏车、冷藏箱等。

1) 冷藏车

冷藏车(见图 7-12)是用来运输冷冻或保鲜货物的封闭式厢式运输车，常用于运输冷冻食品(冷冻车)，奶制品(奶品运输车)、蔬菜水果(鲜货运输车)、疫苗药品(疫苗运输车)等。

冷藏车由专用汽车底盘的行走部分与隔热保温厢体(一般由聚氨酯材料、玻璃钢组成)，制冷机组，车厢内温度记录仪等部件组成。按底盘生产厂家分类有：东风冷藏车、长安之星冷藏车、庆铃冷藏车、江铃冷藏车、江淮冷藏车、北汽福田冷藏车。按底盘承载能力可分为微型冷藏车、小型冷藏车、中型冷藏车、大型冷藏车。按车厢类型可分为面包式冷藏车、厢式冷藏车、半挂冷藏车等。

图 7-12　冷藏车

2) 冷藏箱

根据产品质地不同，冷藏箱有不同的种类，包括塑料的、布料的、泡沫的、金属材质的、木制的等各种用途的冷藏箱(见图 7-13)。

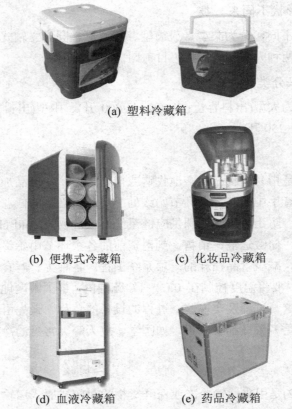

(a) 塑料冷藏箱

(b) 便携式冷藏箱 　　(c) 化妆品冷藏箱

(d) 血液冷藏箱 　　(e) 药品冷藏箱

图 7-13　冷藏箱

3) 冷藏集装箱

冷藏集装箱是专为运输如鱼、肉、新鲜水果、蔬菜等食品而特殊设计的，箱内温度可达零下 18℃。详见本教材第 8 章，第 8.2.5 节。

4) 冷库

国家标准《GB50072—2010 冷库设计规范》对冷库的定义为：采用人工制冷降温并具有保冷功能的仓储建筑群，包括制冷机房、变配电间等。

按照主体结构分类，冷库分为：钢筋混凝土结构冷库、山洞冷库、装配式冷库、气调库。

按照冷库的规模分类：冷藏间公称容积大于 20 000m³ 为大型冷库、20 000m³～5 000m³ 为中型冷库、小于 5 000m³ 为小型冷库。

冷间是冷库中采用人工制冷降温房间的统称，包括冷却间、冻结间、冷藏间、冰库、低温穿堂等。《GB50072—2010 冷库设计规范》规定的冷间设计温度和相对湿度如表 7-1 所示。

表 7-1　冷间设计温度和相对湿度所示

序号	冷间名称	室温(℃)	相对湿度(%)	适用食品范围
1	冷却间	0~4	—	肉、蛋等
2	冻结间	−18 ～ −23	—	肉、禽、兔、冰蛋、蔬菜等
		−23 ～ −30	—	鱼、虾等
3	冷却物冷藏间	0	85~90	冷却后的肉、禽

续表

序号	冷间名称	室温(℃)	相对湿度(%)	适用食品范围
		−2 ~ 0	80~85	鲜蛋
		−1 ~ +1	90~95	冰鲜鱼
		0 ~ +2	85~90	菜果、鸭梨等
		−1 ~ +1	90~95	大白菜、蒜薹、葱头、菠菜、香菜、胡萝卜、甘蓝、芹菜、莴苣等
		+2 ~ +4	85~90	土豆、橘子、荔枝等
		+7 ~ +13	85~95	柿子椒、菜豆、黄瓜、番茄、菠萝、柑橘等
		+11 ~ +16	85~90	香蕉等
4	冻结物冷藏间	−15 ~ −20	85~90	冻肉、禽、副产品、冰蛋、冻蔬菜、冰棒等
		−18 ~ −25	90~95	冻鱼、虾、冷冻饮品等
5	冰库	−4 ~ −6	——	盐水制冰的冰块

注：冷却物冷藏间设计温度一般取 0℃，储藏过程中应按照食品的产地、品种、成熟度和降温时间等调节其温度与相对湿度。

7.7　绿色流通加工

流通加工是流通过程中为适应用户需要而进行的必要加工，以完善商品的使用价值。流通加工对环境也有非绿色影响因素，表现为加工中资源的浪费或过度消耗，加工产生的废气、废水和废物都会对环境和人体构成危害。不合理的流通加工，还会对环境造成负面影响，如流通加工中心选址不合理，会造成费用增加和有效资源浪费，还会因增加了运输量而产生新的污染。

随着全球经济一体化的发展，一些传统的关税和非关税壁垒逐渐淡化，环境壁垒逐渐兴起，为此，ISO 14000 成为众多企业进入国际市场的通行证。ISO 14000 的两个基本思想就是预防污染和持续改进，它要求企业建立环境管理体系，使其经营活动、产品和服务的每一个环节对环境的不良影响降到最小。而国外物流企业起步早，物流经营管理水平相当完善，势必给国内物流企业带来巨大冲击。加入 WTO (世界贸易组织) 后，我国物流企业要想在国际市场上占一席之地，发展绿色物流将是其理性选择。

绿色物流是指在物流过程中抑制物流对环境造成危害的同时，实现对物流环境的净化，使物流资源得到最充分地利用。绿色物流的构成包括：①绿色运输；②绿色包装；③绿色流通加工。

绿色流通加工是绿色物流的三个子范畴之一，指在流通过程中继续对流通中的商品进行生产性加工，以使其成为更加适合消费者需求的最终产品。流通加工具有较强的生产性，也是流通部门对环境保护可以有大作为的领域。

绿色流通加工的途径主要分两个方面：一方面是变消费者分散加工为专业集中加工，以规模作业方式提高资源利用效率，以减少环境污染，如餐饮服务业对食品的集中加工，减少家庭分散烹调所造成的能源的浪费和空气污染；另一方面是集中处理消费品加工中产生的边角废料，以减少消费者分散加工所造成的废弃物污染，如流通部门对蔬菜的集中加工减少了居民分散丢放垃圾及相应的环境治理问题。

本章小结

本章首先介绍了流通加工出现的主要原因；其次介绍了流通加工的概念和特点，分析了流通加工的地位和作用；接下来介绍了物流中流通加工的类型；然后分析了不合理的流通加工形式，并介绍了如何让流通加工更加合理化；列举了常见的流通加工装备；最后介绍了目前比较流行的加工形式，即绿色流通加工。

思考题

1. 流通加工的概念、特点和作用是什么？
2. 流通加工常见的类型有哪些？
3. 不合理的流通加工形式有哪些？如何使流通加工合理化？
4. 常见的流通加工装备有哪些？
5. 什么是冷链设备？
6. 冷库按照其规模是如何分类的？
7. 什么是绿色流通加工？

第8章
集装单元技术与装备

🎯 **学习目标**

通过本章的学习，掌握集装箱、托盘、集装袋、其他集装器具和集装单元的装卸、搬运及运输设备，重点掌握货物单元、集装器具、装卸搬运设备和输送设备形成的集装单元化系统。

🔍 **核心要点**

- 集装单元的优势。
- 集装箱分类及标准。
- 托盘分类及其他集装单元器具。
- 集装箱装卸技术及装备。

8.1 集装箱发展概述

"1956 年 4 月 26 日，美国新泽西州纽华克市，一架起重机把 58 个铝制卡车车厢装到了一艘停泊在港内的老油轮上，5 天之后，这艘'理想 X'号(Ideal-X)驶向了休斯敦，在那里有 58 辆卡车正等着装上这些金属货柜，把它们运往目的地。一次物流技术革命就这样开始了。"马克·莱文森在作品《集装箱改变世界》中是这样描述集装箱的诞生和发展的。

卡车车厢一旦可以轻易地与车轮和卡车底座分离，并被巨大的起重机吊起，整齐地码放在货轮上，这个卡车车厢就不再仅仅是卡车车厢，而是被称为集装箱。也就是，现在为中国堆积出每年 2 万亿美元贸易额的"大箱子"。

集装箱使运输成本直线下降，促进了全球经济一体化的进程。在集装箱没有进入国际运输的 1961 年，单单海运成本就占到了美国出口总值的 12%和进口总值的 10%，比较一下只有 7%的美国平均进口关税后，可以发现这些成本"要比政府的贸易壁垒更有影响"。而集装箱在 1966 年进入国际运输之后的 10 年里，制成品国际贸易量的增长速度是全球制造产量增速的 2 倍，是全球经济产出增速的 2.5 倍。

另外，在集装箱之前，海运成本中最大的支出是把货物从陆上运输工具转移到离港的轮船上，以及到达目的港时再把货物搬回到卡车或火车上的费用。一次 4 000 英里的海上运输所需的费用，只占把货物运抵出发港及从目的港运走货物这两段 10 英里的陆上运输所需费用的 50%。也就是说，货物"上上下下"的成本远比长距离海运费用要高。

货物整箱处理取代逐件处理之后，装卸费用、保险费用、码头租金等都减少了；装载时间的减少和转运成本的降低还使得陆上运输的费用也大幅下降。出现了专为装载集装箱而建造的船舶之后，海运费用更是直线下降。

物流费用大幅度降低的同时，传统的包装方法和装卸、搬运工具也随之发生了根本变革。集装箱本身就成为包装物和运输工具，改变了过去那种对包装、装卸、储存、运输等各管一段的做法。它是综合规划和改善物流机能的有效技术。

集装箱在轮船、卡车和火车之间的无缝转移，让商品在一个不间断的运输流中，从工厂直接流进世界各地零售商的库房。"这一切就使得商品运输的总体成本变得微乎其微，甚至不如一家企业加在成本分析中的脚注重要"。

由于集装箱运输节约的成本实在太大，它最终占领了整个世界。在"理想 X"号首航半个世纪后，每年有相当于 3 亿只标准箱的集装箱在跨越全世界的海洋，其中有 26%是从中国发出的。至于用卡车或火车运输的集装箱，就更是数不胜数。

20 世纪末，经济学家预言："集装箱系统的生命力还将持续发展到下一个世纪，甚至是相当长的历史时期，因为我们现在还没有发现和意识到有一种更为先进的运输系统。"

除集装箱之外，托盘、集装袋、集装网、滑板、集装笼等都是将货物单元化的器具，集装单元化是物流现代化的标志。随着科学技术的发展，各种交通工具和交通设施及交通网络也得到了不断发展。同时市场的扩大为大量生产提供了良好的环境，而大量生产的产品要输送到各地，这使大批量、长距离输送变得越来越重要。而大批量、长距离的输送必须依靠集装单元化技术。

集装单元化技术适合于机械化大生产，便于采用自动化管理。它是现代化大生产将自动化装置运用于物流活动的产物，它的生命力在于科学技术的发展。

■ 阅读材料8-1　2030 年中国港口集装箱吞吐量将达到 5.05 亿标箱

根据统计分析显示：

2030 年，中国港口的货物吞吐量将突破250 亿吨大关，实现翻番。但货种结构将发生较大变化，集装箱货物比重将会由目前的 18.6%上升至 26.8%，而干散货因煤炭、矿石运量增长放缓，比重将跌破50%界限，其中内贸运量的放缓为其主因。2030 年中国港口集装箱吞吐量将达到 5.05 亿标箱，年均增幅维持 6%左右，沿海及内河箱量的快速增长为其提供了保障。2030 年，中国沿海将形成七个港口组团：辽东港口组团、津冀港口组团、山东半岛及苏北港口组团、长三角港口组团、东南沿海港口组团、珠三角港口组团和西南沿海港口组团；并形成上海、青岛、香港等 3～4 个超级集装箱枢纽港。沿海港口中大约 95%以上都存在以资金入股、战略合作等方式与群内其他港口实现资源整合的情况。到 2030年，中国企业构建的港口网络将遍布全球，尤其会在南美、北非、东南亚、中东等发展中国家和战略合作国家的港口投资网络布局。中国将会出现以码头装卸为主营业务的企业成为全球性码头运营商。2030 年，中国沿海主要集装箱枢纽港将实现码头的半自动化，但全自动化码头仍占少数；上海、广州、青岛、天津等一线港口将会拥有 1～2 个全自动化码头泊位。同时，中国港口 90%以上的港口机械将采用 LNG 或电力能源代替传统的能源。风能、太阳能将成为港口能源体系的组成部分。

（资料来源：中研普华研究报告《2020—2025 年中国港口码头行业全景调研与发展战略研究咨询报告》https://www.chinairn.com/hyzx/20200910/142030190.shtml，2020 年 9 月 10 日）

8.2　集装箱

8.2.1　集装箱的定义

集装箱(container)是指海、陆、空不同运输方式进行联运时用以装运货物的一种容器。

关于集装箱的定义，国际上不同国家、地区和组织的表述有所不同。

国际标准化组织(ISO)对集装箱定义为"集装箱是一种运输设备，满足以下要求：具有足够的强度，可长期反复使用；为便于商品运送而专门设计的，在一种或多种运输方式下运输时，无须中途换装；具有快速装卸和搬运的装置，特别是从一种运输方式转移到另一种运输方式时；设计时注意到便于货物装满或卸空；内容积为 1 立方米或 1 立方米以上"。图 8-1 所示为通用集装箱。

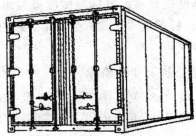

图 8-1　通用集装箱

集装箱这一术语的含义不包括车辆的一般包装。

8.2.2　集装箱的标准

为了有效开展国际集装箱多式联运，应进一步做好集装箱标准化工作。集装箱标准按使用范围分为国际标准、国家标准、地区标准和公司标准四种。

1. 国际标准集装箱

国际标准集装箱是指根据国际标准化组织第 104 技术委员会制订的国际标准来建造和使用的国际通用的标准集装箱。

集装箱标准化经历了一个发展过程。国际标准化组织 ISO/TC104 技术委员会自 1961 年成立以来，对集装箱国际标准做过多次补充、增减和修改，现行的国际标准为第 1 系列共 13 种，其宽度均一样(2 438 毫米)、长度有 4 种(12 192 毫米、9 125 毫米、6 058 毫米、2 991 毫米)、高度有 4 种(2 896 毫米、2 591 毫米、2 438 毫米、2 438 毫米)。

2. 国家标准集装箱

各国政府参照国际标准并考虑本国的具体情况，制定了本国的集装箱标准。

我国现行国家标准有两个系列，《系列 1 集装箱分类、尺寸和额定质量》(GB/T 1413—2008)，该新标准于 2008 年 10 月 1 日实施，替代了旧标准(GB/T 1413—1998)；《系列 2 集装箱分类、尺寸和额定质量》(GB/T 35201—2017)，该新标准于 2018 年 7 月 1 日实施。这两个标准对集装箱

《系列 2 集装箱分类、尺寸和额定质量》(GB/T 35201—2017)

的分类、型号、内/外部尺寸、公差及额定重量做出了规定。

3. 地区标准集装箱

此类集装箱标准，是由地区组织根据该地区的特殊情况制定的，此类集装箱仅适用于该地区。如根据欧洲国际铁路联盟(VIC)所制定的集装箱标准而建造的集装箱。

4. 公司标准集装箱

某些大型集装箱船公司，根据本公司的具体情况和条件制定集装箱船公司标准，这类箱主要在该公司运输范围内使用。如美国海陆公司的 35 英尺集装箱。

此外，目前世界还有不少非标准集装箱。如非标准长度集装箱，有美国海陆公司的 35 英尺集装箱、总统轮船公司的 45 英尺及 48 英尺集装箱；非标准高度集装箱，主要有 9 英尺和 9.5 英尺两种高度集装箱；非标准宽度集装箱，主要有 8.2 英尺宽度集装箱等。由于经济效益的驱动，目前世界上 20 英尺集装箱总重达 24 吨的越来越多，而且普遍受到欢迎。

5. 最常用的集装箱英制/公制尺寸及简称

➢ 外尺寸为 20 英尺×8 英尺×8 英尺 6 英寸，简称"20 尺箱"。

➢ 外尺寸为 40 英尺×8 英尺×8 英尺 6 英寸，简称"40 尺箱"。

➢ 外尺寸为 40 英尺×8 英尺×9 英尺 6 英寸，简称"40 尺高箱"。

➢ 尺柜的内容积为 5.69 米×2.13 米×2.18 米，配货毛重一般为 17.5 吨，体积为 24～26 立方米。

➢ 尺柜的内容积为 11.8 米×2.13 米×2.18 米，配货毛重一般为 22 吨，体积为 54 立方米。

➢ 尺高柜的内容积为 11.8 米×2.13 米×2.72 米，配货毛重一般为 22 吨，体积为 68 立方米。

➢ 尺高柜的内容积为 13.58 米×2.34 米×2.71 米，配货毛重一般为 29 吨，体积为 86 立方米。

➢ 尺开顶柜的内容积为 5.89 米×2.32 米×2.31 米，配货毛重一般为 20 吨，体积为 31.5 立方米。

➢ 尺开顶柜的内容积为 12.01 米×2.33 米×2.15 米，配货毛重一般为 30.4 吨，体积为 65 立方米。

➢ 尺平底货柜的内容积为 5.85 米×2.23 米×2.15 米，配货毛重一般为 23 吨，体积为 28 立方米。

➢ 尺平底货柜的内容积为 12.05 米×2.12 米×1.96 米，配货毛重一般为 36 吨，体积为 50 立方米。

8.2.3　集装箱箱型代码及主要特征

常见的集装箱箱型代码及其主要特征如表 8-1 所示。

表 8-1　集装箱箱型代码及主要特征

代码/ 原代号	箱　型		箱型 群组 代码	主　要　特　征	箱型 代码	原代码
G/0	通用集装箱 (无通风装置)		GP	一端或两端有箱门	G0	00
				货物的上方有透气罩	G1	10/11
				一端或两端有箱门，并且在一侧或两侧 设"全开式"箱门	G2	02
				一端或两端有箱门，并且在一侧或两侧 设"局部"箱门	G3	03
				备用号	G4	04
				备用号	G5	05
				备用号	G6	06
				备用号	G7	07
				备用号	G8	08
				备用号	G9	09
V/1	通风式通用集装箱		VH	无机械排风装置，但在上下两侧没有自 然通风窗	V0	13
				备用号	V1	14
				箱内设有机械通风装置	V2	15
				备用号	V3	16
				外置式机械通风装置	V4	17
				备用号	V5	18
				备用号	V6	19
				备用号	V7	
				备用号	V8	
				备用号	V9	
B/2	干散 货集 装箱	无压干散货 集装箱	BU	封闭式	B0	20
				气密式	B1	23
				备用号	B2	24
		承压干散货 集装箱	BK	水平方向卸货，试验压力 150 千帕	B3	
				水平方向卸货，试验压力 265 千帕	B4	
				倾斜卸货，试验压力 150 千帕	B5	

续表

代码/原代号	箱 型		箱型群组代码	主 要 特 征	箱型代码	原代码
B/2	干散货集装箱	承压干散货集装箱	BK	倾斜卸货，试验压力 265 千帕	B6	
				备用号	B7	
				备用号	B8	
				备用号	B9	
S/2	以货物种类命名的集装箱		SN	牲畜集装箱	S0	25
				汽车集装箱	S1	26
				活鱼集装箱	S2	
				备用号	S3	27
				备用号	S4	28
				备用号	S5	29
				备用号	S6	
				备用号	S7	
				备用号	S8	
R/3	保温集装箱	机械制冷	RE	机械制冷	R0	31
		制冷/加热集装箱	RT	机械制冷/加热	R1	32
		自备电源的机械制冷/加热集装箱	RS	机械制冷	R2	36
				机械制冷/加热	R3	37
				备用号	R4	
				备用号	R5	39
				备用号	R6	
				备用号	R7	
				备用号	R8	
				备用号	R9	
H/4	保温集装箱	带挂装式机械制冷/加热装置	HR	外置式挂装制冷/加热装置 K=0.4 瓦/(平方米·开)	H0	40
				内置式挂装制冷/加热装置	H1	41
				外置式挂装制冷/加热装置 K=0.7 瓦/(平方米·开)	H2	42
				备用号	H3	43
				备用号	H4	44
		隔热式集装箱	HI	隔热层 K=0.4 瓦/(平方米·开)	H5	45
				隔热层 K=0.7 瓦/(平方米·开)	H6	46
				备用号	H7	47
				备用号	H8	48
				备用号	H9	49

续表

代码/ 原代号	箱　型	箱型 群组 代码	主　要　特　征	箱型 代码	原代码
U/5	敞顶式集装箱	UT	一端或两端开口	U0	50
			一端或两端开口并有活动的上端梁	U1	51
			一端或两端开口及一侧或两侧开口	U2	52
			一端或两端开口及一侧或两侧开口，并 有活动的上端梁	U3	53
			一端或两端开口及一侧部分开口和另一 侧全部开口	U4	54
			全部敞顶，带固定的侧壁(无开门)	U5	55
			备用号	U6	56
			备用号	U7	57
			备用号	U8	58
			备用号	U9	59
P/6	平台(台架式)集装箱	上部结构不完整　PL	平台集装箱	P0	60
		固端结构　PF	双固端结构	P1	61
			固定角柱，活动侧柱或活动顶结构	P2	62
		折端结构　PC	可折的完整端结构	P3	63
			可折角柱，活动侧柱或活动顶结构	P4	64
		带完整的上部 结构的台架式 集装箱　PS	散顶，敞端(骨架式)	P5	65
			备用号	P6	68
			备用号	P7	69
			备用号	P8	
			备用号	P9	
T/7	罐式集装箱	非危险性 液体货物　TN	最低试验压力 45 千帕	T0	70
			最低试验压力 150 千帕	T1	71
		非危险性 液体货物　TD	最低试验压力 265 千帕	T2	72
			最低试验压力 150 千帕	T3	73
		气体货物　TG	最低试验压力 265 千帕	T4	74
			最低试验压力 400 千帕	T5	75
			最低试验压力 600 千帕	T6	76
			最低试验压力 910 千帕	T7	77
			最低试验压力 2200 千帕	T8	78
			最低试验压力 2200 千帕	T9	79
A	空/陆/水联运集装箱	AS		A0	90

(注：原代号指 1984 年版的箱型代号)

8.2.4 各类集装箱参数

1. 集装箱参数

集装箱的内部尺寸参数，如表 8-2 所示。

表 8-2 集装箱内部尺寸参数

集 装 箱	内部尺寸	箱门尺寸	净 重	容 积	载 重 量
20 英尺干货箱	L：5.919 米 W：2.340 米 H：2.380 米	W：2.286 米 H：2.278 米	1900 千克 4189 磅	33 立方米 1 165 立方英尺	22110 千克 4 872 磅
40 英尺干货箱	L：12.045 米 W：2.309 米 H：2.379 米	W：2.280 米 H：2.278 米	3084 千克 6 799 磅	67.3 立方米 2 377 立方英尺	27396 千克 60397 磅
40 英尺高容积干货箱	L：12.056 米 W：2.347 米 H：2.684 米	W：2.320 米 H：2.570 米	2900 千克 6 393 磅	76 立方米 2 684 立方英尺	29600 千克 65256 磅
45 英尺高容积干货箱	L：13.582 米 W：2.347 米 H：2.690 米	W：2.340 米 H：2.585 米	3900 千克 8 598 磅	85.7 立方米 3 026 立方英尺	28600 千克 63052 磅
20 英尺冷藏柜	L：5.428 米 W：2.266 米 H：2.249 米	W：2.286 米 H：2.288 米 H：2.188 米	3940 千克 6 482 磅	27.5 立方米 971 立方英尺	24060 千克 53043 磅
40 英尺冷藏柜	L：11.207 米 W：2.246 米 H：2.183 米	W：2.216 米 H：2.188 米 H：2.118 米	4840 千克 10 670 磅	54.9 立方米 1 939 立方英尺	25640 千克 56526 磅
40 英尺高容积冷藏柜	L：11.628 米 W：2.294 米 H：2.509 米	W：2.290 米 H：2.535 米	4430 千克 9 766 磅	66.9 立方米 2 363 立方英尺	28070 千克 61883 磅
45 英尺高容积冷藏柜	L：13.102 米 W：2.294 米 H：2.509 米	W：2.290 米 H：2.535 米	5200 千克 11 464 磅	75.4 立方米 2683 立方英尺	27830 千克 60185 磅
20 英尺开顶箱	L：5.919 米 W：2.340 米 H：2.286 米	W：2.286 米 H：2.351 米 H：2.251 米	2174 千克 4 793 磅	31.6 立方米 1 166 立方英尺	21826 千克 48 117 磅
40 英尺开顶箱	L：12.043 米 W：2.340 米 H：2.272 米	W：2.279 米 H：2.278 米	4300 千克 9 480 磅	64 立方米 2 260 立方英尺	22110 千克 4 872 磅
20 英尺搁架式集装箱	L：5.662 米 W：2.430 米 H：2.327 米		2530 千克 5 578 磅		21470 千克 4 733 磅

续表

集　装　箱	内 部 尺 寸	箱 门 尺 寸	净　　重	容　　积	载　重　量
20 英尺可拆卸搁架式集装箱	L: 5.946 米 W: 2.126 米 H: 2.233 米		2 900 千克 3 393 磅		27 100 千克 59 745 磅
40 英尺搁架式集装箱	L: 12.080 米 W: 2.438 米 H: 1.950 米		5 480 千克 1 208 磅		25 000 千克 55 115 磅
40 英尺可拆卸搁架式集装箱	L: 12.080 米 W: 2.126 米 H: 2.043 米		5 800 千克 12 787 磅		29 200 千克 64 374 磅
20 英尺开边/开顶集装箱	L: 5.928 米 W: 2.318 米 H: 2.259 米	W: 2.236 米 H: 2.278 米	2 775 千克 6 118 磅	31 立方米 1 095 立方英尺	22 250 千克 46 792 磅
40 英尺双层重货架	L: 12.065 米 W: 2.126 米		5 400 千克 11 905 磅		39 000 千克 85 979 磅

2. 杂货集装箱参数

杂货集装箱参数,如表 8-3 所示。

表 8-3　杂货集装箱参数表

材质		20 英尺箱					40 英尺箱			
		A(铝制)		B(铝制)		C(钢制)		A(铝制)		B(铝制)
		尺寸								
单位		毫米	英尺-英寸	毫米	英尺-英寸	毫米	英尺-英寸	毫米	英尺-英寸	毫米	英尺-英寸
外部尺寸	长	6 058	19-10.5	6 058	19-10.5	6 058	19-10.5	12 192	40	12 192	40
	宽	2 438	8	2 438	8	2 438	8	3 438	8	2 438	8
	高	2 438	8	2 438	8	2 438	8	2 591	8-6	2 591	8-6
内部尺寸	长	5 930	19-5.44	5 884	19-3.65	5 888	19-3.81	12 062	39-6.87	12 052	39-6.5
	宽	2 350	7-8.5	2 345	7-8.94	2 331	7-7.76	2 350	7-8.5	2 342	7-8.18
名义高度		2 260	7-4.94	2 240	7-4.18	2 255	7-7.45	2 380	7-9.86	2 367	7-0.37
净空高度		2 180	7-1.8	2 180	7-1.8	—	—	2 305	7-6.68	—	—
门框尺寸	宽	2 350	7-8.5	2 342	7-8.18	2 340	7-8.12	2 035	7-8.5	2 347	7-8.37
	高	2 154	7-0.81	2 135	7-0.16	2 143	7-0.37	2 284	7-5.68	2 265	7-5.27

续表

20 英尺箱						40 英尺箱			
体积									
单位	立方米	立方英尺	立方米	立方英尺	立方米	立方英尺	立方米	立方英尺	立方米	立方英尺
容积	31.5	1 112	30.9	1 091	31	1 095	67.6	2 386	66.5	2 348
重量									
单位	千克	磅	千克	磅	千克	磅	千克	磅	千克	磅
自重	1 600	3 530	1 700	3 570	2 230	4 920	2 990	6 600	3 410	7 500
总重	24 000	52 913	24 000	52 913	24 000	52 913	30 480	67 200	30 480	67 200
载重	22 400	49 383	22 300	49 163	21 770	47 993	27 490	60 600	27 070	59 700

3. 干散货集装箱参数

干散货集装箱参数，如表 8-4 所示。

表 8-4　干散货集装箱参数表

		20 英尺箱			
材质		A(铝制)		B(铝制)	
尺寸					
单位		毫米	英尺-英寸	毫米	英尺-英寸
外部尺寸	长	6 058	19.5-10.5	6 058	19.5-10.5
	宽	2 438	8	2 438	8
	高	2 438	8	2 438	8
内部尺寸	长	5 929	19-5.4375	5 889	19-3.84
	宽	2 345	7-8.25	2 338	7-8.047
名义高度		2 213	7-3.125	2 213	7-3.125
门框尺寸	宽	2 350	7-8.5	2 341	7-8.156
	高	2 154	7-0.8125	2 130	6-11.875
体积					
单位		立方米	立方英尺	立方米	立方英尺
容积		30.8	1 086	30.5	1 076
重量					
单位		千克	磅	千克	磅
自重		1 980	4 370	2 400	5 511
总重		24 000	52 913	—	44 800
载重		22 020	48 543	—	39 289

4. 敞顶集装箱参数

敞顶集装箱参数，如表 8-5 所示。

表 8-5　敞顶集装箱参数表

		20 英尺箱		40 英尺箱	
材质		铝制		铝制	
尺寸					
单位		毫米	英尺-英寸	毫米	英尺-英寸
外部尺寸	长	6 058	10-10.5	12 192	40
	宽	2 438	8	2 438	8
	高	2 438	8	2 591	8
内部尺寸	长	5 930	19-5.438	12 056	39-6.625
	宽	2 350	7-8.5	2 351	7-8.5
名义高度		2 180	7-1.875	2 324	7-7
净空高度		2 083	6-10	—	—
门框尺寸	宽	2 350	7-8.5	2 340	7-8.062 5
	高	2 154	7-0.812 5	2 286	7-7
体积					
单位		立方米	立方英尺	立方米	立方英尺
容积		30.4	1 073	60.8	2 147
重量					
单位		千克	磅	千克	磅
自重		2 030	4 480	3 800	8 380
总重		24 000	48 525	30 480	67 200
载重		21 970	44 046	26 680	58 820

5. 硬顶集装箱参数

硬顶集装箱参数，如表 8-6 所示。

表 8-6　硬顶集装箱参数表

		20 英尺箱	
材质		钢制	
尺寸			
单位		毫米	英尺-英寸
外部尺寸	长	6 058	19-10.5
	宽	2 438	8
	高	2 438	8
内部尺寸	长	5 918	19-5
	宽	2 339	7-8.062 5
（名义）	高	2 243	7-4.312 5
门框尺寸	宽	2 290	7-6.125
	高	2 110	6-11.062 5
箱顶开口尺寸(毫米)	长	5 440	—
（箱顶开口尺寸）			
	宽	2 190	—

20 英尺箱		
体积		
单位	立方米	立方英尺
容积	30.8	1 088
重量		
单位	千克	磅
自重	2 200	4 850
总重	24 000	47 185
载重	21 800	42 335
箱顶重量	350	—

6. 通风集装箱参数

通风集装箱参数，如表 8-7 所示。

表 8-7　通风集装箱参数表

		20 英尺箱			
材质		玻璃钢		铝	
尺寸					
单位		毫米	英尺-英寸	毫米	英尺-英寸
外部尺寸	长	6 058	19-10.5	6 058	19-10.5
	宽	2 438	8	2 438	8
	高	2 438	8	2 438	8
内部尺寸	长	5 901	19-4.312 5	5 925	19-5.25
	宽	2 370	7-9.25	2 345	7-8.312 5
名义高度		2 251	7-4.562 5	2 213	7-3.125
净空高度		3 137	7-0.125	—	—
门框尺寸	宽	2 276	7-5.562 5	2 345	7-8.312 5
	高	2 134	7	2 112	6-11.20
体积					
单位		立方米	立方英尺	立方米	立方英尺
容积		31.5	1 112	30.7	1 086
重量					
单位		千克	磅	千克	磅
自重		2 420	5 340	2 280	5 030
总重		24 000	52 913	24 000	52 913
载重		21 580	47 573	21 720	47 883

7. 板架集装箱参数

板架集装箱参数，如表 8-8 所示。

表 8-8 板架集装箱参数表

		20 英尺箱		20 英尺箱		40 英尺箱		40 英尺箱	
材质		A(钢制)		B(钢制)		A(钢制)		B(钢制)	
尺寸									
单位		毫米	英尺-英寸	毫米	英尺-英寸	毫米	英尺-英寸	毫米	英尺-英寸
外部尺寸	长	6 058	19-10.5	19-10.5	19-10.5	12 192	40	12 192	40
	宽	2 438	8	8	8	2 438	8	2 438	8
	高	2 438	8	8	8	2 591	8	2 591	8
内部尺寸	长	5 908	19-4.5	5 928	19-5.375	12 054	39-6.562 5	12 062	39-6.875
	宽	2 388	7-10	2 428	7-11.594	2 256	7-4.812 5	2 250	7-0.562 5
名义高度		2 072	6-9.5625	2 178	7-1.75	1 970	6-5.562 5	1 964	6-5.312 5
体积									
单位		立方米	立方英尺	立方米	立方英尺	立方米	立方英尺	立方米	立方英尺
容积		29.2	1 027	31.2	1 102	53.8	1 892	53.3	1 882
重量									
单位		千克	磅	千克	磅	千克	磅	千克	磅
自重		2 500	5 520	2 790	6 150	4 810	10 610	5 050	11 140
总重		24 000	52 913	24 000	52 913	30 480	56 590	30 480	56 060
载重		21 500	47 393	21 210	46 763	25 670	67 200	25 430	67 200

8. 罐状集装箱参数

罐状集装箱参数,如表 8-9 所示。

表 8-9 罐状集装箱参数表

		20 英尺箱			
材质		不锈钢制		钢制	
尺寸					
单位		毫米	英尺-英寸	毫米	英尺-英寸
外部尺寸	长	6 058	19-10.5	6 058	19-10.5
	宽	2 438	8	2 438	8
	高	2 438	8	2 438	8
内部尺寸	长	5 247	17-2.562 5	5 860	19-2.75
	直径	1 900	6-2.75	2 050	6-8.75
容积					
单位		立方米	立方英尺	立方米	立方英尺
容积		14.383	508	18.3	646.173

20 英尺箱				
压力				
单位	牛/平方厘米	磅/平方英寸	牛/平方厘米	磅/平方英寸
压力	1.8×9.8	25	0.7×9.8	9.954
重量				
单位	千克	磅	千克	磅
自重	3 120	6 380	3 250	7 165
总重	24 000	52 913	24 000	52 913
载重	20 880	46 533	20 750	45 748

9. 冷冻型集装箱参数

冷冻型集装箱参数，如表 8-10 所示。

表 8-10　冷冻型集装箱参数表

		20 英尺		40 英尺	
材质		铝制		铝制	
尺寸					
单位		毫米	英尺-英寸	毫米	英尺-英寸
外部尺寸	长	6 058	19-10.5	12 192	40
	宽	2 438	8	2 438	8
	高	2 438	8	2 591	8-6
内部尺寸	长	5 391	17-8.187 5	11 480	27-7.737 5
	宽	2 254	7-4.687 5	2 234	7-3.737 5
名义高度		2 130	6-11.812 5	2 235	7-3.737 5
门框尺寸	宽	2 254	7-4.687 5	2 234	7-3.737 5
	高	2 049	6-8.625	2 163	7-1.125
体积					
单位		立方米	立方英尺	立方米	立方英尺
容积		25.9	914	57.3	2 024
重量					
单位		千克	磅	千克	磅
自重		2 750	6 070	4 750	10 480
总重		24 000	52 913	30 480	67 200
载重		21 250	46 873	25 730	56 720

8.2.5　集装箱的分类

运输货物用的集装箱种类繁多，可按用途、运输方式、货物类别、箱体特征等原则分类。从运输家用物品的小型折叠式集装箱到 40 英尺标准集装箱及航空集装箱等，不一而足。这里仅介绍在海上运输中常见的国际货运集装箱类型。

按箱内所装货物来分类，集装箱可分为以下几类。

1. 通用干货集装箱

通用干货集装箱(dry cargo container)也称为杂货集装箱，用来运输无须控制温度的杂货。其使用范围极广，据统计，干货集装箱占世界集装箱使用的 85%。通用干货集装箱(见图 8-2)通常为封闭式，在一端或侧面设有箱门。 这种集装箱通常用来装运文化用品、化工用品、电子机械、工艺品、医药、日用品、纺织品及仪器零件等，是平时最常用的集装箱。不受温度变化影响的各类固体散货、颗粒或粉末状的货物都可以由这种集装箱装运。

图 8-2 通用干货集装箱

2. 保温集装箱

保温集装箱(keep constant temperature container)是为了运输需要冷藏或保温的货物，所有箱壁都采用导热率低的隔热材料制成的集装箱。保温集装箱可分为以下三种。

(1) 冷藏集装箱

冷藏集装箱(reefer container)是以运输冷冻食品为主，能保持特定温度的保温集装箱，如图 8-3 所示。它是专为运输如鱼、肉、新鲜水果、蔬菜等食品而特殊设计的，箱内温度可达零下 18℃。国际上采用的冷藏集装箱基本上有两种：一种是集装箱内带有冷冻机的，即机械式冷藏集装箱；另一种是集装箱内没有冷冻机而只有隔热结构，即在集装箱端壁上设有进气孔和出气孔，箱子装在舱中，由船舶的冷冻装置供应冷气，这种叫作离合式冷藏集装箱(又称外置式或夹箍式冷藏集装箱)。

(2) 隔热集装箱

隔热集装箱是为载运水果、蔬菜等货物，防止温度上升过高，以保持货物鲜度而具有充分隔热结构的集装箱。隔热集装箱通常用冰作制冷剂，保温时间为 72 小时左右。

(3) 通风集装箱

通风集装箱(ventilated container)是为装运水果、蔬菜等不需要冷冻而具有呼吸作用的货物，在端壁和侧壁上设有通风孔的集装箱，如将通风口关闭，也可以作为杂货集装箱使用。有时会在框架两侧设置人梯，而设计成全侧开式通风集装箱。

3. 罐式集装箱

罐式集装箱(tank container)是专用于装运酒类、油类(如动植物油)、液体食品及化学品等液体货物的集装箱，如图 8-4 所示。它还可以装运其他液体的危险货物。这种集装箱有单罐和多罐数种，罐体四角由支柱、撑杆构成整体框架。单罐由于侧壁强度较大，故一般装载麦芽和化学品等相对密度较大的散货，多罐则用于装载相对密度较小的谷物。散货集装箱顶部的装货口应设水密性良好的盖，以防雨水侵入箱内。

图 8-3　31 英尺钢质日本内陆冷藏集装箱

图 8-4　罐式集装箱

4. 台架式集装箱

台架式集装箱(platform based container)是没有箱顶和侧壁，甚至连端壁也去掉而只有底板和 4 个角柱的集装箱。这种集装箱可以从前后、左右及上方进行装卸作业，适合装载长大件和重货件，如重型机械、钢材、钢管、木材、钢锭等。台架式集装箱没有水密性，一般不能装运怕湿的货物(如果装运，要用帆布遮盖装运)。

5. 平台集装箱

平台集装箱(platform container)是在台架式集装箱结构上再简化而只保留底板的一种特殊结构的集装箱，如图 8-5 所示。平台的长度和宽度与国际标准集装箱的箱底尺寸相同，可使用与其他集装箱相同的紧固件和起吊装置。平台集装箱的采用打破了过去一直认为集装箱必须具有一定容积的概念。

6. 敞顶集装箱

敞顶集装箱(open top container)是一种没有刚性箱顶的集装箱，但有由可折叠式或可折式顶梁支撑的帆布、塑料布或涂塑布制成的顶棚，其他构件与通用集装箱类似。这种集装箱适于装载大型货物和重货，如钢铁、木材，特别是像玻璃板等易碎的重货，利用吊车从顶部吊入箱内不易损坏，而且便于在箱内固定。图 8-6 为 20 英尺半高折叠箱。

图 8-5　钢卷运输平台集装箱

图 8-6　20 英尺半高折叠箱

7. 汽车集装箱

汽车集装箱(car container)是一种运输小型轿车用的专用集装箱,其特点是在简易箱底上装一个钢制框架,通常没有箱壁(包括端壁和侧壁)。这种集装箱分为单层的和双层的两种。因为小轿车的高度为 1.35~1.45 米,如装在 8 英尺(2.438 米)高的标准集装箱内,其容积要浪费 2/5 以上,因而出现了双层集装箱。这种双层集装箱的高度有两种:一种为 10.5 英尺(3.2 米);一种为 8.5 英尺高的 2 倍即为 17 英尺(5.18 米)。因此,汽车集装箱一般不是国际标准集装箱。

8. 动物集装箱

动物集装箱(pen container or live stock container)是一种装运鸡、鸭、鹅等活家禽和牛、马、羊、猪等活家畜用的集装箱。为了遮蔽太阳,箱顶采用胶合板露盖,侧面和端面都有用铝丝网制成的窗,以求有良好的通风。侧壁下方设有清扫口和排水口,并配有上下移动的拉门,方便将垃圾清扫出去。同时还装有喂食口。动物集装箱在船上一般应装在甲板上,因为甲板上空气流通,便于清扫和照顾动物。

9. 服装集装箱

服装集装箱(garment container)的特点是,在箱内上侧梁上装有许多根横杆,每根横杆上垂下若干条皮带扣、尼龙带扣或绳索,成衣利用衣架上的钩,直接挂在带扣或绳索上。这种服装装载法属于无包装运输,它不仅节约了包装材料和包装费用,而且减少了人工劳动,提高了服装的运输质量。

10. 框架集装箱

框架集装箱没有箱顶和两侧的箱壁,可从集装箱侧面进行装卸,如图 8-7 所示。框架集装箱以超重货物为主要装载对象,还可用于装载牲畜及诸如钢材之类可以免除外包装的裸装货物。

图 8-7 40 英尺高柜框架集装箱

8.3 托盘

8.3.1 托盘的定义

我国的《物流术语》对托盘(pallet)的定义是:用于集装、堆放、搬运和运输的,放置作为单元负荷的货物和制品的水平平台装置。这种平台台面有供叉车从下部叉入并将台板托起的叉入口,这种基本结构的平面台板和在这种基本结构基础上所形成的各种形式的集装器具都可统称为托盘。托盘一般用木材、塑料、金属、纤维板制作，便于装卸、搬运单元物资和小数量的物资。

托盘作为与集装箱类似的一种集装设备，现已广泛应用于生产、运输、仓储和流通等领域，是 20 世纪物流产业中的关键性创新之一。它与叉车配套使用，在装卸、储存和运输等现代物流运作过程中发挥着巨大的作用。托盘给现代物流业带来的效益主要体现在：可以实现物品包装的单元化、规范化和标准化，保护物品，方便物流；物品运输的集装化，提高运输效率，降低运输成本；物品存放的立体化、物品流通过程的自动化；物品装卸的机械化、自动化，提高装卸效率和速度；物品数据处理的信息化，提高现代物流的系统管理水平。托盘拥有的数量已成为衡量一国物流现代化水平的重要标志之一。

我国托盘年产量、托盘市场保有量和循环共用托盘池规模均以较高速度增长。2020 年我国托盘年产量约为 3.4 亿片，同比增长 13.3%；托盘市场保有量达到 15.5 亿片，同比增长 6.9%。

托盘的出现也促进了集装箱和其他集装方式的形成和发展，托盘是和集装箱一样重要的集装方式，两者形成了集装系统的两大支柱。

托盘和集装箱在许多方面是优点和缺点互补的，二者配合使用可以发挥各自的优点。

托盘与集装箱相比，其主要优点如下。

(1) 自身重量小。因而用于装卸、运输托盘本身所消耗的劳动较小，无效运输及装卸比运输集装箱小。

(2) 返空容易，返空时占用运力很少。

(3) 装盘容易。不需像集装箱那样深入到箱体内部，装盘后可采用捆扎、紧包等技术处理，使用简便。

(4) 装载量虽然比集装箱小，但也能集中一定数量，比一般包装的组合量大得多。

托盘与集装箱相比的主要缺点是：保护性比集装箱差，露天存放困难，需要有仓库等配套设施。

托盘联运的优势主要有以下几点。

(1) 省力。托盘与叉车一起使用，极大地减轻了人力装卸作业的强度。

(2) 省时。由于采用了机械化作业，使装卸、搬运作业速度大幅度提高。

(3) 安全。既可使货物在装卸、搬运过程中减少破损，同时也减少了对装卸工人的身体伤害。

(4) 高效。不仅可以采用高架仓库存储托盘货物，而且能提高整个物流链的效率。

(5) 降低货物包装成本。

(6) 节省仓储堆存面积。多层堆码可充分利用库容。

托盘联运也有其缺点，主要有以下几点。

(1) 托盘本身的体积占据了一定的空间，使装载容积降低。

(2) 运输后的空托盘需要管理。

(3) 空托盘还需要返还到发送地。

虽然采用一次性托盘，省却了返还空盘。但一次性托盘的使用导致运输成本上升、资源浪费和环境污染问题，为此，一次性托盘的运用比例呈逐年下降趋势。另一个解决办法是建设托盘公用系统(见 8.3.4 托盘公用系统)。

8.3.2　托盘的标准

托盘是物流产业中最为基本的集装单元,它随着产品在生产企业、物流企业、零售企业和用户之间流通,它与产品生产线、产品包装、叉车、货架、公路运输车辆、铁路运输车辆、轮船、集装箱和仓储设施等许多方面均有较为严格的尺寸匹配关系。因此,托盘标准化是物流产业最为基础的标准,托盘的标准化直接决定了物流标准化进程和现代物流产业的运作成本。

1. 国际托盘标准

美国的国家标准托盘是 1 219 毫米×1 016 毫米;其周边国家如加拿大、墨西哥为 1 200 毫米×1 000 毫米;澳大利亚为 1 165 毫米×1 165 毫米;欧洲以 1 200 毫米×800 毫米的托盘为标准的国家最多,但是英国、德国及荷兰有 1 200 毫米×800 毫米和 1 200 毫米×1 000 毫米两种托盘存在,其他北欧各国拥有统一的 1 200 毫米×800 毫米的托盘。英国制定托盘的统一政策较晚,造成了两种托盘规格的并存。

日本、韩国、新加坡等国家所制定的标准托盘是 1 100 毫米×1 100 毫米,东南亚各国现在还没有由国家来制定标准托盘,由于 1 100 毫米×1 100 毫米的托盘与 ISO 国际标准集装箱相配合,普及率很高。

1988 年,ISO 制定了 4 种托盘国际规格,具体如下:1 200 毫米×800 毫米、1 200 毫米×1 000 毫米、1 219 毫米×1 016 毫米、1 100 毫米×1 000 毫米。

2003 年,ISO 在原有的 4 种规格基础上,新增了 1 100 毫米×1 100 毫米、1 067 毫米×1 067 毫米两种规格,现有的托盘国际标准共有 6 种规格。

2. 国内标准及现有托盘的主要规格

我国的托盘的国家标准之路较为曲折。除机械工业系统使用 JB 3003—81 规定的 800 毫米×1 000 毫米和 500×800 毫米两种规格的托盘外,1996 年,我国的交通运输部科研院提出将 ISO 6780 : 1988《联运通用平托盘—主要尺寸及公差》等效采用为我国的托盘的国家标准。以后,原国家技术监督局以 GB/T 2934　1996 标准系列文号批准并发布了这个等效标准,其中包括了 1 200 毫米×1 000 毫米、1 200 毫米×800 毫米、1 140 毫米×1 140 毫米及 1 219 毫米×1 016 毫米等 4 个托盘规格。但由于我国采用的托盘国际标准太多,同时又缺乏托盘共用系统 (pallet exchange system)来引导托盘在企业间自由流通,因此,这个推荐标准并未有效地解决我国托盘联运过程中规格统一的问题。随着我国物流产业的迅猛发展和托盘国际标准的不断增多,2003 年 ISO 托盘国际标准在 1988 年的 4 种规格的基础上,又增加了 1 100 毫米×1 100 毫米、1 067 毫米×1 067 毫米两种规格,我国继续等效采用所有 ISO 托盘国际标准已经不再是一种理性的选择。

早在 2005 年 8 月国家标准化委员会与国家发改委、商务部、铁道部、交通运输部、国家质检总局、中国民用航空局、国家统计局等 8 个部门联合发布了《全国物流标准 2005 年—2010 年发展规划》。在第 6 部分第 1 条"近期物流标准修订进度表"中就明确规定,2005—2006 年期间我国必须率先完成 GB/T 2934—1996《联运通用平托盘　主要尺寸及公差》的修订。

我国现行的托盘标准为《联运通用平托盘 主要尺寸及公差》(GB/T 2934—2007)，该推荐性标准采用了 ISO(国际标准化组织)、IEC(国际电工委员会)等国际组织的标准。该标准于 2007 年 10 月 11 日发布，2008 年 3 月 1 日实施。

《联运通用平托盘
主要尺寸及公差》
(GB/T 2934—2007)

8.3.3　托盘的种类

目前，托盘的种类繁多，按照其材质分类主要有木质托盘、塑料托盘、木塑托盘、钢质托盘、纸质托盘。按照其结构分类主要有拆卸式柱式托盘、固定式柱式托盘、固定式箱式托盘、折叠式箱式托盘、可卸式箱式托盘。此外还有专用托盘，如航空托盘、油桶专用托盘、轮胎专用托盘等。

木质托盘(见图 8-8)的特点是使用广泛、价格便宜、结实。以前对于木质托盘的利用很不合理，一般制造业会在使用一次后将其废弃处理。现在开始考虑多次利用、循环使用。

塑料托盘(见图 8-9)比较贵，载重也较小，但是随着塑料托盘制造工艺的进步，一些高载重的塑料托盘正在慢慢取代木质托盘。采用无规共聚聚丙烯(PP)或低压高密度聚乙烯(HDPE)为原料生产的塑料托盘，强度高，承受力大，添加抗老化剂后使用寿命长，是木托盘的几十倍。与钢托盘、木托盘相比，塑料托盘具有质轻、平整、美观、

图 8-8　木质托盘

整体性好、无钉无刺、无毒无味、耐酸碱、不腐烂、不易被细菌繁殖、易清洗消毒、不助燃、无静电、无火花、防爆、防滑溜、回收价值高等特点，已广泛应用于石化、化工、食品、啤酒/饮料、水产品、医药、烟草、饲料、制衣、制鞋、电子电器、玻璃、港口、码头等诸多行业，是现代企业产品运输、包装、仓储及产品出口必备的重要工具。

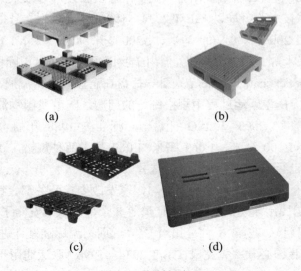

(a)　　　　　　　　　　(b)

(c)　　　　　　　　　　(d)

图 8-9　塑料托盘

木塑复合托盘是一种新的复合材料托盘。它综合了木质托盘、塑料托盘和金属托盘的优点，其缺点在于自重较大，约为木质、塑料托盘的两倍，人工搬运略有不便，以及由此造成的生产成本较大。

金属托盘结实、耐用，缺点是易腐蚀，价格较高。

8.3.4　托盘共用系统

1. 托盘共用系统简介

托盘共用系统(pallet pooling system)是为了实现高效物流和资源有效循环，在区域或全国范围保障托盘、周转箱等运输包装物循环共用的网络及运营体系。其核心包括分布于区域或全国的实体网络、计算机信息网络、庞大的托盘等资产池及专业的运营团队。托盘共用系统可以在全供应链、跨产业链实现物流、资金流和信息流的统合；结合 RFID 电子标签、GPS、GIS 等高新技术应用。

托盘共用系统运营公司负责保障托盘和周转箱等在制造商、批发商、零售商、承运商和用户之间共享和循环使用、自由流通，以共用的方式向社会提供标准化的联运托盘及包装周转箱，实现商品包装和物流的集装化、标准化、单元化、模块化、机械化、信息化和作业一贯化，提高全社会的物流效率和资源利用率，节约资源，降低运营成本。它拥有一定数量的托盘，在全国各地建立运营服务中心和回收网络，负责对托盘的回收和维护。

2020 年，我国托盘年产量、托盘市场保有量和循环共用托盘池规模均以较高速度增长。托盘年产量约为 3.4 亿片，同比增长 13.3%；托盘市场保有量达到 15.5 亿片，同比增长 6.9%。图 8-10 为 2003—2020 年中国托盘保有量(单位：百万片) 。循环共用托盘池规模超过 2 800 万片，同比增长 12.0%。

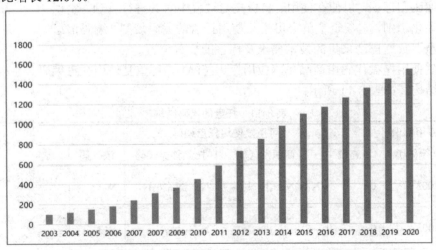

图 8-10　2003—2020 年中国托盘保有量(单位：百万片)

图 8-11 为 2017—2020 年中国循环共用托盘池规模(单位：万片)。

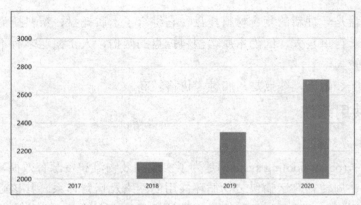

图 8-11 2017—2020 年中国循环共用托盘池规模(单位：万片)

2021 年 12 月 19 日，在第 16 届中国托盘国际会议上发布了《2021 中国托盘行业可持续发展报告》。该报告特别指出：全国性的循环共用正在由启蒙阶段向高速发展阶段迈进。未来十年将是中国托盘循环共用发展的黄金十年，预计到 2035 年，全中国有将近 2 亿片的托盘是通过共享方式在循环使用。在"十四五"前期，国内外托盘领军企业都将会加大托盘循环共用业务的开发和投入力度，必将掀起新一轮具有中国特色的托盘循环共用。

2. 可重复使用托盘代码

为了推广应用托盘共用系统，国家出台了一系列相关的规范、标准，如《GB/T 34397—2017 托盘共用系统管理规范》《GB/T 38115—2019 托盘共用系统信息化管理要求》和《GB/T 31005—2014 托盘编码及条码表示》。其中《GB/T 31005—2014 托盘编码及条码表示》的发布日期为 2014-09-03，实施日期为 2015-02-01，它就是用于物流作业中对可重复使用托盘的编码和标识，以便在使用、租赁托盘过程中对其进行管理，实现托盘的自动化识别，它规定了单个可重复使用托盘的编码规则、编码信息的符号表示、数据自动采集的技术要求及标签的放置位置。

《GB/T 31005—2014 托盘编码及条码表示》

可重复使用托盘代码由商品条码应用标识符(AI)、可重复使用托盘编码、系列号组成，分为 4 种结构，如表 8-11 所示。

表 8-11 托盘的代码结构

结构种类	应用标识符(AI)	可重复使用托盘编码				系列号
		填充位	厂商识别代码	托盘种类代码	校验码	
结构一	8003	0	$N_1N_2N_3N_4N_5N_6N_7$	$N_8N_9N_{10}N_{11}N_{12}$	N13	$X_1X_2X_3X_4X_5X_6X_7X_8X_9$ $X_{10}X_{11}X_{12}$
结构二	8003	0	$N_1N_2N_3N_4N_5N_6N_7$ N_8	$N_9N_{10}N_{11}N_{12}$	N13	$X_1X_2X_3X_4X_5X_6X_7X_8X_9$ $X_{10}X_{11}X_{12}$
结构三	8003	0	$N_1N_2N_3N_4N_5N_6N_7$ N_8N_9	$N_{10}N_{11}N_{12}$	N13	$X_1X_2X_3X_4X_5X_6X_7X_8X_9$ $X_{10}X_{11}X_{12}$
结构四	8003	0	$N_1N_2N_3N_4N_5N_6N_7$ $N_8N_9N_{10}$	$N_{11}N_{12}$	N13	$X_1X_2X_3X_4X_5X_6X_7X_8X_9$ $X_{10}X_{11}X_{12}$

编制规则如下：

1) 应用标识符

可重复使用托盘采用应用标识符(AI)：8003。

2) 可重复使用托盘编码

(1) 填充位：填充位用 0 表示。

(2) 厂商识别代码

厂商识别代码由 7～10 位数字表示，由中国物品编码中心负责分配和管理，编制规则见 GB12904。对于 UPC，N1=0。

(3) 托盘种类代码

托盘种类代码由 5～2 位数字组成，具体编制规则如下：

对采用 7 位厂商识别代码的托盘，$N_8 \sim N_{10}$ 为 0；对采用 8 位厂商识别代码的托盘，N_9、N_{10} 为 0；对采用 9 位厂商识别代码的托盘，N_{10} 为 0。

$N_{11}N_{12}$ 表示托盘的具体种类，按照托盘尺寸、材质、动载荷载划分，具体代码取值如表 8-12 所示。

表 8-12　托盘种类及 $N_{11}N_{12}$ 取值

序号	托盘种类			代码($N_{11}N_{12}$取值)
	尺寸	材质	动载	
1	1 200mm×1 100mm	木质		01
2	1 200mm×1 100mm	塑料		02
3	1 200mm×1 100mm	金属		03
4	1 200mm×1 100mm	木塑		04
5	1 200mm×1 100mm	其他		05
6	1 100mm×1 100mm	木质	1t～1.5t	06
7	1 100mm×1 100mm	塑料		07
8	1 100mm×1 100mm	金属		08
9	1 100mm×1 100mm	木塑		09
10	1 100mm×1 100mm	其他		10
11	其他尺寸 [a]	各种材质 [b]		19
12	1 200mm×1 100mm	木质		30
13	1 200mm×1 100mm	塑料		31
14	1 200mm×1 100mm	金属		32
15	1 200mm×1 100mm	木塑		33
16	1 200mm×1 100mm	其他		34
17	1 100mm×1 100mm	木质	1.5t 以上	17
18	1 100mm×1 100mm	塑料		18
19	1 100mm×1 100mm	金属		19
20	1 100mm×1 100mm	木塑		20
21	1 100mm×1 100mm	其他		29
22	其他尺寸	各种材质		39

a.其他尺寸是指 1 200mm×1 100mm 和 1 100mm×1 100mm 以外的任何托盘尺寸。

b.各种材质是指包括木质、塑料、金属、木塑及其他任何托盘材料。

(4) 校验码

校验码 N_{13} 为 1 位数字，用于检验整个编码的正误。校验码的计算方法见 GB12904—2008 的附录 B。

3) 系列号

系列号 $X_1 \sim X_{10}$ 为 10 位数字，由获得厂商识别代码的托盘企业自行分配。它在一个给定的托盘种类内标识一个单独的托盘。其中，系列号的前两位 X_1X_2 为年份代码，表示托盘生产日期的年份，如 2012 年生产的托盘，X_1X_2 用 12 表示。

为充分利用编码容量和方便管理，$X_3 \sim X_{10}$ 宜使用顺序号。

图 8-12 为厂商识别代码为 6901234，2012 年生产的尺寸为 1 200mm×1 000mm，动载载荷为 1t~1.5t 的塑料托盘编码及条码表示。

(8003)0690123400002312000000001

图 8-12　托盘编码及条码表示示例

3. 托盘条码符号的放置位置

可重复使用托盘条码(代码)符号的放置位置，应在托盘四个直立面各放置一个条码符号，条码符号(包括空白区)边缘到任何一个直立边的间距应不小于 50mm。避免把条码符号放置在会使其变形和受其他损害的地方。托盘条码应放在相邻两边易于识读的位置。

托盘条码符号位置，如图 8-13、图 8-14 所示。

条码标签

条码标签

图 8-13　普通平托盘条码符号位置示例

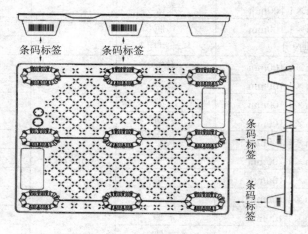

条码标签　　条码标签

条码标签

条码标签

图 8-14　塑料托盘条码符号位置示例

视频链接：托盘视频介绍。http://www.etuopan.com/news/html/Video/8427.html，2014-12-17 11:26:00 优酷网

8.4　其他集装器具

8.4.1　集装袋、塑料编织袋、集装网

集装袋(见图 8-15)、塑料编织袋、集装网(见图 8-16)主要用于食品、化工、水泥、粮食、矿产资源(如氧化铝、有色金属)等各类粉状、粒状、块状物品的包装，是仓储、运输等行业的理想用品，是散装货物的配套包装。具体包括化工袋、透气袋、防漏袋、防静电袋、导电袋、吊袋等。集装袋，又称柔性集装箱(或称为吨袋、吨包、吨包袋、吨装袋等)，是一种柔性运输包装容器。它具有防潮、防尘、耐辐射、牢固安全等优点，而且在结构上具有足够的强度。　由于集装袋装卸、搬运都很方便，装卸效率明显提高，近年来发展很快。集装袋一般多用聚丙烯、聚乙烯等聚酯纤维纺织而成。

图 8-15　集装袋

图 8-16　集装网

各种集装袋(见图 8-17)具体特点及分类如下。

(1) 集装袋载重量在 0.5 吨~3 吨之间，容积在 500 升~2 300 升之间，保险系数可根据用户需要进行设计。

(2) 集装袋按内装货物分为散装货物集装袋和小包装货物集装袋两大类，可以一次性使用和周转使用。

(3) 集装袋按形状分为圆形、方形和 U 形体 3 种。

(4) 集装袋按起吊结构分为顶吊型、侧吊型和底吊型，通常有进出料口。

(a) 3 层立方袋

(b) U 形边缝袋

(c) 跨角四角吊袋

(d) 锥形袋

图 8-17　各种集装袋

(5) 集装袋按制作材料可分为纸塑复合水泥袋、内涂(外涂)复合塑编袋、方底阀口袋、自封袋、普通编织袋。

(6) 集装袋按尺寸可分为吨包装袋、半吨袋。

8.4.2　仓库(储)笼

仓库(储)笼是目前国内外生产制造业、超市零售业普遍采用的一种物流集装器具,被广泛用于原料、半成品及成品的暂存、运输、分类整理与存入。仓库(储)笼也是一种特殊的包装形式,具有和托盘类似的作用,但其钢材料和网状、立体的结构特点决定其既可作立体的装卸、存储、运输工具,又可作物流周转箱使用,还可作售货工具;其功用已经深入到生产、流通、消费诸领域,经历了暂存、包装、装卸搬运、储存、运输等环节,贯穿物流的全过程。

仓库(储)笼是目前国内外生产制造厂商、超市零售企业普遍采用的一种物流产品,如图8-18所示。仓库(储)笼安装、装货、取货、叠合简便灵活,易于操作,可实现仓储的立体化。仓库笼适合用叉车、吊车、行车、升降机、台车、液压托盘车装卸、搬运和堆高,省时省力。

(a)

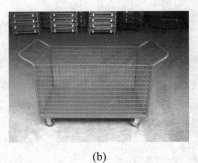
(b)

图 8-18　仓库笼

1. 仓库(储)笼的优点

仓库(储)笼的优点如下。

(1) 仓储管理合理化:规格统一、容量固定,存放一目了然,便于库存清点,并可单独分层少量卸取存料,避免翻仓的麻烦。

(2) 节约空间:使用堆高机、升降机、吊机,可堆积四层高,产生立体化储存效果,不用时,可折叠堆积,只及原来使用空间的20%。

(3) 作业一元化:配合堆高机、吊车、台车、升降机、油压托板车或其他运输设备的使用。自原料进厂开始,无论经过几次加工,至成品完成储存于仓库,最后送至客户手中,皆可利用仓库(储)笼。不仅可以减少搬运中发生损坏,而且能节省大量人工成本费用。

(4) 使用方便:本容器为折叠式特殊设计,操作简单、安全,折叠与展开轻巧,节省空间,应用范围大、使用寿命长。

(5) 坚固耐用:本容器结构坚固,是使用强力钢条电焊而成,底部以 U 形槽焊接补强,配以特殊脚架,使作业更安全、迅速。

2. 仓库(储)笼的结构特点

仓库(储)笼的结构特点如下。

(1) 多点焊接，保证仓库(储)笼坚固耐用。

(2) 折弯型金属把手，把握自然。

(3) 螺旋型铰链，使仓库(储)笼在不用时可以折叠，减少占用空间。

(4) 底部采用 U 形钢补强，保证仓库(储)笼的承载能力。

(5) 金属辅强结构，保证仓库(储)笼在相互堆叠时的强度。

(6) 特殊脚部结构，可使仓库(储)笼自身堆高稳定。

8.5 岸边集装箱起重机(岸桥)

岸边集装箱起重机是目前常用的集装箱装卸专用设备，临海(水)侧有外伸的悬臂，用以装卸船；在陆侧则有后伸臂，上面设有平衡装置，以保持岸边集装箱起重机的平衡与稳定。外伸臂是活动式的，平时吊起，放下后即可进行作业，岸边集装箱起重机可以在轨道上自由行走，这样能方便地进行装卸船作业。

8.5.1 常规型岸边集装箱起重机

岸边集装箱起重机设计时要求在 16 米/秒以内的风速下可以正常作业，并要求在 50 米/秒风速下保持稳定。起重量一般为 30~35 吨，平均装卸效率为 25~35 标准箱/小时(TEU/h)，最新研制的双小车岸边集装箱起重机的效率可以达到 60 标准箱/小时。岸边集装箱起重机的结构装置有：门架结构、俯仰悬臂、载重小车、驾驶室、机房、起升装置、横行装置、俯仰装置、换绳装置、行走装置。

8.5.2 双小车岸边集装箱起重机

双小车岸边集装箱起重机(见图 8-19)诞生于自动化码头，它的特点是生产率高。鉴于它无可比拟的优势，在常规码头也得到广泛应用。

图 8-19 双小车岸边集装箱起重机

1. 双小车岸边集装箱起重机的特点

双小车岸边集装箱起重机具有如下特点。

(1) 起重机大梁为双箱梁结构，前小车为牵引式小车，而且将起升机构移到机房内，大大降低了小车自重。后小车为敞开式载重小车。

(2) 集卡装卸区既可以在后伸距下也可以在门框内；舱盖板既可以放置在起重机门框

内也可以放置在起重机后伸距下。

(3) 采用牵引小车后,优化合理的钢丝绳缠绕形式使吊具和前小车起升滑轮之间起升绳倒三角悬挂,在吊具起升到较高位置时有很好的悬挂刚性,不需要采用电子防摇就可达到很好的防摇效果,特别是防扭效果很好。

(4) 中转平台集装箱台座两侧设置有工人装卸集装箱旋锁的专门安全通道。

(5) 进一步优化了集卡定位系统和后小车自动纠偏系统,使后小车既可以和自动化码头的 AGV 自动配合,也可和常规码头的集卡车快捷装卸,极大地提高了后小车和地面运输车之间的作业效率。

(6) 前小车司机室既可以按照常规和小车连在一起,也可以采用分离式,独立于小车自行驱动。

图 8-20 所示为独立式前小车司机室双小车岸边集装箱起重机。前小车司机室独立于前小车,位于小车海侧大梁端部,和前小车共用大梁上的轨道,它有自己独立的行走驱动系统和悬挂结构,这种独立的司机室布置形式有如下特点。

图 8-20 独立式前小车司机室双小车岸边集装箱起重机

(1) 前小车司机室的运行区间主要在集装箱船装卸箱位的上方,停机位置由司机根据船上装卸位置来确定。

(2) 司机室视野有极大的改进,较大程度上减轻了司机的作业疲劳。

(3) 前小车仅在船上对位和由人工完成装卸,其余动作可以选择自动操作。

(4) 前小车司机室也可随前小车运行到陆侧,直接操作前小车和集卡的装卸。

(5) 前小车和前小车司机室之间有多重安全保护和连锁,确保二者之间始终保持安全距离,即使前小车失控也不会影响到司机室的安全。

2. 双小车岸边集装箱起重机的优势

双小车岸边集装箱起重机与常规岸边集装箱起重机相比具有如下的优势。

(1) 双小车起重机解决了常规起重机的一系列难题,如起重机起升高度越来越高,因小车太高,悬挂太长,装卸集卡时对位困难,严重影响码头水平运输效率。而双小车起重机因前小车、后小车各尽其责,可以很好地解决常规起重机难以解决的这个矛盾。

(2) 同等条件下双小车起重机的作业生产率是常规起重机作业生产率的 1.5 倍以上。一个集装箱装卸泊位上用 3 台双小车起重机可以代替 4~5 台同等要求的常规起重机的作业,更有利于节省空间,使码头前沿有足够大的移动空间。

8.5.3　双 40 英尺箱岸边集装箱起重机

双 40 英尺箱岸桥是为适应船舶大型化要求，进一步提高装卸效率的岸边集装箱起重机，它可以一次装卸两个 40 英尺集装箱。作业效率最高可达 104 标准箱/小时(常规起重机一般为 30～40 标准箱/小时)。

双 40 英尺箱起重机不是将两套起升机构简单地合并，而是采用了差动型起升齿轮减速箱。这个减速箱可以实现功率的分解和叠加，即它可以将两只电机的输出功率既分配给两个吊具，又可叠加在一起只供给一个吊具。只有如此，才可使起重机在使用一个吊具时实现高速高效。图 8-21 为双 40 英尺箱起重机吊具。

如果两个 40 英尺箱超过 80 吨时，不能同时进行两个 40 英尺箱作业，吊具上架油缸可以快速脱开使两个吊具独立，起升机构可将其中一个吊具升至最高点固定，使用另一套吊具即可实现一个双 20 英尺箱或一个单 40 英尺或 45 英尺箱作业，当吊两个 20 英尺箱时最大负荷可达 65 吨。

图 8-21　双 40 英尺箱起重机吊具

8.5.4　双 40 英尺箱双小车起重机

双 40 英尺箱双小车起重机(见图 8-22)综合了双 40 英尺箱起重机和双小车起重机的优点，是目前最高效的起重机，理论上每小时可卸 80～100 个 40 英尺箱。

图 8-22　双 40 英尺箱双小车起重机

双 40 英尺箱双小车岸桥的基本构造和装卸模式与双小车岸桥相似，也是在常规岸桥的基础上，由前小车、中转平台和后小车组成。它既可针对一个集卡或一个 AGV 进行装卸，也可针对两个集卡同时装卸。由于后小车起升高度矮和特殊的钢丝绳缠绕方式使吊具和货物基本不摇摆，装卸对箱容易，作业效率大大提高。双 40 英尺箱双小车岸边集装箱起重机可使装卸效率提高 100%。

8.6 轮胎式集装箱龙门起重机

与岸边集装箱起重机不同，轮胎式集装箱龙门起重机(RTG)是工作在集装箱码头堆场的，它随着作业的要求，经常移动到不同的场地。图 8-23 为轮胎式集装箱龙门起重机示意图。标准型轮胎式集装箱龙门起重机可分为 4 绳系统和 8 绳(可实现双向防摇)系统两种机型。以下简单介绍标准型 RTG 的设备组成。

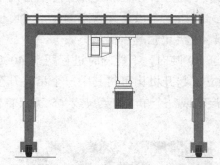

图 8-23 轮胎式集装箱龙门起重机示意图

1. 大车行走机构

大车的行走机构(见图 8-24)是保证轮胎式集装箱龙门起重机移动的，可采用对角驱动方式。轮胎可用无内胎轮胎。

2. 梯子平台

司机登机时通过直梯、斜梯及平台到达司机室。整机梯子平台踏步板一般采用格栅板形式，如图 8-25 所示。

图 8-24 大车行走机构

图 8-25 梯子平台

3. 小车驱动机构

小车驱动机构(见图 8-26)是为了保证吊具左右移动，以便装卸集装箱。

图 8-26　小车驱动机构

4. 起升机构

轮胎式集装箱龙门起重机的起升机构可采用 4 绳缠绕系统或 8 绳缠绕系统，如图 8-27 所示。电动机通过卷筒绕起起升绳，卷筒的驱动端直接连接到减速装置的低速轴，卷筒的另一端通过自调心滚动轴承支撑。

(a) 4 绳起升机构减速箱

(b) 4 绳起升机构

(c) 8 绳起升机构

图 8-27　4 绳/8 绳起升机构

5. 司机室

轮胎式集装箱龙门起重机的司机室 (见图 8-28)，距离地面较高，司机作业时需要具有良好的视野，所以司机室前后、左右和底部均设玻璃。地窗上面加格栅，在不影响视线的前提下，方便踏脚，并使司机有安全感。地窗可以翻起，便于清洁。

图 8-28　司机室

6. 电控系统

起重机各机构的动作和管理由驱动与控制系统处理。驱动与控制系统由可编程逻辑控制器、变频调速装置、机上监控管理系统及其相互间的通信装置等组成。电控系统如图 8-29 所示。

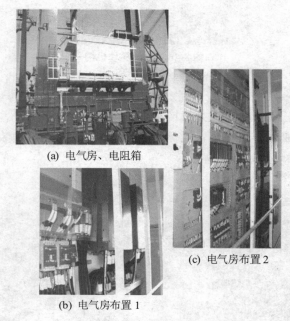

(a) 电气房、电阻箱

(c) 电气房布置 2

(b) 电气房布置 1

图 8-29　电控系统

起升装置、小车运行和大车运行等工作机构需用足够功率的交流电动机,目前这些交流电动机由全数字式交流变频无级调速系统来控制。该调速系统在各种工况下都具有功率高、起制动平稳、反应灵敏、调速精度高、调速范围广、稳定可靠、操作简单的特点。

目前,常规的轮胎式集装箱龙门起重机(RTG)正向以下三个方向发展。

(1) 绿色 RTG(利用超级电容,实现环保节能)。

(2) 用市电的全电动型 RTG(无大型柴油机,也无液压系统。工作时用市电驱动,转场时用小型柴油机)。

(3) 可拆卸、搬运、安装的 RTG。

此外,DGPS(差分卫星定位系统)及 GIS(地理信息系统)等先进的技术也正在应用于轮胎式集装箱龙门起重机。

8.7　轨道式集装箱龙门起重机

轨道式集装箱龙门起重机(RMG)是集装箱堆场的专用机械之一,它利用市电,通过行走轮在轨道上移动(见图 8-30),配有 20 英尺、40 英尺可伸缩吊具(根据需要亦可配双箱吊具),在集装箱堆场的规定范围内起吊、堆放集装箱。RMG 与 RTG(轮胎式集装箱龙门起重机)相比,具有用市电驱动,无污染,可加大起重量和起升速度,大车可吊货快速行走等优点。

轨道式集装箱龙门起重机由起升机构、小车机构、大车机构、减摇机构等组成。起升机构、大车机构、小车机构多为交流变频控制。起升机构一般为单卷筒形式，也可根据需要设计成双卷筒形式。

图 8-30 从动轮夹轮器

小车旋转机构一般在−10°与+190°之间方便旋转，也可实现连续旋转。

除具有用市电驱动、轨道快速行走等特点，其他特点可以参看 8.6 节轮胎式集装箱龙门起重机的相关内容。

阅读材料 8-2　青岛港全自动化集装箱码头引发港口生产方式革命

全自动化码头是集物联网、大数据、人工智能、自动控制等技术和业务于一体的复杂系统工程，自 1993 年世界第一个集装箱自动化码头 ECT 在荷兰鹿特丹诞生以来就被誉为"港口科技王冠上的明珠"，是当之无愧的"大国重器"。多年来，尽管我国已经成为世界港口大国，但一直未能拥有真正意义上的全自动化码头。2013 年 10 月，青岛港决定建设全自动化集装箱码头，面对西方先进国家的技术封锁，顶住压力，立足自身，刻苦攻关，仅用三年多的时间完成了从规划到建设运营的全过程。2017 年 5 月 11 日，全球领先、亚洲首个真正意义上的全自动化码头——青岛港全自动化集装箱码头一期工程投入商业运营。该码头岸线长 660 米，建设 2 个泊位，设计吞吐能力 150 万标准箱/年，配备 7 台双小车岸桥(STS)、38 台高速轨道吊(ASC)和 38 台自动导引车(L‑AGV)。

与传统人工码头相比，青岛港全自动化集装箱码头一期工程的作业效率提升 30%，人工减少 80%，自动化程度超过鹿特丹港等世界级港口。同时，建设成本仅为国外同类码头的 2/3，建设周期仅为其 1/3。截至 2019 年 11 月 26 日，一期工程累计完成船舶装卸 1 846 艘次，完成集装箱吞吐量 285.4 万标准箱，船舶准班率 100%。其中，码头平均装卸效率由开港时的 24.2 自然箱/小时提升到 36.2 自然箱/小时，最高效率达到 43.8 自然箱/小时，比全球同类码头高 50%，是首个超过人工码头作业效率的自动化码头。外集卡在港周转时间 15 分钟以内，比人工码头缩短时间 50%以上。目前，一期工程已受理和授权专利 93 项，发表论文 47 篇，制定标准 12 项，获《自动化码头生产作业决策支持系统》等软件著作权 10 项。获评"中国智能制造十大科技进展"，获青岛市科技进步一等奖、中国港口协会、中国航海学会等科技进步特等、一等奖 16 项。共接待来自 56 个国家和地区的 1 640 批次、33 240 多人次参观访问，成为展示中国港口科技成就的亮丽名片。

资料来源：山东港口青岛港全自动化码头(二期)投产运营https://news.qingdaonews.com/qingdao/2019-11/28/content_20928940.htm，青岛新闻网，2019-11-28 10:33

8.8 集装箱叉车

集装箱叉车应用在集装箱码头堆场，集装箱制造、维修企业，集装箱中转站，港口、铁路中转站和公路中转站等场所，用来对集装箱进行搬运和堆垛。目前，常用的集装箱叉车可以分为重箱内燃集装箱平衡重叉车、空箱内燃集装箱平衡重叉车、集装箱正面吊运机三类。下面将分别进行介绍。

8.8.1 重箱内燃集装箱平衡重叉车

重箱内燃集装箱平衡重叉车，根据其吊具类型可分为下叉式和上属具两种。起吊重量小于 25 吨的吊具类型可采用下叉式；起吊重量大于 40 吨的吊具类型一般采用上属具。

常见的重箱内燃集装箱平衡重叉车有如下 4 种：10 吨下叉式重箱叉车、25 吨下叉式重箱叉车、42 吨(3、4、5 层箱)重箱叉车、45 吨集装箱重箱叉车。

图 8-31 为下叉式平衡重叉车。图 8-32 为上属具平衡重叉车。

图 8-31 下叉式平衡重叉车

图 8-32 上属具平衡重叉车

8.8.2 空箱内燃集装箱平衡重叉车

空箱叉车应用在集装箱堆场，集装箱制造、维修企业和集装箱中转站，进行空箱的搬运和堆垛。目前，常见的空箱叉车有 8 吨下叉式集装箱货柜叉车、18 吨集装箱空箱作业叉车、26 吨集装箱空箱作业叉车三类。空箱叉车最高可堆 8 英尺 6 英寸高的空箱 8 层。表 8-13 列出了典型的 26 吨 7 层空箱叉车的技术性能参数，堆叠高度为 7 层。

表 8-13 7 层空箱叉车技术性能参数

参 数	数 据
额定起重量(千克)	4 层：6 000
	5 层：5 000
	6 层：4 500
	7 层：4 000
最大起升高度(毫米)	18 300
吊具形式	上属具
载荷中心距(毫米)	1 220
最大起升速度(毫米/秒)	满载：240
	空载：390
门架倾角 前/后(度)	2/4

续表

参　数	数　据	
前进(公里/小时)	1 档: 9	
	2 档: 18	
	3 档: 30	
后退(公里/小时)	1 档: 9	
	2 档: 18	
	3 档: 30	
最小转弯半径(毫米)	6 300	
侧移(每一边)(毫米)	300	
全长(毫米)	6 920	
全宽(毫米)	车体/整机 3 780/6 055	
全高(毫米)	门架不起升时: 12 070	
	护顶架 5 295	
轴距(毫米)	4 500	
轮距(毫米)	前轮: 2 950	
	后轮: 2 480	
堆码集装箱层数(层)	7	
最小离地间隙(毫米)	385	
自重(千克)	45 500	
轮胎	前轮: 14.00—24—24PR	
	后轮: 14.00—24—24PR	
传动形式	液力传动	
燃油	柴油	
叉车稳定性	符合 Q/DC.J.028—1996 标准	

图 8-33 为典型的 5～8 层空箱叉车。

图 8-33　5～8 层空箱叉车

8.8.3　集装箱正面吊运机

集装箱正面吊运机主要用于 20 英尺和 40 英尺集装箱的堆叠和码头、堆场内的水平运输,与集装箱叉车相比,它具有机动灵活、操作方便、稳定性好、轮压较低、堆码层数高、可进行跨箱作业、堆场利用率高等优点。特别适用于中小港口,铁路中转站和公路中转站的集装箱装卸,也可在大型集装箱码头作为辅助设备来使用。

集装箱正面吊运机有可伸缩和左右旋转的集装箱吊具，既能用于 20 英尺又可用于 40 英尺集装箱装卸作业，吊装集装箱时正面吊不一定要与集装箱垂直，可以与集装箱成夹角作业。在起吊后，可旋转吊具，以便通过比较狭窄的通道。同时，吊具可以左右侧移动各 800 毫米，以便在吊装时对箱，提高作业效率。对于场地条件较差的货运站，正面吊也能正常作业。

伸缩式的臂架，可带载变幅，集装箱的起降由臂架伸缩和变幅来完成，在臂架伸出和俯仰油缸伸出时，其起升速度较快，在下降时同时锁入，可获得较大的下降速度。在作业时，可同时实现整车行走、变幅、臂架伸缩动作，具有较高的工作效率。表 8-14 为典型的 45 吨集装箱正面吊运机的技术参数。

表 8-14 45 吨集装箱正面吊运机的技术参数

参　　数		数　　据
堆箱高度		5 层
发动机	连续输出额定功率	246 千瓦/(2 100 转/分钟)
	最大扭矩	1 458 千瓦/(1 300 转分钟)
	缸径×行程	120×147
吊具	水平面内旋转角	−95°～+185°
	水平倾斜角度	自动水平
	侧向位移	±800 毫米
	伸出时间	0.28 秒
	缩回时间	0.27 秒
吊具下的最大起重量	第一排载荷中心距	45 吨 4 层 1.9 米
	第二排载荷中心距	31 吨 4 层 3.85 米
	第三排载荷中心距	15 吨 3 层 6.35 米
最大起升高度	第一排载荷中心距	35 吨 1.9 米，起升 5 层箱
	第二排载荷中心距	31 吨 3.85 米，起升 4 层箱
	第三排载荷中心距	15 吨 6.35 米，起升 3 层箱
最小转弯半径		8 200 毫米
行走速度	空载	25 公里/小时
	重载	20 公里/小时
爬坡能力	空载	30%
	重载	15%
臂架起升时间	空载	0.38 秒
	重载	0.6 秒
臂架降落时间	空载	0.46 秒
	重载	/
臂架伸出时间	空载	0.28 秒
	重载	0.41 秒
臂架缩进时间	空载	/
	重载	0.27 秒
整机自重(含吊具)		73 吨
外型尺寸(长×宽×高)		11.35 米×4.13 米×4.65 米
轴距		6 米

续表

参　　数	数　　据
说明	最大起重量： 第一排：载荷中心距前轮边缘 1.9 米　1～4 层　≥45 吨 第二排：载荷中心距前轮边缘 3.8 米　1～4 层　≥31 吨 第三排：载荷中心距前轮边缘 6.3 米　1～3 层　≥15 吨 最小转弯半径(从外侧轮胎测量)≤8 200 毫米

图 8-34 为典型的集装箱正面吊运机。

图 8-34　集装箱正面吊运机

本章小结

　　本章介绍了集装化运输的发展、优势，介绍了集装箱、托盘、集装袋和其他集装器具的定义、标准、分类、性能，以及集装单元的装卸、搬运及运输设备，如各种岸边集装箱起重机、轮胎式集装箱起重机、轨道式集装箱起重机、集装箱叉车，并介绍了各种机械的组成、工作原理、各种参数。

思考题

　　1. 集装箱标准按使用范围划分有哪些？

　　2. 集装箱按箱内所装货物一般分为哪几种？

　　3. 简述集装单元化的优势。

　　4. 按照材质分类，托盘主要有哪几类？各有哪些优缺点？

　　5. 可重复使用的托盘代码结构包括哪几部分？各自的含义是什么？

　　6. 试比较集装箱和托盘的优缺点。

　　7. 仓库(储)笼有哪些优点？

　　8. 岸边集装箱起重机有哪几种？目前，最高效的岸边集装箱起重机是哪种？

　　9. 试比较轮胎式与轨道式集装箱龙门起重机的优缺点。

　　10. 集装箱叉车主要应用在哪些场所？常用的集装箱叉车可以分为哪几类？

第9章
物流信息技术

🎯 学习目标

通过本章的学习，了解物流信息技术的分类；了解各种物流信息技术的原理；掌握物流信息技术在物流管理中的地位及作用。

🔍 核心要点

- 物流信息技术的分类。
- 条形码物流设备的功能及特点。
- 射频识别设备的功能及特点。
- EDI(电子数据交换)技术的特点。
- 全球卫星导航系统(GNSS)与地理信息系统(GIS)技术和装备。
- EPC(产品电子代码)、PML(物体标记语言) 和云计算等技术。

9.1 物流信息技术概述

1. 物流信息技术的定义

物流信息技术(logistics information technology)是指运用于物流各环节的信息技术。物流信息技术是物流技术中发展最迅猛的领域，是物流现代化的重要标志。飞速发展的计算机网络技术的应用使物流信息技术达到新的水平，促进了物流产业的信息化进程，从而提高了现代物流技术和管理水平。随着物流信息技术的不断发展，一系列新的物流理念和新的物流经营方式产生了，它们进一步推进了物流的变革。

2. 物流信息技术的分类

目前，常见的物流信息技术主要有：条码技术(bar code)、射频识别技术(RFID)、电子数据交换(EDI)、全球卫星导航系统(GNSS)、地理信息系统(GIS)、产品电子代码(EPC)、物体标记语言(PML)和云计算等技术。

1) 条码技术

条码技术是在计算机的应用实践中产生和发展起来的一种自动识别技术。条码以一组规则排列的条、空及其对应字符组成的条形码记载信息，常见的条码符号是黑条和白空印刷而成，当光照射到条码符号上时，黑条和白空产生较强的对比度，从而利用条、空对光的不同反射率来识读信息。条码技术的应用解决了数据录入和数据采集的"瓶颈"问题，使用条码技术能够快速、准确而可靠地采集数据，为现代物流及供应链管理提供了有效的技术支持。

条码技术提供了一种对物流中的物品进行标示和描述的方法，借助自动识别技术等现代技术手段，企业可以随时了解有关产品在供应链上的位置，并及时做出反应。

2) RFID 技术

射频识别技术(radio frequency identification，RFID)即射频识别，俗称电子标签，是 20 世纪 90 年代开始兴起的一种自动识别技术，可通过无线电信号识别特定目标并读写相关数据，无需识别系统与特定目标之间建立机械或光学接触。由于其识别距离比光学系统远，且不局限于视线，具有读写能力，可携带大量数据，难以伪造，具有智能化等优点，被广泛应用在物流等行业。

由于射频标签具有可读写能力，尤其适用于需要频繁改变数据内容或要求非接触数据即可采集和交换的场合。目前，RFID 被应用于物料跟踪、运载工具和货架识别等多个领域，如门禁管制、停车场管制、生产线自动化和物料管理等方面。

3) EDI 技术

电子数据交换(electronic data interchange，EDI)是按照通信协议、依据各行各业的事务处理模式形成的一个公认的信息标准，经数据通信网络在计算机应用系统之间以电子的方式交换商业文件。电子数据交换减少甚至取消了纸张、票据等书面文件的来往，因而也被称为"无纸贸易"。

在物流企业应用 EDI，可以实现快速响应，减少商场库存量与空架率，加速商品资金周转，降低成本。建立物资配送体系，还可以完成产、存、运、销一体化的供应线管理。EDI应用获益最大的是零售业、制造业和配送业，EDI 技术在这些行业的供应链上的应用使传输发票、订单的过程达到了很高的效率。

4) 全球卫星导航技术

全球卫星导航系统(global navigation satellite system，GNSS)具有在海、陆、空进行全方位、实时的三维导航与定位能力，并具有全天候、高精度、自动化、高效益等显著特点，它广泛应用于：

➢ 运动载体如飞机、舰船、车辆、导弹、动物、人员的导航、跟踪、调度、救援和管制；

➢ 提供精度高、稳定性好、功能强、无积累误差、不受地域气候等环境条件限制的时间服务，用于电力、金融、通信、交通、广电、石化、冶金、国防、教育、IT、公共服务设施等各个领域；

➢ 大地测量、工程测量、航空摄影测量、地壳运动监测、工程变形监测、资源勘察、地球动力学等多个领域；

➢ 在物流配送等行业对车辆进行跟踪、调度管理，合理分布车辆，结合电子地图及实时的交通状况，自动匹配最优路径，以最快的速度响应用户的请求，降低能源消耗，节省运行成本。可实行车辆的自主导航、自动驾驶。

5) GIS 技术

GIS(geographical information system，地理信息系统)的基本功能是将表格型数据(无论它来自数据库、电子表格文件或直接在程序中输入)转换为地理图形显示，然后对显示结果进行浏览、操作和分析。其显示范围可以从洲际地图到非常详细的街区地图，显示对象包括人口、销售情况、运输线路及其他内容。

在物流业中，主要是利用 GIS 强大的地理数据功能来完善物流分析技术。GIS 物流分析软件包括车辆路线模型、最短路径模型、网络物流模型、分配集合模型和设施定位模型等。

6) EPC 技术

EPC(electric product code，电子产品代码)技术，是条码技术的延续和发展。它可以对供应链中的对象(包括物品、货箱、货盘、位置等)进行全球唯一的标识。

7) PML (物体标记语言)

物联网中所有的产品信息都是用在 XML 语言基础上发展的 PML(physical markup language，物体标记语言)来描述的。PML 被设计成用于人及机器都可使用的自然物体的描述标准，是物联网网络信息存储、交换的标准格式。

8) 云计算技术

云计算的"云"就是存在于互联网上的服务器集群上的资源，它包括硬件资源(服务器、存储器、中央处理器等)和软件资源(如应用软件、集成开发环境等)，本地计算机只需要通过互联网发送一个需求信息，远端就会有成千上万的计算机为你提供需要的资源并将结果返回到本地计算机。这样，本地计算机几乎不需要做什么，所有的处理都在云计算提供商所提供的服务器集群上完成。

9.2 条码技术

9.2.1 条码技术概述

条码分为一维码和二维码两种。一维码比较常用，如日常商品外包装上的条码，它的信息存储量小，仅能存储一个代号，使用时通过这个代号调取计算机网络中的数据。二维码是近几年发展起来的，它能在有限的空间内存储更多的信息，包括文字、图像、指纹、签名等，并可脱离计算机使用。由于二维条码具有传统条码不可比拟的众多优点，已经被 ISO 和一些主要工业标准组织采纳为运输标签标准，世界各地的物流机构如新西兰陆路运输部、法国邮局、南非航空货运公司、英国、巴西的快运公司等也纷纷采用。在国内，上海大众汽车公司在汽车销售过程中的物流管理、海尔在企业物流的管理过程中也采用了二维条码技术。

1. 一维条码

一维条码是由一组黑白相间的条纹构成，这种条纹由若干个黑白的"条"和白色的"空"所组成，其中，黑色条对光的反射率低而白色的空对光的反射率高，再加上条与空的宽度不同，就能使扫描光线产生不同的反射接收效果，在光电转换设备上转换成不同的电脉冲，形成了可以传输的电子信息。由于光的运动速度极快，所以，可以准确无误地对运动中的条码予以识别。通常，将人可识别的字符注在条码符号的下面。

一维条码的码制较多，常见的大概有 20 多种码制，其中包括 Code39 码(标准 39 码)、

Codabar 码(库德巴码)、Code25 码(标准 2 码)、ITF25 码(交叉 25 码)、Matrix25 码(矩阵 25 码)、UPC-A 码、UPC-E 码、EAN-13 码(EAN-13 国际商品条码)、EAN-8 码(EAN-8 国际商品条码)、中国邮政码(矩阵 25 码的一种变体)、Code-B 码、MSI 码、Code11 码、Code93 码、ISBN 码、ISSN 码、Code128 码(Code128 码，包括 EAN128 码)、Code39EMS (EMS 专用的 39 码)等一维条码。

一个完整的条形码符号是由两侧静区、起始符、数据字符、校验字符(可选)和终止符组成的。图 9-1 和图 9-2 所示为 EAN-13 商品条码的结构。

1) 静区

静区分为首静区和尾静区，位于条形码符号的左右两端。静区为没有任何印刷符或条形码信息的空白区，其作用是提示阅读器(即扫描器)准备扫描条形码符号，保证阅读器的光束到达第一个条纹前有一个稳定的速度。由于首、尾静区相同，故可双向阅读。

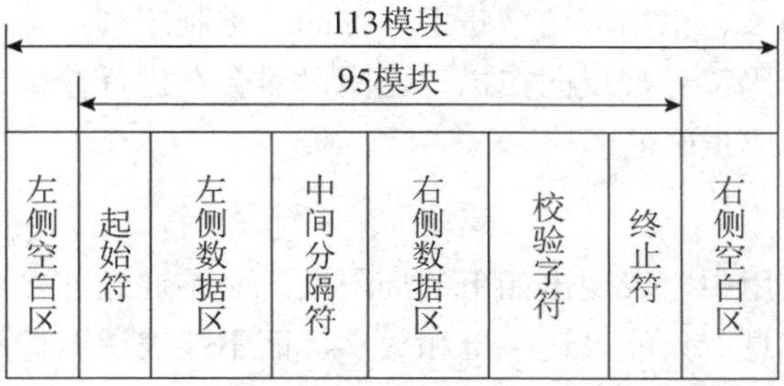

图 9-1　EAN-13 商品条码符号构成示意图

图 9-2　EAN-13 商品条码符号结构

2) 起始符

条形码符号的第一位字符是起始符，它的特殊条、空结构用于识别一个条形码符号的开始。阅读器先要确认此字符的存在，然后处理由扫描器获得的一系列脉冲。

3) 数据字符

数据字符由条形码字符组成，用于代表一定的原始数据信息。

4) 校验字符

在条形码制中定义了校验符。有些码制的校验字符是必须有的，有些码制的校验字符则是可选的。校验字符是通过对数据字符进行一种算术运算而确定的。解码器对各字符进行同一种算术运算，并将结果与校验字符比较，若两组数据一致，说明读入的信息有效。

5) 终止符

条形码符号的最后一位字符是终止符，它的特殊条、空结构用于识别一个条形码符号的结束，阅读器识别终止字符，便可知道条形码符号已扫描完毕。若条形码符号结束，阅读器就向计算机传送数据，并向操作者提供"有效读入"的反馈。终止字符的使用避免了不完整信息的输入。当采用校验字符时，终止字符还指示阅读器对数据字符实施校验计算。起始字符和终止字符的条、空结构通常是不对称的二进制序列，这一非对称性允许扫描器进行双向扫描。当条形码符号被反向扫描时，阅读器会在进行校验计算和传送信息前将条形码各字符号重新排列成正确的顺序。

2. 二维条码

由于一维条码在使用中，表现出如下的局限性：必须通过连接数据库的方式提取信息才能明确条码表达的信息；只能表达字母和数字，而不能表达图像和汉字；一维条码携带信息量较小，不能满足物流过程中需要携带大量信息的要求。而二维条码弥补了这一不足。

二维条码是用某种特定的几何图形按一定规律在平面(二维方向上)分布的黑白相间的图形记录数据符号信息的；在代码编制上巧妙地利用构成计算机内部逻辑基础的"0""1"比特流的概念，使用若干个与二进制相对应的几何形体来表示文字数值信息，通过图像输入设备或光电扫描设备自动识读以实现信息自动处理。二维条码能够在横向和纵向两个方位同时表达信息，因此能在很小的面积内表达大量的信息。

在目前的几十种二维条码中，常用的码制有：PDF417 二维条码(见图 9-3)、Datamatrix 二维条码、Maxicode 二维条码、QR code 二维条码(见图 9-4)、Code 49、Code 16K、Code one 等。

图 9-3　PDF417 二维条码

图 9-4　QR code 二维条码

3. 物流条码

按照应用对象的不同，条码也可分为商品条码和物流条码。

商品条码是最终消费品的消费单元上的标识，通常是单个商品的唯一标识，用于零售业现代化的管理。商品条码有 EAN 条码和 UPC 条码等。EAN 码是国际物品编码协会在全球推广应用的商品条码，有 EAN-13 码(标准版)和 EAN-8(缩短版)两种版本；UPC (universal product code，UPC) 条码在北美地区应用较为广泛。

物流条码是储运单元(或称贸易单元)的唯一标识，通常标识多个或多种商品的集合，它标贴于商品的外包装(又称大包装或运输包装)上，以供物流过程中的收发货、运输、装卸、仓储、分拣、配送等环节识别，用于物流的现代化管理。国际上通用的和公认的物流条码码制有三种：ITF-14 条码、UCC/EAN-128 条码及 EAN-13 条码。

4. 条形码的识别原理

条形码扫描器是根据不同颜色的物体，其反射的可见光的波长不同来识别条形码的。白色物体能反射各种波长的可见光，黑色物体则吸收各种波长的可见光。白条、黑条的宽度不同，相应的电信号持续时间长短也不同。当条码扫描器光源发出的光经光阑及凸透镜后，照射到黑白相间的条形码上时，反射光经凸透镜聚焦后，照射到光电转换器上，于是光电转换器接收到与白条和黑条相应的强弱不同的反射光信号，并转换成相应的电信号输出到放大整形电路。整形电路的脉冲数字信号经译码器译成数字、字符信息。译码器通过识别起始字符、终止字符判别出符号的码制及扫描方向；通过测量脉冲数字电信号 0、1 的数目来判别条和空的数目，通过测量 0、1 信号持续的时间来判别条和空的宽度。这样便得到了被辨读的条形码符号的条和空的数目及相应的宽度和所用码制，根据码制所对应的编码规则，可将条形符号转换成相应的数字、字符信息，通过接口电路传送给计算机系统进行数据处理与管理，便完成了条形码辨读的全过程。

9.2.2 条码阅读器

条码阅读器，也叫条码扫描枪、条码扫描器、扫描器或扫描枪，是用于读取条码所包含信息的阅读设备。其本身没有内存，只是通过它实现了即时的传输，当连接上电脑后，扫描出来的数据会直接地显示在光标定位处。当然无线的扫描枪也可以在不连电脑的情况下工作，但是扫描的距离会受到较大的限制。条码阅读器的结构通常包括光源、接收装置、光电转换部件、译码电路、计算机接口。

根据条码阅读器采用技术的不同，可将其划分为光笔条码阅读器、CCD 条码阅读器和激光条码阅读器。

1. 光笔条码阅读器

光笔条码阅读器是最先出现的一种手持接触式条形码阅读器，也是最为经济的一种条形码阅读器(见图 9-5)。其操作如同用笔画一条线，只要将笔头的小窗口对准条码，在其表面匀速移动，条码信号便可通过电缆进入计算机。

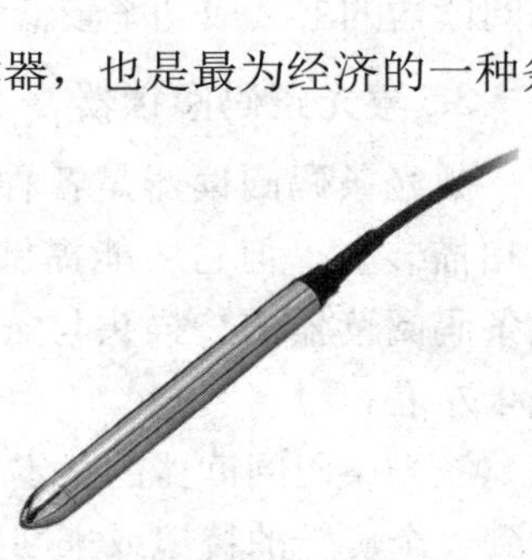

光笔条码扫描器是一种轻便的条形码读入装置。在光笔内部有扫描光束发生器和反射光接收器。目前，市场上出售的这类扫描器品种多样，它们主要在发光的波长、光学系统结构、电子电路结构、分辨率、操作方式等方面存在不同。然而，光笔类条形码扫描器不论采用何种工作方

图 9-5 光笔条形码阅读器

式，从使用上都存在一个共同点，即阅读条形码信息时，要求扫描器与待识读的条码接触或离开一个极短的距离(一般为 0.2～1 毫米左右)。

光笔条码阅读器的优点：与条码接触阅读，能够明确哪一个是被阅读的条码；阅读条码的长度不受限制；与其他的条码阅读器相比成本较低；内部没有移动部件，比较坚固；体积小，重量轻。

光笔条码阅读器的缺点：有一些场合不适合接触阅读条码，使用光笔会受到各种限制；另外只有在比较平坦的表面上阅读指定密度的、打印质量较好的条码时，光笔条形码阅读器才能发挥它的作用；而且操作人员需要经过一定的训练才能使用，如果阅读速度、阅读角度，以及使用的压力不当都会影响它的阅读性能；由于它必须接触阅读，当条码在因保存不当而产生损坏，或者上面有一层保护膜时，光笔都不能使用；另外，光笔条形码阅读器的首读成功率低且误码率较高。

2. CCD 条码阅读器

CCD 条码阅读器(见图 9-6)是利用光电耦合原理，对条形码印刷图案进行成像，然后再译码，比较适合近距离和接触阅读。

CCD 条形码阅读器使用一个或多个 LED，发出的光线能够覆盖整个条码，条码的图像被传到一排光探测器上，被每个单独的光电二极管采样，由邻近的探测器的探测结果为"黑"或"白"来区分每一个条或空，从而确定条码的字符。换言之，CCD 条形码阅读器不是简单地阅读每一个"条"或"空"，而是阅读条码的整个部分，并将其转换成可以译码的电信号。

图 9-6　CCD-80 红光条码阅读器

CCD 条码阅读器的优点：与其他条形码阅读器相比，价格较便宜，且容易使用。它的重量比激光条形码阅读器轻，而且不像光笔条形码阅读器一样只能接触阅读。

CCD 条码阅读器的缺点：在需要阅读印在弧形表面的条码(如饮料罐)时会有困难；在一些需要远距离阅读的场合也不是很适合，如仓库领域；CCD 的防摔性能较差，因此产生的故障率较高；在所要阅读的条码比较宽时，CCD 条形码阅读器也不是很好的选择，信息很长或密度很低的条码很容易超出扫描头的阅读范围，导致条码不可读；而且某些使用多个 LED 的条形码阅读器中，任意一个 LED 有故障都会导致不能阅读；大部分 CCD 条形码阅读器的首读成功率较低且误码率高。

3. 激光条码阅读器

激光条码阅读器是各种扫描器中价格相对较高的，其内一般装有控制扫描光束的自动扫描装置。但它所能提供的各项功能指标最高，因此在各个行业中都被广泛采用。激光条码阅读器的扫描头与条形码标签的距离，短的只有 0～20 毫米，而长的可达到 500 毫米左右。

激光条码阅读器的基本工作原理：激光扫描仪通过一个激光二极管发出一束光线，照射到一个旋转的棱镜或来回摆动的镜子上，反射后的光线穿过阅读窗照射到条码表面，光线经过条或空的反射后返回阅读器，由一个镜子进行采集、聚焦，通过光电转换器转换成电信号，该信号将通过扫描器或终端上的译码软件进行译码。

激光条码阅读器的优点：可以用于非接触扫描，通常情况下，在阅读距离超过 30 厘米时，激光条形码阅读器是唯一的选择；激光阅读条码密度范围广，可以阅读不规则的条码表面，或透过玻璃、透明胶纸阅读；因为是非接触阅读，因此不会损坏条码标签；因为有较先进的阅读及解码系统，首读识别成功率高、识别速度相对光笔及 CCD 更快；对印刷质量不好或模糊的条码识别效果好；误码率极低(约为三百万分之一)；激光条形码阅读器的防震防摔性能好。

激光条码阅读器的缺点：它的价格相对较高，但如果从购买费用与使用费用的总和计算，与 CCD 条形码阅读器并没有太大的区别。

激光条形码阅读器根据使用方式的不同，又可分为手持与固定两种形式。

手持激光条形码阅读器(见图 9-7)连接方便简单、使用灵活。固定式激光条形码阅读器(见图 9-8)是指条码阅读设备安装在固定的位置上，适合于不便使用手持式扫描方式阅读条形码信息的场合，也适合于阅读量较大、条码较小的场合。如果工作环境不允许操作者一只手处理标附有条形码信息的物体，而另一只手操纵条形码扫描枪，就可以选用固定式激光条形码阅读器自动扫描。这种阅读器也可以安装在生产流水线传送带旁的某一固定位置，等待标附有条形码标签的待测物体以平稳、缓慢的速度进入扫描范围，对自动化生产流水线进行控制。

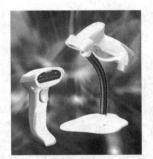

图 9-7 手持激光条码扫描器

图 9-8 固定式激光扫描器

9.2.3 条码数据采集器

条码数据采集器(或称盘点机、掌上电脑)具有一体性、机动性、体积小、重量轻、高性能及可手持等特点。具备实时采集、自动存储、即时显示、即时反馈、自动处理、自动传输功能。为现场数据的真实性、有效性、实时性、可用性提供了保证。其本身存在内存，扫描出来的数据是存储在采集器的内存里面的，再通过传输底座将数据传输到电脑实现批处理，十分方便高效，在不连接电脑的情况下也可以同样地工作。条码数据采集器在产品出入库、物流快件管理、固定资产管理、抄表系统、图书管理系统上应用得非常广泛。

条码数据采集器根据数据传输的方法可分为两种类型：批处理型与无线实时型。

批处理型条码采集器本身配有数据存储器，通常由电池供电，可以脱机使用，广泛应用于仓库管理、商品盘点及多种野外作业上。当数据搜集后，先把数据存储起来，利用和电脑连接的通信座把采集的条码信息用文件的方式传输到电脑。

无线实时型数据采集器(见图9-9)之所以称为无线，就是因为它不需要依靠通信座和计算机进行数据交换，而可以直接通过无线网络和计算机、服务器进行实时数据通信。操作员在无线数据采集器上所有操作后的数据都在第一时间进入后台数据库，也就是说，无线数据采集器将数据库信息系统延伸到每一个操作员的手中。

图9-9　无线扫描器

9.2.4　条码技术在物流中的应用

条码技术是物流自动跟踪的最有力工具，并在全球范围内被广泛应用。由于条码技术具有制作简单、信息收集速度快、准确率高、信息量大、成本低和条码设备方便易用等特点，被广泛应用于仓储、运输、配送及生产过程中。具体来看，作为物流管理的工具，条码的应用主要集中在以下环节。

1. 物料管理

通过将物料编码，并且打印条码标签，不仅便于物料跟踪管理，而且也有助于做到合理的物料库存准备，提高生产效率，便于企业资金的合理运用。

2. 分拣运输

应用物流标识技术，可将预先打印好的条码标签贴在发送的物品上，并在每个分拣点装一台条码扫描器，使包裹或产品自动分拣到不同的运输机上。

3. 生产线物流管理

条码生产线物流管理是产品条码应用的基础。在生产中应用产品识别码监控生产，可以采集生产测试数据和生产质量检查数据、进行产品完工检查、建立产品识别码和产品档案、有序地安排生产计划并监控生产及流向，提高产品下线合格率。

■ 阅读材料9-1　条码技术在工业生产线中的应用

在工业生产线中，需要批量跟踪和记录制造流程中使用的部件或组件，以保障产品的质量。但工厂生产线中，还有相当一部分使用原始的操作，就是每个产品在上生产线前，手工记载生成这个产品所需的工序和零件，领料员按记载分配好物料后，才能开始生产。使用这种方法容易记错信息，并且浪费时间，零件组件成品得不到有效的跟踪、控制。因此，需要引入条形码和工业扫描平台系统来进行批量跟踪并记录制造流程中使用的部件或组件，保证生产线更顺利地运转，更快地向客户提交产品。

在工业生产线每个工序点要记录信息的地方设立工业条码扫描平台，当贴有条码的组件或成品经过工业条码扫描平台时，自动扫描条码并把信息传送到电脑中，实现完整的库存可视化，使生产流程同步化，成功地协调需求和生产。将条码技术应用于生产线，带来了如下优势。

1) 跟踪制造流程

能自动记录整个生产装配过程中所使用的零部件，因此如果遇到问题需要把产品召回检查或提醒客户，就可以确切地知道成品中所使用的零部件。通过自动扫描流程控制统计数据和填写电子报告，工程师可以节约大量时间，提高工作效率。

2) 库存管理

实现生产流程自动化，员工无须停止工作就可发送补货信息，原料处理人员可以更快地寻找和交付需要的部件。由于补货数据每分钟都会更新，可提高库存的准确率。保证库存量满足客户订货或生产计划的需要。

3) 节约成本，提高效率

使用工业扫描平台阅读出来的条码，能达到近乎为零的出错率，减少人为书写的错误输入。安装成功后，工业扫描平台不需要人手去控制干预，能自动运作，可以节约人手。

(资料来源：广州康利达条码技术有限公司. http://www.china-code.com/index.asp)

4. 仓储管理

采用条码可以对商品的采购、保管和销售进行管理，其优势在立体仓库管理方面得到更好地体现。立体仓库是现代工业生产中的一个重要组成部分，利用条码技术，可以完成仓库货物的导向、定位、入格操作，提高识别速度，减少人为差错，从而提高仓库管理水平。

5. 货物通道

全方位扫描器能够从所有的方向(上下、前后和左右)识读任意方向、任意面上的条码。无论包裹有多大，无论运输机的速度有多快，无论包裹间的距离有多小，所有制式的扫描器一起工作，决定当前哪些条码需要识读，然后把一个个信息传送给主计算机或控制系统。

9.3　RFID 技术

9.3.1　RFID 技术概述

1. RFID 技术的概念

射频识别技术(radio frequency identification，RFID)简称"射频技术"，是一种非接触式的自动识别技术，通过射频信号自动识别目标对象并获取相关数据，识别工作无须人工干预，可在各种恶劣环境工作。射频识别的距离可达几十厘米至几米，且根据读写的方式，可以输入数千字节的信息，同时还具有极高的保密性。

与传统条形码依靠光电效应不同的是，RFID 标签无须人工操作，在阅读器的感应下可以自动向阅读器发送商品信息，从而实现商品信息处理的自动化。

RFID 按应用频率的不同分为低频(LF)、高频(HF)、超高频(UHF)、微波(MW)，一般来说读取器的输出功率越高，天线的尺寸越大，通信距离就越长。但是实际使用中有时却希望通信距离短一些，从而可以对标签进行单个的确认。目前国际上还没有统一的 RFID 标准，RFID 厂商都采用自己的标准。可供射频识别卡使用的标准有 ISO 10536、ISO 14443、ISO 15693 和 ISO 18000，其中应用最多的是 ISO 14443 和 ISO 15693。

2. RFID 系统的组成和工作原理

最基本的 RFID 系统由三部分组成：电子标签、阅读器和天线。在 RFID 的实际应用中，电子标签附着在被识别的物体上(表面或内部)。当带有电子标签的被识别物品通过其可识读范围时，阅读器自动以无接触的方式将电子标签中的约定识别信息读取出来，从而实现自动识别或自动收集物品标志信息的功能。

1) 电子标签(即射频卡)

电子标签由耦合元件及芯片组成，标签含有内置天线，用于和射频天线间进行通信。电子标签中一般保存有约定格式的电子数据，在实际应用中，电子标签附着在待识别物体的表面。

2) 阅读器

阅读器是读取或写入电子标签信息的设备，在 RFID 系统中起着举足轻重的作用。阅读器的频率决定了射频识别系统的工作频率。阅读器的功率直接影响射频识别的距离。根据应用系统的功能需求及不同设备制造商的生产习惯，阅读器具有各种各样的结构与外观。

3) 天线

天线在标签和读取器间传递射频信号。RFID 系统的阅读器必须通过天线来发射能量，形成电磁场，通过电磁场对电子标签进行识别，天线所形成的电磁场范围就是射频系统的可读区域。

系统的基本工作流程如图 9-10 所示：阅读器通过发射天线发送一定频率的射频信号，当射频卡进入发射天线工作区域时产生感应电流，射频卡获得能量被激活；射频卡将自身编码等信息通过卡内置发送天线发送出去；系统接收天线接收到从射频卡发送来的载波信号，经天线调节器传送给阅读器，阅读器对接收的信号进行解调和解码，然后传送到后台主系统进行相关处理；主系统根据逻辑运算判断该卡的合法性，针对不同的设定做出相应的处理和控制，发出指令信号控制执行机构动作。

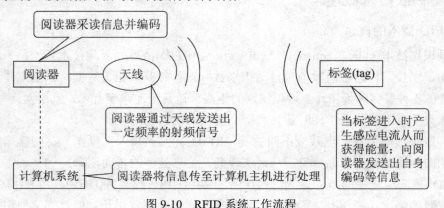

图 9-10 RFID 系统工作流程

3. RFID 技术的优点

RFID 技术具有条形码所不具备的防水、防磁、耐高温、使用寿命长、读取距离远、标签上数据可以加密、存储数据容量更大、存储信息更改自如等优点。

和传统条形码识别技术相比，RFID 技术有以下优势。

1) 快速扫描

传统条形码识别技术一次只能扫描一个条形码；RFID 辨识器可同时读取数个 RFID 标签。

2) 体积小型化、形状多样化

RFID 在读取上并不受尺寸大小与形状限制，不需为了保证读取精确度而调整纸张的固定尺寸和印刷品质。此外，RFID 标签更可向小型化与多样形态发展，以应用于不同产品。

3) 抗污染能力和耐久性

传统条形码的载体是纸张，因此容易受到污染，但 RFID 标签对水、油和化学药品等物质具有很强的抵抗性。此外，由于条形码附于塑料袋或外包装纸箱上，所以特别容易受到折损，而 RFID 卷标是将数据存在芯片中，因此可以免受污损。

4) 可重复使用

现今的条形码，印刷上去之后就无法更改，RFID 标签则可以重复新增、修改、删除 RFID 卷标内储存的数据，方便信息的更新。

5) 穿透性和无屏障阅读

在被覆盖的情况下，RFID 能够穿透纸张、木材和塑料等非金属或非透明的材质，并能够进行穿透性通信。而条形码扫描器必须在近距离而且没有物体阻挡的情况下，才可以辨读条形码。

6) 数据的记忆容量大

随着记忆载体的发展，数据容量也有不断扩大的趋势。未来物品所需携带的资料量会越来越大，对卷标所能扩充容量的需求也相应增加。

7) 安全性

由于 RFID 承载的是电子式信息，其数据内容由密码保护，因此不易被伪造及修改。近年来，RFID 因其所具备的远距离读取、高储存量等特性而备受关注。它不仅可以帮助一个企业大幅提高货物、信息管理的效率，还可以让销售企业和制造企业互联，从而更加准确地接收反馈信息，控制需求信息，优化整个供应链。

综上所述，射频识别卡的最大优点就在于非接触，因此，完成识别工作时无须人工干预，适于实现自动化且不易损坏，可识别高速运动物体，并可同时识别多个射频卡，操作快捷、方便。短距离射频识别卡不怕油渍、灰尘污染等恶劣环境，因此可在这样的环境中替代条码，例如用于在工厂的流水线上跟踪物体等；长距离射频产品多用于交通上，识别距离可达几十米，如自动收费或识别车辆身份等。

9.3.2　RFID 技术的应用

RFID 技术在物料跟踪、运载工具和货架识别等要求非接触数据的采集和交换，以及频繁改变数据内容的场合尤为适用。在实际应用中，射频技术在其他物品的识别及自动化管理方面也得到了较广泛的应用。

根据 RFID 系统完成的功能不同，可以粗略地把 RFID 系统分成 4 种类型：便携式数据采集系统、EAS 系统、物流控制系统、定位系统。

1. 便携式数据采集系统

便携式数据采集系统使用带有 RFID 阅读器的手持式数据采集器，采集 RFID 标签上的数据。这种系统具有比较大的灵活性，适用于不宜安装固定式 RFID 系统的应用环境。手持式阅读器(数据输入终端)可以在读取数据的同时，通过无线电波数据传输方式实时地向主计算机系统传输数据，也可以暂时将数据存储在阅读器中，再一批一批地向主计算机系统传输数据。

2. EAS 系统

EAS(electronic article surveillance，电子商品防盗系统)是一种设置在需要控制物品出入的门口的 RFID 技术。这种技术的典型应用场合是商店、图书馆、数据中心等地方，当未被授权的人从这些地方非法取走物品时，EAS 系统会发出警告。在应用 EAS 技术时，先在物品上黏附 EAS 标签，当物品被正常购买或者合法移出时，在结算处通过一定的装置使 EAS 标签失活，物品就可以取走。物品经过装有 EAS 系统的门口时，EAS 装置能自动检测标签的活动性，如果发现活动性标签，EAS 系统会发出警告。EAS 技术的应用可以有效防止物品的被盗，不管是大件的商品，还是很小的物品。应用 EAS 技术，物品不用再锁在玻璃橱柜里，可以让顾客自由地观看、检查商品，这在自选日益流行的今天有着非常重要的现实意义。典型的 EAS 系统一般由三部分组成。

(1) 附着在商品上的电子标签，即电子传感器。

(2) 电子标签灭活装置，以便授权商品能正常出入。

(3) 监视器，在出口造成一定区域的监视空间。

EAS 系统的工作原理是：在监视区，发射器以一定的频率向接收器发射信号。发射器与接收器一般安装在零售店、图书馆的出入口，形成一定的监视空间。当具有特殊特征的标签进入该区域时，会对发射器发出的信号产生干扰，这种干扰信号也会被接收器接收，再经过微处理器的分析和判断，就会控制警报器的鸣响。根据发射器所发出的信号不同，以及标签对信号干扰原理的不同，EAS 可以分成许多种类型。关于 EAS 技术，最新的研究方向是标签的制作，人们正在讨论 EAS 标签能不能像条码一样，在产品的制作或包装过程中加进产品，成为产品的一部分。

3. 物流控制系统

在物流控制系统中，固定布置的 RFID 阅读器分散布置在给定的区域，并且阅读器直接与数据管理信息系统相连，信号发射机是移动的，一般安装在移动的物体、人上面。当物体、人流经阅读器时，阅读器会自动扫描标签上的信息并把数据信息输入数据管理信息系统存储、分析、处理，达到控制物流的目的。

4. 定位系统

定位系统用于自动化加工系统中的定位，以及对车辆、轮船等进行运行定位支持。阅读器放置在移动的车辆、轮船上或者自动化流水线中移动的物料、半成品、成品上，信号发射机嵌入到操作环境的地表下面。信号发射机上存储有位置识别信息，阅读器一般通过无线或者有线的方式连接到主信息管理系统。

9.3.3 RFID 标签

电子标签是一种非接触式的自动识别技术，它通过射频信号自动识别目标对象并获取相关数据。每个标签含有一个储存数据的小集成电路和一个像天线一样从阅读器收发信号的微型铜线圈。

在实际应用中，电子标签附着在被识别的物体上(表面或者内部)，当带着电子标签的被识别物品通过读写器的可识读区域时，读写器自动以无接触的方式将电子标签中的约定识别信息读出，从而实现自动识别物品或自动收集物品标识信息的功能。图 9-11 为电子标签的基本构造。

图 9-11　电子标签的构造

例如，在仓库管理和汽车定位等需要定位的场合，使用电子标签通信，并通过远距离读写器或者便携式阅读器使电子标签的 LED 灯闪烁可用于产品查找和定位(见图 9-12)。再如，车辆电子标签是放置在车辆驾驶室中，作为车辆的全球唯一号码自动识别和存储车辆相关信息，配合读写设备能完成对车辆的自动识别和信息的自动交换。车辆电子标签可用于智能小区、大厦、企事业单位等对车辆自动进出进行管理；也可作为城市机动车的电子牌照，实现政府职能部门对车辆的更灵活、高效的严格监管。图 9-13 为车辆电子标签。

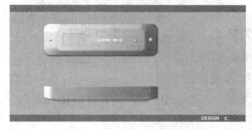

图 9-12　物流仓储定位查找 RFID 电子标签

图 9-13　车辆电子标签

按不同的标准，车辆电子标签有如下分类方式。

1) 按调制和供电方式划分

按调制和供电方式划分，可分为无源标签和有源标签两种。无源标签借助阅读器发出的信号发送信息，也被称作被动标签。无源标签没有内装电池，在阅读器的读出范围之外时，电子标签处于无源状态，在阅读器的读出范围之内时，电子标签从阅读器发出的射频能量中提取其工作所需的电源。

有源标签借助自带电池则能主动持续发出比无源标签更强的信号，也被称作主动标签。

标签的工作电源完全由内部电池供给，同时标签电池的能量供应也部分地转换为电子标签与阅读器通信所需的射频能量。使用电子标签搜集产品数据时，阅读器无须对准标签，省去了人工扫描的麻烦。通常，无源标签的信号范围为 6~10 米，而有源标签的信号范围则为 50 米左右。

2) 按载波频率划分

按载波频率划分，可分为低频射频卡、中频射频卡、高频射频卡。低频射频卡主要有 125 千赫和 134.2 千赫两种，低频系统主要用于短距离、低成本的应用中，如多数的门禁控制、校园卡、动物监管、货物跟踪等。中频射频卡主要为 13.56 兆赫，中频系统用于门禁控制和需传送大量数据的应用系统。高频射频卡主要为 433 兆赫、915 兆赫、2.45 吉赫(微波)、5.8 吉赫(微波)等。高频系统应用于需要较长的读写距离和高读写速度的场合，其天线波束方向较窄且价格高，在火车监控、高速公路收费等系统中应用。

3) 按作用距离划分

按作用距离划分，可分为密耦合卡(作用距离小于 1 厘米)、近耦合卡(作用距离小于 15 厘米)、疏耦合卡(作用距离小于 1 米)和远距离卡(作用距离从 1 米到 10 米甚至更远)。

4) 按芯片划分

按芯片划分，可分为只读卡、读写卡和 CPU 卡。

9.3.4 RFID 阅读器

根据不同的分类标准，RFID 阅读器可以分为低频阅读器、高频阅读器和超高频阅读器；无源、有源阅读器；只读阅读器、RFID 阅读器等。在实际应用中，按照使用方式的不同，也可以分为便携式阅读器、固定式阅读器和车载式 RFID 阅读器。

1. 固定式 RFID 阅读器

固定阅读器(见图 9-14)一般安装在货物流通量较大的地方。许多固定阅读器都装在金属盒子里，也可以安装在墙上，这些阅读器要么是内部有天线，要么是内部没有天线但有供外部天线接入的插口。为防止受损，固定天线一般由塑料或金属制品封装起来。装在盒子里的阅读器和天线可以免受叉车的损害和灰尘的污染，阅读器制造商还生产了一种专门用在叉车上的阅读器。

图 9-14 固定式 RFID 阅读器

2. 车载式 RFID 阅读器

在仓库作业、制造业、生产流程管理中，需采用工业级 RFID 阅读器。工业级 RFID 阅读器大多数具备标准的现场总线接口，可以方便地集成到现有的设备中。此外，这类阅读器可在各种恶劣的工业环境工作，可满足多种不同的防护需要，密封性能和抗冲击震动能力较强，有些甚至带有防爆保护的功能。图 9-15 所示为工业级车载 RFID 阅读器。

3. 便携式 RFID 阅读器

便携式 RFID 阅读器(见图 9-16)由操作员持于手中对 RFID 标签进行读取。可以在内部文件系统中记录读取到的 RFID 标签的信息，也可以在读取的同时将信息通过无线网络进行发送。因为便携式读写器带有电池，用来在读取的时候发送电波，所以有需要充电的问题。通常为了延长使用时间，便携式阅读器的电波功率设置得比较小，因此有通信距离比较短的倾向。

便携式阅读器由于价格便宜，因而被广泛使用。便携式阅读器主要有两种形式，一种是带条码扫描器的 RFID 阅读器，这种阅读器既可以扫描条码也可以读取 RFID 标签。还有一种是安装在 PC 卡上的 RFID 阅读器，PC 卡嵌入在手提电脑或掌上电脑的 PCMCIA 中。

图 9-15　工业级车载 RFID 阅读器　　　　图 9-16　便携式 RFID 阅读器

9.3.5　RFID 与物联网

1. 物联网简介

物联网(internet of things) 概念是由麻省理工学院自动标识中心于 1999 年首先提出的，并将物联网定义为：把所有物品通过射频识别(RFID)和条码等信息传感设备与互联网连接起来，实现智能化识别和管理。这种表述的核心是 RFID 技术和互联网的综合应用。

目前，不同领域的研究者对物联网思考所基于的起点各异，对物联网的描述侧重于不同的方面，短期内还没有达成共识。可以确定的是，物联网的核心和基础仍然是互联网，它是在互联网基础上延伸和扩展的网络，且用户端延伸和扩展到了任何物体与物体之间进行信息交换和通信。因此，物联网可以定义为，通过射频识别(RFID)、红外感应器、全球定位系统、激光扫描器等信息传感设备，按约定的协议，把任何物体与互联网相连接，进行信息交换和通信，以实现对物体的智能化识别、定位、跟踪、监控和管理的一种网络。

2. 物联网结构和关键技术

物联网已成为目前 IT 业界的新兴领域，不同的视角对物联网概念的看法不同，所涉及的关键技术也不相同。

物联网的基本架构包含传感层(感知层)、传输层(网络层)和应用层。

传感层的主要功能是识别物体，采集信息，并且将信息传递出去，承担信息的全面感知和采集。智能卡、RFID 电子标签、各种物理量传感器、传感器网络等能够实现对物品的识别、信息采集和预处理。

传输层由各种私有网络、互联网、有线和无线通信网、网络管理系统和云计算平台等组成，负责传递和处理感知层获取的信息，承担信息的可靠传输。根据应用的需要，传输层可以是公共移动网和固网、互联网、广电网、行业专网或专用于物联网的各种新型通信网。

应用层是物联网和用户(包括人、组织和其他系统)的接口,它与行业需求结合,实现物联网的智能应用,完成信息的分析、处理、管理和控制,可以进一步做出智能决策,实现物联网特定的智能化应用和服务。

3. 基于 RFID 的物联网模式

基于 RFID 的物联网模式的开展步骤主要分为三个环节。

(1) 对物体属性进行标识,属性包括静态和动态的属性,静态属性可以直接存储在标签中,动态属性需要由传感器实时探测。

(2) 识别设备完成对物体属性的读取,并将信息转换为适合网络传输的数据格式。

(3) 将物体的信息通过网络传输到信息处理中心(处理中心可能是分布式的,如家里的电脑或者手机,也可能是集中式的,如中国移动的互联网数据中心),由处理中心完成物体通信的相关计算。

RFID 系统能实现对物理世界的物品的自动识别和信息采集。编码解析与寻址系统和互联网负责对采集到的信息进行编码处理、实时传递和反馈。信息处理系统负责对收集的信息进行智能化处理并发送相关指令。

物联网环境下,采用电子标签对物品进行唯一编码,广泛分布的 RFID 阅读器对一定范围内携带电子标签的物体进行实时扫描识别和智能处理,实现局域网内部的自动化控制,或者以互联网为纽带与其他位置的 RFID 局域网进行远程信息交互。

▌阅读材料 9-2 物联网药品电子监管码在系统中的应用

物联网指的是将无处不在的末端设备和设施,包括具备"内在智能"的传感器、移动终端、工业系统、楼控系统、家庭智能设施、视频监控系统等,和"外在使能"的如贴上 RFID 的各种资产、携带无线终端的个人与车辆等,通过各种无线和有线的长距离和短距离通信网络实现互联互通、应用大集成,以及基于云计算的 SaaS 营运等模式,在内网、专网、互联网环境下,采用适当的信息安全保障机制,提供安全可控乃至个性化的实时在线监测、定位追溯、报警联动、调度指挥、预案管理、远程控制、安全防范、远程维保、在线升级、统计报表、决策支持、领导桌面等管理和服务功能,实现对"万物"的高效、节能、安全、环保的"管、控、营"一体化。

药品电子监管码是物联网概念的具体应用。电子标签赋予每个最小包装的药品唯一的电子监管码,实现"一件一码"管理,将监管码对应的药品生产、流通、使用等动态信息实时采集到数据库中,通过覆盖全国的无缝网络、支持数百万家企业数千万亿件产品的超大型数据库和专业化的客户服务中心,为政府从源头实现质量监管建立电子档案、对市场实现跟踪追溯、索证索票、实施进货检查验收、建立购销电子台账和问题药品召回提供了信息技术保障。最终建立了从原料进厂、生产加工、出厂销售到售后服务的药品全过程电子监管链条,建立了从种植养殖、生产加工、流通销售到使用的药品全过程电子监管链条,为建立药品质量和安全的追溯及责任追究体系提供了信息技术平台,建立了覆盖全社会的药品质量电子监管网络。

药监码数据采集系统在一级包装时可以通过现场打印标签，也可提前打印好标签。二级包装时扫描一级包装的药监码，系统根据预先设定的包装规格自动记数，数量达到包装规格数量时，系统驱动条码打印机打印二级包装码，并进行包装、贴条码。如包装规范还有下一级包装，则进入同样的包装程序进行更高一层的包装作业，如果达到包装规范规定的最高级包装，则提示包装完成下线。在每一层包装过程中，上层包装监管码与对应扫描的下级监管码自动关联，每一最大包装的各层包装监管码通过逐层关联实现整体关联，可以在系统中通过任意一个包装过的监管码查询其对应的上级编码或下级编码。

药监码硬件系统由服务器、打印 PC、平面贴标机、现场工控机、药监码扫描器、条码打印机等组成，此外还需要根据系统实施情况对现有设备进行改造。

药品行业的特点，对药监码硬件系统提出了如下要求。

(1) 硬件外设多样化。药监码赋码系统由多种硬件设备组成，主要包含手持、固定、激光、条码、标贴等多项赋码/扫码设备，这些设备均需要连接到赋码工控机。

(2) 高稳定性、高可靠性。系统使用现场是药厂生产流水线，一般操作人员不具备专业的计算机维护能力，同时赋码工控机的工作状态直接影响生产流水线的生产进程。

(资料来源：物联网药品电子监管码在系统中的应用. 物联中国. http://www.50cnnet.com/html/jishuqianyan/20110214/12775_2.html，2011-02-14)

阅读材料 9-3　RFID 托盘自动信息数字化管理

随着企业规模的不断发展，仓库管理的物资种类数量在不断增加、出入库多，仓库管理作业也呈复杂化和多样化趋势，以往的人工仓库作业模式和数据采集方式造成人力、时间成本非常高。智能化仓库管理是在现有仓库管理中采用 RFID 技术，仓库的入库、出库、移库、库存盘点等各个作业环节的数据进行自动化的数据采集，高效的仓库管理各个环节数据输入的速度和准确性，确保企业及时准确地掌握库存的真实数据，合理保持和控制企业库存。

资产托盘 RFID 定位管理系统采用 RFID 电子标签进行信息绑定，实现资产托盘的定位、寻找、盘点及进出管理，实现仓库货品全面、实时监管，充分解决仓库货品实时监管难题，实现仓库自动化、信息化、数字化管理。

RFID 仓储托盘管理工作流程

(1) 托盘上安装 RFID 标签，在仓库的进出口设置 RFID 读码器，当托盘经过读写设备时，读取标签信息。

(2) 当货物出入库时，RFID 读码器自动读取标签信息并上传到后台管理系统。

(3) 货物托盘分类，确保货物上的信息和托盘标签信息类别相匹配。

(4) 货物上架、转运时，叉车上的 RFID 读码器可以识别托盘分类，并把货物放置于正确的位置。

(5) 仓库管理人员可使用手持式的 RFID 设备识别定位，库存盘点及货物分类。

RIFD 托盘采用无源电子标签，设计小巧，而且可以很好地嵌入塑质托盘，不易在托盘运输过程中受到碰撞、磨损；系统实现远距离识别，读写快速可靠，能适应传送带运转等动态读取，具有较好的抗金属干扰能力，符合现代化物流的需要；在标签信息处理中采用了先进的数据压缩技术，使电子标签携带托盘载物信息(数据包)，只需扫描托盘 RFID 电子标签一次即可了解物品信息，提高企业物流的整体透明度。降低出错率和货物损坏几率，实现快捷准确的库存盘点；免除拆托盘和重装托盘所需的人力物力，大幅度节约了用户成本。

将 RFID 技术广泛应用在生产、物流、仓储领域。随着仓储自动化的快速发展，各种行业相关的设备也处于不断朝着更加科技化、更加实用化的方向发展。RFID 技术在高效的仓储托盘管理中发挥着非常重要的作用，从仓库到货检验、入库、出库、调拨、移库移位、库存盘点到各个作业环节进行自动化数据采集，以确保仓库管理各个环节的高效与数据准确性。

(资料来源：RFID 托盘自动信息数字化管理. https://rf.eefocus.com/module/forum/thread-622638-1-1.html，RF 技术社区)

9.4 EDI 技术

9.4.1 EDI 技术概述

EDI(electronic data interchange，电子数据交换)是一种利用计算机进行商务处理的新方法，它是将贸易、运输、保险、银行和海关业的信息，用一种国际公认的标准格式，通过计算机网络使各有关部门、公司和企业之间进行数据交换和处理，并完成以贸易为中心的全部业务过程。其文件结构、语法规则等方面的标准是实现 EDI 的关键，目前已形成两大标准体系：一个是广泛应用于北美地区的，由美国国家标准化协会制定的 ANSI X.12；另一个是欧洲经济共同体制定的 UN/EDIFACT。我国已明确采用 UN/EDIFACT 标准，支持 ITU-T、EDIFACT 标准，并向社会开放 EDI 平台。

EDI 系统与分组交换网之间采用高速链路，可以通达世界各地的 EDI 用户。各地 EDI 终端可通过公共交换电话网(PSTN)、数字数据网(DDN)、公用分组交换网(PAC)、CHINANET(中国公众网)等方式接入 EDI 系统。

9.4.2 EDI 的功能特点

EDI 系统具有快速、及时、价廉、安全可靠、使用方便，以及不受时空限制等诸多优点。其通信机制是在 EDI 系统中，通信双方申请各自的信箱，通信过程就是把文件传到对方的信箱中。文件交换由计算机自动完成，用户只需进入自己的信箱，即可完成信息的接、发、收全过程。

EDI 用户将订单、发票、提货单、海关申报单、进出口许可证等日常往来的"经济信息"，按照协议，通过通信网络对标准化文件进行传送。报文接收方按国际统一规定支持系统，对报文进行处理，通过信息管理系统和支持作业管理及决策功能的决策支持系统，完成综合的自动互换和处理。

9.4.3　EDI 在物流中的应用

EDI 最初由美国企业应用于企业间的订货业务活动中，其后 EDI 的应用范围从订货业务向其他的业务扩展，如 POS 销售信息传送业务、库存管理业务、发货送货信息和支付信息的传送业务等。近年 EDI 在物流中应用广泛，被称为物流 EDI。

所谓物流 EDI 是指货主、承运业主及其他相关的单位之间，通过 EDI 系统进行物流数据交换，并以此为基础实施物流作业活动的方法。物流 EDI 的参与单位有货主、承运业主、实际运送货物的交通运输企业、协助单位和其他的物流相关单位。

以下是一个应用物流 EDI 系统的实例，是一个由发送货物业主、物流运输业主和接收货物业主组成的物流模型。

(1) 发送货物业主(如生产厂家)在接到订货后制订货物运送计划，并把运送货物的清单及运送时间安排等信息通过 EDI 发送给物流运输业主和接收货物业主(如零售商)，以便物流运输业主预先制订车辆调配计划和接收货物业主制订货物接收计划。

(2) 发送货物业主依据顾客订货的要求和货物运送计划下达发货指令、分拣配货、打印出物流条形码的货物标签(即 SCM 标签，shipping carton marking)并贴在货物包装箱上，同时，把运送货物品种、数量、包装等信息通过 EDI 发送给物流运输业主和接收货物业主。

(3) 物流运输业主在向发送货物业主取运货物时，利用车载扫描读数仪读取货物标签的物流条形码，并与先前收到的货物运输数据进行核对，确认运送货物。

(4) 物流运输业主在物流中心对货物进行整理、集装，制作送货清单并通过 EDI 向收货业主发送发货信息。在货物运送的同时进行货物跟踪管理，并在货物交纳给收货业主之后，通过 EDI 向发货物业主发送完成运送业务信息和运费请示信息。

(5) 收货业主在货物到达时，利用扫描仪读取货物标签的物料信息，并与先前收到的货物运输数据进行核对确认，开出收货发票，货物入库。同时，通过 EDI 向物流运输业主和发送货物业主发送收货确认信息。

物流 EDI 的优点在于供应链组成各方基于标准化的信息格式和处理方法通过 EDI 共同分享信息、提高流通效率、降低物流成本。例如，对零售商来说，应用 EDI 系统可以大大降低进货作业的出错率，节省进货商品检验的时间和成本，能迅速核对订货与到货的数据，易于发现差错。

尽管 EDI 可以给企业带来诸多好处，但是它并没有得到广泛应用。应用传统的 EDI 成本较高，一是因为通过增值网进行通信的成本高，二是制定和满足 EDI 标准较为困难，因此过去仅仅大企业得益于规模经济能从利用 EDI 中得到利益。近年来，互联网的迅速普及，出现了 Internet EDI，它摒弃了传统专用增值网络而使用较廉价的互联网作为传输的平台，虽然互联网在安全性能上还存在一定的缺陷，但随着加密法等一系列技术问题的解决，EDI 也将广泛地应用于贸易过程中的各个环节。EDI 还可以与一些已经成熟的技术相结合，如同条形码、EFT、自动取款机等一起联机使用，这将会创造更大的效益。

互联网为物流信息活动提供了快速、简便、廉价的通信方式，从这个意义上说互联网将为企业进行有效的物流活动提供坚实的基础。

阅读材料 9-4　上海联华超市集团的 EDI 应用

应用现状

上海联华超市集团成立于 1992 年，随着经营规模越来越大，管理工作越来越复杂，公司领导意识到必须加强高科技的投入，搞好计算机网络的应用。从 1997 年开始，公司成立了总部计算机中心，完成经营信息的汇总和处理。上海联华超市计算机系统结构应用如图 9-17 所示。

配送中心也完全实现了订货、配送、发货的计算机管理，各门店的计算机应用由总部统一配置、统一开发、统一管理。配送中心与门店之间的货源信息传递通过商业增值网以文件方式完成。

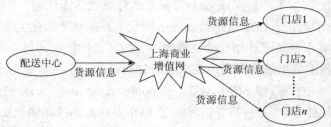

图 9-17　上海联华超市计算机系统结构应用图

每天中午 12 点钟，配送中心将商品的库存信息以文件形式发送到增值网上，各门店计算机系统从自己的增值网信箱中取出库存信息，然后根据库存信息和自己门店的销售信息制作"要货单"。但由于要货单信息没有通过网上传输，而是从计算机中打印出来，通过传真形式传送到配送中心，配送中心的计算机工作人员还要将要货信息输入计算机系统。这样做的结果不仅导致了数据二次录入可能发生的错误和人力资源的浪费，也体现不出网络应用的价值和效益。

EDI 应用规划

如图 9-18 所示，上海联华超市集团公司的 EDI 应用系统包括配送中心和供货厂家之间、总部与配送中心之间、配送中心与门店之间的标准格式的信息传递，信息通过商业增值网 EDI 服务中心完成。

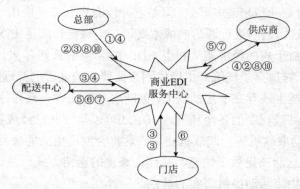

①预报单　②订货单　③库存信息　④询价单　⑤发货通知单
⑥要货信息　⑦对账单　⑧退货单　⑨报价单　⑩收货通知单

图 9-18　上海联华超市 EDI 应用结构图

采用 EDI 之后，配送中心直接根据各门店的销售情况和要货情况产生订货信息，并发送给供货厂家。供货厂家供货后，配送中心根据供货厂家的发货通知单直接去维护库存，向门店发布存货信息，这样做的结果使得信息流在供应商、配送中心、门店之间流动，所有数据只有一个入口，保证了数据传递的及时、准确，降低了订货成本和库存费用。上海联华超市 EDI 应用信息流的运转如图 9-19 所示。

图 9-19 上海联华超市 EDI 应用信息流程图

(资料来源：上海联华超市集团的 EDI 应用. 海脉信息网，2001-04-29)

9.5 全球卫星导航技术

目前，全球拥有四大全球卫星导航系统 GNSS(global navigation satellite system)，分别是美国的 GPS、欧洲的伽利略 GALILEO、俄罗斯的格洛纳斯 GLONASS、中国的北斗 BDS。

美国的 GPS 自 1994 年 3 月全面建成，24 颗 GPS 卫星，全球覆盖率高达 98%。俄罗斯秘密研制的 GLONASS，于 1995 年建设成拥有 24 颗卫星的完整系统，后期才对外开放，因此不及 GPS 应用广泛。2012 年 12 月 27 日，中国北斗系统导航业务正式对亚太地区提供无源定位、导航、授时服务。2014 年 11 月 23 日，国际海事组织海上安全委员会审议通过了对北斗卫星导航系统认可的航行安全通函，这标志着北斗卫星导航系统正式成为全球无线电导航系统的组成部分，取得面向海事应用的国际合法地位。欧洲的伽利略定位系统(galileo positioning system)，自 2016 年 12 月 15 日开始提供初始服务。

下面重点介绍 GPS 系统和中国北斗 BeiDou 系统。

9.5.1 GPS 系统

1. GPS 的定义及特点

1) GPS 的定义

全球定位系统(global positioning system，GPS)是美国从 20 世纪 70 年代开始研制，历时 20 年，耗资 200 亿美元，于 1994 年全面建成，具有在海、陆、空进行全方位、实时三维导航与定位能力的新一代卫星导航与定位系统。

2) GPS 系统的特点

GPS 系统具有以下特点。

➤ 全球、全天候工作。能为用户提供连续、实时的三维位置、三维速度和精密时间，且不受天气的影响。

➤ 定位精度高。单机定位精度优于 10 米，采用差分定位，精度可达厘米级和毫米级。

➤ 功能多、应用广。随着人们对 GPS 认识的加深，GPS 不仅在测量、导航、测速、测时等方面得到更广泛的应用，而且其应用领域不断扩大。

2. GPS 系统的构成

GPS 系统由三个部分组成,即空间部分(GPS 卫星星座)、地面控制部分(地面监控系统)和用户设备部分。

1) GPS 卫星星座

如图 9-20 所示,GPS 工作卫星及其星座由 21 颗工作卫星和 3 颗在轨备用卫星组成 GPS 卫星星座,记作(21+3)GPS 星座。24 颗卫星均匀分布在 6 个轨道平面内,轨道倾角为 55 度,各个轨道平面之间相距 60 度,每条轨道上有 4 颗卫星。

图 9-20　GPS 星座图

位于地平线以上的卫星颗数随着时间和地点的不同而不同,最少可见到 4 颗,最多可见到 11 颗。卫星的分布使得在全球任何地方、任何时间都可观测到 4 颗以上的卫星,并能保持良好定位解算精度的几何图像。这就提供了在时间上连续的全球导航能力。

2) 地面监控系统

地面监控系统包括 4 个监控站、1 个上行注入站和 1 个主控站。

监控站设有 GPS 用户接收机、原子钟、收集当地气象数据的传感器和进行数据初始处理的计算机。监控站的主要任务是取得卫星观测数据并将这些数据传送至主控站。

主控站设在美国范登堡空军基地,它对地面监控站实行全面控制。主控站的主要任务是利用收集到的各监控站对 GPS 卫星的观测数据计算每颗 GPS 卫星的轨道和卫星钟改正值。

上行注入站也设在美国范登堡空军基地。它的任务主要是在每颗卫星运行至上空时把这类导航数据及主控站的指令注入卫星。

3) 用户设备部分

全球定位系统的用户设备部分,包括 GPS 接收机硬件、数据处理软件和微处理机及其终端设备等。

GPS 信号接收机是用户设备部分的核心,一般由主机、天线和电源三部分组成。其主要功能是跟踪接收 GPS 卫星发射的信号并进行变换、放大、处理,以便测量出 GPS 信号从卫星到接收机天线的传播时间;解译导航电文,实时计算出测站的三维位置,甚至三维速度和时间。

GPS 接收机一般用蓄电池做电源，同时采用机内机外两种直流电源。设置机内电池的目的在于更换机外电池时不中断连续观测。在用机外电池的过程中，机内电池自动充电。关机后，机内电池为 RAM 存储器供电，以防止数据丢失。

3. GPS 定位方式

GPS 定位采用空间被动式测量原理，即在测站上安置 GPS 用户接收系统，以各种可能的方式接收 GPS 卫星系统发送的各类信号，由计算机求解站星关系和测站的三维坐标。图 9-21 为空中卫星图片。

图 9-21　空中卫星

目前，全球卫星定位系统已广泛用于军事和民用等众多领域。

GPS 定位的方法多种多样，依据不同的分类标准有不同的分类方法，用户可以根据不同的用途采用不同的定位方法。

1) 根据定位的模式分为绝对定位和相对定位

绝对定位又称为单点定位，这是一种采用一台接收机进行定位的模式，它所确定的是接收机天线的绝对坐标。其优点是只需用一台接收机即可独立确定待求点的绝对坐标，且观测方便，速度快，数据处理也较简单。主要缺点是精度较低，目前仅能达到米级的定位精度。

相对定位又称为差分定位，这种定位模式采用两台以上的接收机同时对一组相同的卫星进行观测，以确定接收机天线间的相互位置关系。相对定位是目前 GPS 测量中精度最高的一种定位方法，它广泛用于高精度测量工作中。

2) 根据待定点的状态分为静态定位和动态定位

静态定位是指待定点的位置在观测过程中固定不变，如 GPS 在大地测量中的应用。

静态定位中，GPS 接收机在捕获和跟踪 GPS 卫星的过程中固定不变，接收机高精度地测量 GPS 信号的传播时间，利用 GPS 卫星在轨的已知位置，计算出接收机天线所在位置的三维坐标。静态相对定位的精度一般在几毫米至几厘米范围内。

动态定位是指待定点在运动载体上，其位置在观测过程中是变化的，如 GPS 在船舶导航中的应用。动态定位则是用 GPS 接收机测定一个运动物体的运行轨迹。GPS 信号接收机所位于的运动物体叫作载体(如航行中的船舰、空中的飞机、行走的车辆等)。载体上的 GPS 接收机天线在跟踪 GPS 卫星的过程中相对地球而运动，接收机用 GPS 信号实时测量运动载体的状态参数(瞬间三维位置和三维速度)。动态相对定位精度一般在几厘米到几米范围内。

3) 根据信号的处理时间分为实时处理和后处理

实时处理就是一边接收卫星信号一边进行计算，获得目前所处的位置、速度及时间等信息。后处理是指把卫星信号记录在一定的介质上，回到室内统一进行数据处理。一般来说，静态定位用户多采用后处理，动态定位用户采用实时处理或后处理。

4. GPS 在物流中的应用

三维导航是 GPS 的首要功能，飞机、轮船、地面车辆及步行者都可以利用 GPS 导航器进行导航。GPS 导航系统与电子地图、无线电通信网络、计算机车辆管理信息系统相结合，可以实现车辆跟踪和交通管理等许多功能。

GPS 的诸多功能在物流领域尤其是在货物配送领域的运用已被证明是卓有成效的。由于货物配送过程是实物空间位置的转移过程，所以在货物配送过程中，对可能涉及的货物的运输、仓储、装卸、送递等处理环节，对各个环节涉及的问题，如运输路线的选择、仓库位置的选择、仓库的容量设置、合理装卸策略、运输车辆的调度和投递路线的选择，都可以通过运用 GPS 的导航、车辆跟踪、信息查询等功能进行有效的管理和决策分析。GPS在物流活动中的应用有助于配送企业有效地利用现有资源，降低消耗，提高效率。具体来看，目前 GPS 应用于货物配送系统中，可以实现下列功能。

1) 车辆跟踪

利用 GPS 和电子地图可以实时显示出车辆的实际位置，并可任意放大、缩小、还原、换图；可以随目标移动，使目标始终保持在屏幕上；还可以实现多窗口、多车辆、多屏幕同时跟踪。利用该功能可对重要车辆和货物进行跟踪运输。

2) 提供出行路线规划和导航

提供出行路线规划是汽车导航系统的一项重要的辅助功能，包括自动线路规划和人工线路设计。自动线路规划是由驾驶者确定起点和目的地，由计算机软件按要求自动设计最佳行驶路线，包括最快的路线、最简单的路线、通过高速公路路段次数最少的路线的计算。人工线路设计是由驾驶员根据自己的目的地设计起点、终点和途经点等，自动建立路线库。线路规划完毕后，显示器能够在电子地图上显示设计路线，并同时显示汽车运行路径和运行方法。

3) 信息查询

车用 GPS 可以为用户提供主要物标，如旅游景点、宾馆、医院等。用户能够在电子地图上根据需要进行查询，查询资料可以文字、语言及图像的形式显示，并在电子地图上显示其位置。同时，监测中心可以利用监测控制台对区域内的任意目标所在位置进行查询，车辆信息将以数字形式在控制中心的电子地图上显示出来。

4) 话务指挥

指挥中心可以监测区域内的车辆运行状况，对被监控车辆进行合理调度。指挥中心也可随时与被跟踪目标通话，实行管理。

5）紧急援助

通过 GPS 定位和监控管理系统可以对遇有险情或发生事故的车辆进行紧急援助。监控台的电子地图显示求助信息和报警目标，规划最优援助方案，并以报警声光提醒值班人员进行应急处理。

9.5.2　北斗 BDS 系统

中国北斗卫星导航系统(BeiDou navigation satellite system，BDS)是中国自行研制的全球卫星导航系统，是继 GPS、GLONASS 之后第三个成熟的卫星导航系统。它可在全球范围内全天候、全天时为各类用户提供高精度、高可靠定位、导航、授时服务，并具短报文通信能力。中国北斗系统预计于 2018 年率先覆盖"一带一路"沿线国家，2020 年覆盖全球。

1. 北斗 BDS 系统的构成

北斗 BDS 系统由空间段、地面段和用户段三部分组成。

(1) 空间段。北斗卫星导航系统由空间段由 35 颗卫星组成，包括 5 颗静止轨道卫星、27 颗中地球轨道卫星、3 颗倾斜同步轨道卫星。5 颗静止轨道卫星定点位置为东经 58.75°、80°、110.5°、140°、160°，中地球轨道卫星运行在 3 个轨道面上，轨道面之间为相隔 120° 均匀分布。

(2) 地面段。北斗系统地面段包括主控站、时间同步/注入站和监测站等若干地面站。

(3) 用户段。北斗系统用户段包括北斗兼容其他卫星导航系统的芯片、模块、天线等基础产品，以及终端产品、应用系统与应用服务等。

2. 北斗 BDS 系统的定位原理

35 颗卫星在离地面 2 万多公里的高空上，以固定的周期环绕地球运行，使得在任意时刻，在地面上的任意一点都可以同时观测到 4 颗以上的卫星。

由于卫星的位置精确可知，在接收机对卫星观测中，可测得卫星到接收机的距离，利用三维坐标中的距离公式，利用 3 颗卫星就可以组成 3 个方程式，解出观测点的位置(X，Y，Z)。考虑到卫星的时钟与接收机时钟之间的误差，实际上有 4 个未知数，X、Y、Z 和钟差，因而需要引入第 4 颗卫星，形成 4 个方程式进行求解。

事实上，接收机往往可以锁住 4 颗以上的卫星，这时，接收机可按卫星的星座分布分成若干组，每组 4 颗，然后通过算法挑选出误差最小的一组用作定位，从而提高精度。

由于卫星运行轨道、卫星时钟存在误差，大气对流层、电离层对信号的影响，使得民用的定位精度只有数十米量级。为提高定位精度，普遍采用差分定位技术，建立地面基准(差分台)进行卫星观测，利用已知的基准站精确坐标，与观测值进行比较，从而得出一修正数，并对外发布。接收机收到该修正数后，与自身的观测值进行比较，消去大部分误差，得到一个比较准确的位置。实验表明，利用差分定位技术，定位精度可提高到米级。

3. 北斗 BDS 系统的定位精度

北斗卫星导航系统定位精度水平 10 米、高程 10 米，测速精度 0.2 米/秒，授时精度 10 纳秒。北斗系统服务性能与 GPS 相当。

4. 北斗 BDS 系统的特点

1) 三频信号

北斗使用的是三频信号，三频信号可以更好地消除高阶电离层延迟影响，大大提高定位可靠性。而且如果一个频率信号出现问题，可使用传统方法利用另外两个频率进行定位，提高了定位的可靠性和抗干扰能力。北斗是全球第一个提供三频信号服务的卫星导航系统。

2) 有源定位+无源定位

有源定位是指接收机自己需要发射信息与卫星通信，无源定位则不需要。北斗一代的有源定位，只要两颗卫星就可以完成定位，但需要信息中心 DEM(数字高程模型)数据库支持并参与解算。北斗二代使用的是无源定位，和 GPS 一样，不需要信息中心参与解算，有源定位作为补充功能在北斗二代上被保留下来，但不作为主要的定位方式。

3) 短报文通信服务

这是北斗系统独有的功能，非常实用。汶川地震时，震区唯一的通信方式就是北斗一代。这个功能是有容量限制的，可作为紧急情况通信，不适合用于日常通信。因此，北斗系统不仅"让我知道我在哪"，还能"让别人知道我在哪"，这个功能有利于求救。

4) 境内监控

北斗卫星定位系统的地面监控部分由监控站、主控站、注入站由三大部分组成。中国在设计北斗系统时考虑到，地面监控部分仅建在中国境内就能够保证整个系统的正常运行。在境外建站只起到提高精度的作用，绝对不能作为控制功能。北斗的境内监控具有的安全优势，不用受制于其他国家。

5. 北斗 BDS 系统在物流中的应用

1) 道路交通管理

卫星导航将有利于减缓交通阻塞，提升道路交通管理水平。通过在车辆上安装卫星导航接收机和数据发射机，车辆的位置信息就能在几秒钟内自动转发到中心站。这些位置信息可用于道路交通管理。

2) 铁路智能交通

卫星导航将促进传统运输方式实现升级与转型。例如，在铁路运输领域，通过安装卫星导航终端设备，可极大缩短列车行驶间隔时间，降低运输成本，有效提高运输效率。未来，北斗卫星导航系统将提供高可靠、高精度的定位、测速、授时服务，促进铁路交通的现代化，实现传统调度向智能交通管理的转型。

3) 海运和水运

海运和水运是全世界最广泛的运输方式之一，也是卫星导航最早应用的领域之一。在世界各大洋和江河湖泊行驶的各类船舶大多都安装了卫星导航终端设备，使海上和水路运输更为高效和安全。北斗卫星导航系统将在任何天气条件下，为水上航行船舶提供导航定位和安全保障。同时，北斗卫星导航系统特有的短报文通信功能将支持各种新型服务的开发。

4) 航空运输

当飞机在机场跑道着陆时，最基本的要求是确保飞机相互间的安全距离。利用卫星导航精确定位与测速的优势，可实时确定飞机的瞬时位置，有效减小飞机之间的安全距离，甚至在大雾天气情况下，可以实现自动盲降，极大提高飞行安全和机场运营效率。通过将北斗卫星导航系统与其他系统的有效结合，将为航空运输提供更多的安全保障。

5) 车辆应急救援

北斗卫星导航系统除导航定位外，还具备短报文通信功能，通过卫星导航终端设备可及时报告所处位置，以便对遇险、故障车辆实施救援。

■ 阅读材料 9-5　北斗系统已在"一带一路"沿线近 40 个国家应用

在日前召开的第二届"一带一路"国际合作高峰论坛上，由我国自主研发、独立运行的北斗卫星导航系统再次受到国际高度关注。

据最新数据统计，北斗高精度基础产品已输出到全球范围的 90 多个国家和地区，包括近 40 个"一带一路"沿线国家。从巴基斯坦的交通运输、港口管理，缅甸的土地规划、河运监管，老挝的精细农业、病虫灾害监管，到文莱的现代化城市建设、智慧旅游，都有北斗系统的精准服务。

4 月 20 日晚间，我国在西昌卫星发射中心用长征三号乙运载火箭，成功发射第 44 颗北斗导航卫星。据悉，这是北斗三号系统第 20 颗组网卫星，也是北斗三号系统首颗倾斜地球同步轨道卫星。这是 2019 年度北斗卫星的首次发射。

据了解，在国内，北斗系统应用已拓展至全国 27 个省、自治区、直辖市的超过 600 座城镇，在供水排水、城镇供热、轨道交通、冬奥建设等领域均有广泛应用。在应急救援领域，应急管理部下属的中国救援队结合国家北斗精准服务网，与"一带一路"沿线国家和地区不断深化合作，将北斗定位服务和北斗报文通信服务应用于专业应急救援设备当中。截至 2018 年底，北斗系统已面向"一带一路"国家和地区开通服务，2020 年服务范围将覆盖全球。作为"一带一路"不可或缺的角色，北斗系统将空间信息与大数据、云计算、物联网等高新技术完美融合，不断服务于"一带一路"，被称为"太空丝绸之路"。

"两弹一星"元勋科学家，中国科学院院士孙家栋表示，借助"一带一路"的影响力，北斗系统的应用产业化迎来了最佳历史机遇期，北斗系统"天上好用、地上用好"的格局与态势正在被打造得稳固坚实。而要做到吸引全球更多用户，需要通过国家北斗精准服务网在智慧市政、应用救援中做出示范引领，为"一带一路"沿线国家和地区提供有力示范和借鉴。

（资料来源：中国矿业报(首席记者 刘晓慧). 北斗系统已在"一带一路"沿线近 40 个国家应用. https://www.sohu.com/a/311193608_475389，2019-04-30 17:33）

■ 阅读材料 9-6　"一带一路"北斗应用国际培训中心揭牌

9 月 7 日，"一带一路"北斗应用国际培训中心揭牌仪式暨 2021 北斗"一带一路"技术与应用国际培训班开班仪式在京举办，中国卫星导航系统管理办公室原总师蔡兰波、斯里兰卡驻华大使帕利塔·科霍纳、中国科协国际联络部国际组织处副处长徐冠群、中国科学院空天信息创新研究院副院长吴海涛等 50 余位专家代表受邀出席活动并致辞。

蔡兰波在致辞中表示,希望通过本次活动,让"一带一路"沿线国家了解北斗卫星导航系统的发展现状、未来发展目标及其应用领域,认识北斗卫星导航系统的科学价值和应用价值,促进不同国家科技人员对于导航技术的广泛交流,以此推动在北斗领域的国际合作交流,为北斗系统在"一带一路"沿线国家的应用推广发挥积极作用。

徐冠群介绍说,为深入贯彻落实"一带一路"倡议,中国科协开展了"一带一路"国际科技组织合作平台建设项目。经过 6 年多的努力,已支持 152 个项目,深入了解了"一带一路"国家科技合作的需求,推动了"一带一路"产学研一体化发展,积累了"一带一路"高质量发展的合作经验,逐渐成为国际科技合作的重要平台与各国民心相通、互学互鉴、合作创新的桥梁。

他希望,北斗应用国际培训中心成为"一带一路"沿线卫星导航领域重要的国际合作平台之一,助推"一带一路"国家卫星导航人才成长,推动卫星导航领域科技人文交流,促进"一带一路"卫星导航应用发展。

吴海涛表示,培训中心的成立,是学术交流中心在卫星导航技术与应用国际培训及合作研究方面新的有益的探索与实践,将进一步面向海外提供以北斗卫星导航系统为主的导航定位技术应用培训和人才培养,开展北斗技术和产业相关的国际合作交流。

揭牌仪式环节,徐冠群、吴海涛共同为"一带一路"北斗应用国际培训中心揭牌。下一步,学术交流中心将以"一带一路"北斗应用国际培训中心为依托,推进与"一带一路"沿线国家或地区的卫星导航领域团体或机构的友好合作,积极开展科技人才培养及国际会议交流活动。

据悉,这是第四届北斗国际培训班,培训班为期两周,参加本次培训的 127 位外籍学员分别来自阿尔及利亚、巴基斯坦、印度尼西亚等 28 个国家和地区。培训采取线上线下结合方式,将系统讲解北斗相关技术及应用,调研北斗高技术龙头企业,还将组织中国文化行特别活动。

目前,北斗相关产品已出口 120 余个国家和地区,其中覆盖"一带一路"国家达到 30 余个,向亿级以上用户提供服务,基于北斗的国土测绘、精准农业、数字施工、智慧港口等已在东盟、南亚、东欧、西亚、非洲成功应用。北斗系统为发展中国家实现城市治理、改善人民生活等创造了条件。

(资料来源:中国科学报,崔雪芹."一带一路"北斗应用国际培训中心揭牌. https://news.sciencenet.cn/htmlnews/2021/9/464637.shtm,2021-09-07 14:09:57)

▌阅读材料 9-7 欧洲第 15、16 颗"伽利略"导航卫星开始工作

欧洲"伽利略"卫星导航系统有两颗卫星正式成为"伽利略"卫星导航系统的一部分,加入导航网,开始在全球范围内传播授时和导航信号,同时接收来自全球的呼救信号。此两颗卫星于 2016 年 11 月 17 日由"阿里安-5"火箭发射的"一箭四星"中的两颗,是"伽利略"全球卫星导航系统的第 15、16 颗卫星,也是自 2016 年 12 月 15 日"伽利略"卫星导航系统开始提供初始服务后首批进入导航星座工作卫星的卫星。

新增的导航卫星将提升"伽利略"卫星导航系统的服务能力和精度，这使得全球越来越多的"伽利略"卫星导航系统用户将很快从中受益。

卫星在发射后、进入运行轨道后，仍然需要进行很多严格的测试才能加入运行星座。卫星的导航和搜索、救援载荷必须打开、检测，不同的"伽利略"导航信号性能需要与系统的其余部分进行系统地评估。在第二个"伽利略"控制中心(位于德国奥伯法芬霍芬)可以看到运行卫星经历的漫长测试，卫星信号评估通过欧空局雷都服务中心(位于比利时)的专门天线进行。通过试验，测试了卫星原子钟的精度和稳定性——这对于精确授时是十分必要的，卫星导航的误差要控制在十亿分之一秒内——此外，还评测了导航信号的质量。奥伯法芬霍芬中心和雷都中心是互联的，可以使研究团队近乎实时地将"伽利略"信号和卫星遥测信号进行比对。这样的测试非常复杂，每个站点每天仅能有 3～9 个小时可以观测到卫星。

新加入星座的"伽利略"导航卫星现在已经开始传播导航信号，并随时准备将全球卫星搜救系统 COSPAS/SARSAT 所有的遇险呼叫转播至急救服务区域。

2016 年"一箭四星"发射的另外两颗卫星也在接受类似的检测，为服务做好准备。

(资料来源：李婕敏. 欧洲第 15、16 颗"伽利略"导航卫星开始工作. http://www.dsti.net/Information/News/104922，2017-06-13)

9.6 GIS 技术

9.6.1 GIS 概述

地理信息系统(geographic information system，GIS)是一种以地理空间数据库为基础，在计算机硬件、软件环境支持下，对空间相关数据进行采集、管理、操作、分析、模拟和显示，并采用地理模型分析方法，适时提供多种空间和动态的地理信息，为地理研究、综合评价、科学管理、定量分析和决策服务而建立的一类计算机应用系统。

图 9-22 为 GIS 系统的原理。GIS 作为对地球空间数据进行采集、存储、检索、建模、分析和表示的计算机系统，不仅可以管理以数字、文字为主的属性信息，而且可以管理以可视化图形图像为主的空间信息。它通过各种空间分析方法对各种不同的空间信息进行综合、分析、解释，确认空间实体之间的相互关系，分析在一定区域内发生的各种现象和过程。GIS 提供了在计算机辅助下对信息进行集成管理的能力、灵活的查询检索能力。GIS 系统应用由计算机系统、地理数据和用户组成，通过对地理数据的集成、存储、检索、操作和分析，生成并输出各种地理信息，从而为水利利用、资源评价与管理、环境监测、交通运输、经济建设、城市规划及政府部门行政管理提供新的知识，为工程设计和规划、管理决策服务。

地理信息系统的主要计算机硬件是工作站和微机。地理信息系统的主要计算机应用软件是 ARC/INFO、MGE、GeoMedia、GenaMap、MapInfo、AutoDesk Map、ArcView、MapObjects、MapX、Maptitude、MapGIS、GeoStar、MapEngine 等。

图 9-22　GIS 系统的原理

9.6.2　GIS 的功能

地理信息技术具有数据收集、数据管理和数据分析等方面的强大功能。其中 GIS 软件是功能强大的用于建立、编辑图形和地理数据库并对其进行空间分析的工具集合，是十分重要而又特殊的信息系统。其最大的优点在于它对空间数据的操作功能，并使用户可视化地进行人机对话；具有采集、管理、分析和输出多种地理空间信息的能力，具有空间性和动态性。地理信息系统是以地理空间数据库为基础，采用地理模型分析方法，适时提供多种空间的和动态的地理信息，为地理研究和地理决策服务的计算机技术系统。

1) 数据采集与编辑功能

数据采集与编辑功能包括图形数据采集与编辑和属性数据编辑与分析。

2) 地理数据库管理系统的基本功能

地理数据库管理系统的基本功能包括数据库定义、数据库的建立与维护、数据库操作、通信功能等。

3) 制图功能

根据 GIS 的数据结构及绘图仪的类型，用户可获得矢量地图或栅格地图。地理信息系统不仅可以为用户输出全要素地图，而且可以根据用户需要分层输出各种专题地图，如行政区划图、土壤利用图、道路交通图等。还可以通过空间分析得到一些特殊的地学分析用图，如坡度图、坡向图、剖面图等。

4) 空间查询与空间分析功能

空间查询与空间分析功能包括拓扑空间查询、缓冲区分析、叠置分析、空间集合分析、地学分析。

5) 地形分析功能

地形分析功能包括数字高程模型的建立、地形分析。

9.6.3 GIS 技术在物流分析中的应用

GIS 物流分析软件包括为交通运输分析所提供的扩展数据结构、分析建模工具和二次开发工具及若干物流分析模型，包括网络物流模型、分配集合模型、车辆路线模型、最短路径模型、设施定位模型、车辆定位导航等。这些模型既可以单独使用，用来解决某些实际问题；也可以作为进一步开发适合不同需要的应用程序的基础。这些模型的有效使用，说明 GIS 在物流分析中的应用水平已经达到了一个新的高度。下面就这些模型分别加以介绍。

1. 网络物流模型

网络物流模型用于解决如何寻求最有效的分配货物路径问题，也就是物流网点布局问题。在现实生活中，常会遇到这样的问题：企业有 m 个仓库和 n 个商店，为满足正常的商业运营，现要求从仓库运送货物到商店。一般情况下，每个商店都有固定的需求量，因此，需要确定由哪个仓库提货送给哪个商店，所耗的运输代价最小。可以利用 GIS 软件，进行空间分析，求出最短的路径。

2. 分配集合模型

分配集合模型用于根据各个要素的相似点把同一层上的所有或部分要素分为几个组，以解决确定服务范围和销售市场范围等问题。如某一公司要设立 n 个分销点，要求这些分销点要覆盖某一地区，而且要使每个分销点的顾客数目大致相等。可以利用 GIS 软件，将某一地区划分为无数的小区域，利用已知的空间数据进行模糊分类，以确定最佳的分销地点。

3. 车辆路线模型

车辆路线模型用于解决在一个起点、多个终点的货物运输问题中，如何降低操作费用并保证服务质量，包括决定使用多少车辆、每个车辆经过什么路线的问题。

在物流分析中，在一对多收发货点之间存在多种可供选择的运输路线的情况下，应该以物资运输的安全性、及时性和低费用为目标，综合考虑，权衡利弊，选择合理的运输方式并确定费用最低的运输路线。例如，一个公司只有一个仓库，而零售店却有 30 个，并分布在各个不同的位置上，每天用卡车把货物从仓库运到零售商店，每辆卡车的载重量或者货物尺寸是固定的，同时每个商店所需的货物重量或体积也是固定的，因此，需要多少车辆，以及所有车辆所经过的路线就是一个最简单的车辆路线模型。

4. 设施定位模型

设施定位模型用来确定零售商店、仓库、医院、加工中心等设施的适合的位置，其目的是降低操作费用，提高服务质量，以及使利润最大化等。

设施定位模型可以用于确定一个或多个设施的位置。在物流系统中，仓库和运输线共同组成了物流网络，仓库处在网络的"节点"上，运输线就是连接各个"节点"的"线路"。也就是说，"节点"决定着"线路"，仓库的位置直接决定了运输线路，并影响运输的费用。具体地说，在一个具有若干资源点及若干需求点的经济区域内，物资资源要通过某一个仓库的汇集中转和分发才能供应各个需求点，因此，根据供求的实际需要并结合经济效益等原则,在既定区域内设立多少仓库,每个仓库的地理位置在什么地方,每个仓库应有多大规模(包括吞吐能力和存储能力),这些仓库间的物流关系如何等问题,就显得十分重要。而这些问题运用设施定位模型均能很容易地得到解决。

5. 空间查询模型

利用 GIS 的空间查询功能,可以查询以某一商业网点为圆心某半径内配送点的数目,以此判断哪一个配送中心距离最近,为安排配送做准备。

6. 车辆定位导航

借助 GIS 技术,还可以在车辆定位导航等方面得到车辆在三维空间中的运动轨迹,不但可获得车辆的准确位置,还可得到车辆的速度、运动方向等数据,为交通运输管理提供了动态检测和导航的工具。

■阅读材料9-8　京东商城可视化配送包裹跟踪(GIS)系统

2011年2月28日起,京东商城的 GIS 包裹实时跟踪系统正式上线。所有的京东商城配送员已经全部配备了 PDA 设备,通过京东配送员配备的 PDA 设备的实时定位,用户通过快递单号所查询到的物流信息不再仅仅是几个转站点的扫描情况,而是可以清楚地在地图上看到自己的包裹在道路上移动等投递情况。目前,用户只需在订单的详情里点击"订单轨迹"即可实现这项可视化的查询。

据京东商城有关负责人介绍,现在用户可以在网站地图上实时地跟踪自己包裹在道路上的移动等投递情况。消费者不用再担心自己的货物已经被送到哪里,什么时候才可以送达等细碎的问题。直接在网上即可以查阅到包裹当时的地理位置及行进速度。甚至可以根据配送员即时服务系统,实现现场价格保护返还,无须和呼叫中心确认,京东商城配送员就可以现场实现"价格保护"服务。而且在送货过程中,网购消费者更可无须任何页面操作地实现退换货服务。GIS 跟踪系统还能实现现场订单状态的即时完成,以便客户更快地进行产品评价,晒单。

GIS 包裹实时跟踪服务让京东商城又一次在服务上先拔头筹,成为 B2C 行业第一个将 GIS 系统实际应用到物流配送服务的企业。

(资料来源:中国日报. http://www.chinadaily.com.cn)

9.7　产品电子代码

9.7.1　产品电子代码概述

产品电子代码(electric product code,EPC)技术,是一种新兴的物流信息管理技术,是条码技术的延续和发展。它可以对供应链中的对象(包括物品、货箱、货盘、位置等)进行全球唯一的标识。EPC 存储在 RFID 标签上,这个标签包含一块硅芯片和一根天线。读取 EPC 标签时,它可以与一些动态数据连接,如该贸易项目的原产地或生产日期等。这与全球贸易项目代码 (GTIN)和车辆鉴定码 (VIN)十分相似,EPC 就像是一把钥匙,用以解开 EPC 网络上相关产品信息这把锁。与目前许多编码方案类似,EPC 包含用来标识制造厂商的代码，以及用来标识产品类型的代码。但 EPC 使用额外的一组数字——序列号来识别单个贸易项目。EPC 所标识产品的信息保存在 EPCglobal(全球产品电子代码管理中心)网络中，而 EPC 则是获取有关这些信息的一把钥匙。

1. EPCglobal

EPCglobal 是国际物品编码协会 EAN 和美国统一代码委员会(UCC)两大标准化组织联合成立的一个中立、非营利性标准化组织。EPCglobal 的主要职责是在全球范围内对各个行业建立和维护 EPC 网络，保证供应链各环节信息的快速、自动、实时、准确地识别采用全球统一标准；通过发展和管理 EPC 网络标准来提高供应链上贸易单元信息的透明度与可视性，以此来提高全球供应链的运作效率。EPCglobal 继承了 EAN 和 UCC 与产业界近30 年的成功合作传统。

2004 年 12 月 16 日，EPC global 批准发布了第一个标准 UHF Gen 2，使 EPC 的实施迈出了里程碑的一步。

2. EPCglobal China

EPCglobal 于 2004 年 1 月 12 日授权中国物品编码中心(ANCC)为 EPCglobal 在中华人民共和国境内的唯一代表，并在 2004 年 4 月 23 日正式成立 EPCglobal China，负责 EPCglobal 在中国范围内的注册、管理和业务推广。

中国物品编码中心(以下简称"编码中心")是我国 EPC 系统管理的工作机构，统一组织、协调、管理全国产品电子代码工作，配合国家主管机构制定我国 EPC 的发展规划，负责我国有关 EPC 系统标准的制订、修订工作，负责贯彻执行 EPC 系统工作的方针、政策、法规和标准，开展相关的国际交流与合作，负责全国范围内 EPC 应用领域的拓展、推广，负责 EPC 的注册、续展、变更和注销，负责统一组织、管理全国 EPC 标签芯片制造商、识读器生产商的资格认定工作，组织协调各部门开展一致性检测工作，参与制定我国 EPC 产业发展规划，建立 EPC 技术应用示范系统，加强培训，提供教育支持，推动 EPC 技术在我国国民经济各领域的应用。

早在 2006 年，EPCglobal China 便大力加快了 EPC 工作的推进，积极开展同国家相关部委之间的沟通，起草了 EPC 相关标准草案，加强了同国家无线电频率规划局的有关UHF 频段的沟通与协作；积极筹建 RFID 测试中心的工作，申报了国家"863"计划中的RFID 重大专项，成功申请了欧盟项目 BRIDGE(利用 RFID 技术给全球环境提供解决方案)；发展了 EPC 新的系统成员，积极组织 EPC 会员参加 EPCglobal 标准工作组的工作；在相关国际国内各种论坛、学术期刊上介绍 EPC 技术，积极实施 EPC 的应用试点工作。

3. EPCglobal 网络

EPCglobal 网络(由自动识别中心开发，其研究总部设在麻省理工学院)是实现自动即时识别和供应链信息共享的网络平台。通过 EPCglobal 网络，可以提高供应链上贸易单元信息的透明度与可视性，以此各机构组织将会更有效地运行。通过整合现有信息系统和技术，EPCglobal 网络将对全球供应链上的贸易单元提供即时、准确、自动地识别和跟踪。

Auto-ID 中心(自动识别中心)最先提出物联网的概念，并率先进行了 EPCglobal 网络的研究。Auto-ID 中心以美国麻省理工学院(MIT)为领队，在全球拥有实验室，并得到 100 多家国际大公司的通力支持。企业和用户是 EPCglobal 网络的最终受益者，通过 EPCglobal 网络，企业可以更高效、弹性地运行，可以更好地实现基于用户驱动的运营管理。

4. EPCglobal 服务

EPCglobal 为期望提高其有效供应链管理的企业提供了下列服务：

- 分配、维护和注册 EPC 管理者代码。
- 对用户进行 EPC 技术和 EPC 网络相关内容的教育和培训。
- 参与 EPC 商业应用案例实施和 EPCglobal 网络标准的制定。
- 参与 EPCglobal 网络、网络组成、研究开发和软件系统等的规范制定和实施。
- 引领 EPC 研究方向。
- 认证和测试。
- 与其他用户共同进行试点和测试。

5. EPCglobal 系统成员

EPCglobal 将系统成员大体分为两类：终端成员和系统服务商。终端成员包括制造商、零售商、批发商、运输企业和政府组织。一般来说，终端成员就是在供应链中有物流活动的组织。而系统服务商是指那些给终端用户提供供应链物流服务的组织机构，包括软件和硬件厂商、系统集成商和培训机构等。

EPCglobal 在全球拥有上百家成员。

6. EPCglobal 组织结构

EPCglobal 由 EAN 和 UCC 两大标准化组织联合成立。

- EPCglobal 管理委员会由来自 UCC、EAN、MIT、终端用户和系统集成商的代表组成。
- EPCglobal 主席对全球官方议会组和 UCC 与 EAN 的 CEO 负责。
- EPCglobal 员工与各行业代表合作，促进技术标准的提出和推广、管理公共策略、开展推广和交流活动并进行行政管理。
- 架构评估委员会(ARC)作为 EPCglobal 管理委员会的技术支持，向 EPCglobal 主席做出报告，从整个 EPCglobal 的相关构架来评价和推荐重要的需求。
- 商务推动委员会(BSC)针对终端用户的需求及实施行动来指导所有商务行为组和工作组。
- 国家政策推动委员会(PPSC)对所有行为组和工作组的国家政策发布(如安全隐私等)进行筹划和指导。
- 技术推动委员会(TSC)对所有工作组所从事的软件、硬件和技术活动进行筹划和指导。
- 行动组(商务和技术)规划商业和技术愿景，以促进标准发展进程。商务行为组明确商务需求，汇总所需资料并根据实际情况，使组织对事务达成共识。技术行为组以市场需求为导向促进技术标准的发展。
- 工作组是行为组执行其事务的具体组织。工作组是行为组的下属组织(其成员可能来自多个不同的行为组)，经行为组的许可，组织执行特定的任务。

> Auto-ID 实验室由 Auto-ID 中心发展而成，总部设在美国麻省理工学院，与其他 5 所学术研究水平领先于世界的大学通力合作研究和开发 EPCglobal 网络及其应用。(这 5 所大学分别是英国剑桥大学、澳大利亚阿德莱德大学、日本庆应大学、中国复旦大学和瑞士圣加仑大学。)

9.7.2 EPC 系统的结构

EPC 系统是一个非常先进的、综合性的复杂系统，其最终目标是为每一单品建立全球的、开放的标识标准。它由全球产品电子代码(EPC)的编码体系、射频识别系统及信息网络系统三部分组成，主要包括六个方面，如表 9-1 所示。

表 9-1 EPC 系统的构成

系统构成	主要内容	注释
EPC 编码体系	EPC 代码	用来标识目标的特定代码
射频识别系统	EPC 标签	贴在物品之上或者内嵌在物品之中
	读写器	识读 EPC 标签
信息网络系统	EPC 中间件	EPC 系统的软件支持系统
	对象名称解析服务(Object Naming Service，ONS)	
	EPC 信息服务(EPC IS)	

1. EPC 编码体系

EPC 编码体系是新一代的与 GTIN 兼容的编码标准，它是全球统一标识系统的延伸和拓展，是全球统一标识系统的重要组成部分，是 EPC 系统的核心与关键。

EPC 代码是由标头、厂商识别代码、对象分类代码、序列号等数据字段组成的一组数字。其中，标头可以识别 EPC 的长度、类型、结构、版本号；厂商识别代码可以识别公司或企业实体；对象分类代码类似于库存单位(SKU)；序列号是加标签的对象类的特例。EPC 编码的具体结构如表 9-2 所示。

表 9-2 EPC 编码结构

项目	标头	厂商识别代码	对象分类代码	序列号
EPC-96	8	28	24	36

EPC 编码具有以下特性。

> 科学性：结构明确，易于使用、维护。
> 兼容性：EPC 编码标准与目前广泛应用的 EAN.UCC 编码标准是兼容的，GTIN 是 EPC 编码结构中的重要组成部分，目前广泛使用的 GTIN、SSCC、GLN 等都可以顺利转换到 EPC 中去。
> 全面性：可在生产、流通、存储、结算、跟踪、召回等供应链的各环节全面应用。
> 合理性：由 EPCglobal、各国 EPC 管理机构(中国的管理机构称为 EPCglobal China)、被标识物品的管理者分段管理、共同维护、统一应用，具有合理性。

> ➤ 国际性：编码标准全球协商一致，不以具体国家、企业为核心，具有国际性。
> ➤ 无歧视性：编码采用全数字形式，不受地方色彩、语言、经济水平、政治观点的限制，是无歧视性的编码。

当前，出于成本等因素的考虑，参与 EPC 测试所使用的编码标准采用的是 64 位数据结构，未来将采用 96 位的编码结构。

2. EPC 射频识别系统

EPC 射频识别系统是实现 EPC 代码自动采集的功能模块，主要由射频标签和射频读写器组成。射频标签是产品电子代码(EPC)的物理载体，附着于可跟踪的物品上，可全球流通并对其进行识别和读写。射频读写器与信息系统相连，是读取标签中的 EPC 代码并将其输入网络信息系统的设备。EPC 系统射频标签与射频读写器之间利用无线感应方式进行信息交换，具有以下特点：

> ➤ 可以识别快速移动物品。
> ➤ 可同时识别多个物品等。
> ➤ EPC 射频识别系统为数据采集最大限度地降低了人工干预，实现了完全自动化，是"物联网"形成的重要环节。

1) EPC 标签

EPC 标签是射频识别技术中按照 GS1 系统的 EPC 规则进行编码，并遵循 EPCglobal 制定的 EPC 标签与读写器的无接触空中通信规则设计的标签。EPC 标签是产品电子代码的载体，当 EPC 标签贴在物品上或内嵌在物品中时，该物品与 EPC 标签中的编号是一一对应的。

EPC 标签主要是由天线和芯片组成，其中存储的唯一信息是 96 位或者 64 位产品电子代码。为了降低成本，EPC 标签通常是被动式射频标签。

EPC 标签根据其功能级别的不同目前分为 5 类，目前所开展的 EPC 测试使用的是 Class1/GEN2。

EPC 标签的应用领域非常广阔，多用于移动车辆的自动收费、资产跟踪、物流、动物跟踪、生产过程控制等。目前，由于射频标签较条码标签成本偏高，很少像条码那样用于消费品标识，而是多用于人员、车辆、物流等的管理，如证件、停车场、可回收托盘、包装箱的标识。

2) 读写器

读写器是用来识别 EPC 标签的电子装置，与信息系统相连实现数据的交换。读写器使用多种方式与 EPC 标 2 交换信息，近距离读取被动标签最常用的方法是电感耦合方式：

EPC 标签靠近读写器时盘绕读写器的天线与盘绕标签的天线之间就形成了一个磁场，标签就利用这个磁场发送电磁波给读写器，返回的电磁波被转换为数据信息，也就是标签中包含的 EPC 代码。

读写器的基本任务就是激活标签，与标签建立通信并且在应用软件和标签之间传送数据。EPC 读写器和网络之间不需要 PC 作为过渡，所有读写器之间的数据交换直接可以通过一个对等的网络服务器进行。

读写器的软件提供了网络连接能力，包括 Web 设置、动态更新、TCP/IP 读写器界面、内建兼容 SQL 的数据库引擎。

当前 EPC 系统尚处于测试阶段，EPC 读写器技术也还在发展完善之中。Auto-ID Labs 提出的 EPC 读写器工作频率为 860～960 兆赫。

3. EPC 系统信息网络

EPC 信息网络是一个能够实现供应链中的商品快速自动识别及信息共享的框架。通过采用多种技术手段，EPCglobal 网络为在供应链中识读 EPC 所标识的贸易项目，并且在贸易伙伴之间共享项目信息提供了一种机制。

EPC 信息网络系统是在全球互联网的基础上，通过 EPC 中间件、对象名称解析服务 (ONS) 和 EPC 信息服务 (EPC IS) 来实现全球"实物互联"。它由五个基本要素组成：产品电子代码 (EPC)、射频识别系统 (EPC 标签和识读器)、发现服务 (包括 ONS)、EPC 中间件、EPC 信息服务 (EPC IS)。前两个要素已在本章前面做过介绍，不再赘述，下面主要介绍后三个要素。

1) EPC 中间件

EPC 中间件是具有一系列特定属性的"程序模块"或"服务"，并被用户集成以满足他们的特定需求，EPC 中间件以前被称为 SAVANT。

EPC 中间件是加工和处理来自读写器的所有信息和事件流的软件，是连接读写器和企业应用程序的纽带，主要任务是在将数据送往企业应用程序之前进行标签数据校对、读写器协调、数据传送、数据存储和任务管理。图 9-23 描述了 EPC 中间件与其他应用程序之间的通信。

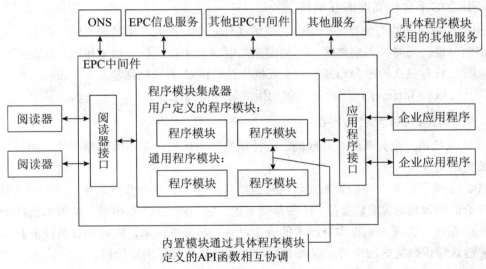

图 9-23　EPC 中间件与其他应用程序之间的通信

2) 对象名称解析服务 (ONS)

对象名称解析服务 (ONS) 是一个自动的网络服务系统，类似于域名解析服务 (DNS)，ONS 给 EPC 中间件指明了存储产品相关信息的服务器。

ONS 服务是联系 EPC 中间件和 EPC 信息服务的网络枢纽，并且 ONS 设计与架构都以互联网域名解析服务 DNS 为基础，因此，可以使整个 EPC 网络以互联网为依托，迅速架构并顺利延伸到世界各地。

3) EPC 信息服务(EPC IS)

EPC IS 提供了一个模块化、可扩展的数据和服务的接口，使得 EPC 的相关数据可以在企业内部或者企业之间共享。它处理与 EPC 相关的各种信息，具体如下。

- ➢ EPC 的观测值—即观测对象、时间、地点及原因，这里的原因是一个比较宽泛的说法，它应该是 EPC IS 步骤与商业流程步骤之间的一个关联，如订单号、制造商编号等商业交易信息。
- ➢ 包装状态—例如物品是放在托盘上的包装箱内。
- ➢ 信息源—例如位于 Z 仓库的 Y 通道的 X 识读器。

EPC IS 有两种运行模式，一种是 EPC IS 信息被已经激活的 EPC IS 应用程序直接应用；另一种是将 EPC IS 信息存储在资料档案库中，以备今后查询时进行检索。独立的 EPC IS 事件通常代表独立步骤，比如 EPC 标记对象 A 装入标记对象 B，并与一个交易码结合。对于 EPC IS 资料档案库的 EPC IS 查询，不仅可以返回独立事件，而且还有连续事件的累积效应，比如对象 C 包含对象 B，对象 B 本身包含对象 A。

9.7.3 EPC 系统的特点

1. 开放的结构体系

EPC 系统采用全球最大的公用的 Internet 网络系统。这就避免了系统的复杂性，同时也大大降低了系统的成本，并且还有利于系统的增值。

2. 独立的平台与高度的互动性

EPC 系统识别的对象是一个十分广泛的实体对象，因此，不可能有哪一种技术适用所有的识别对象。同时，不同地区、不同国家的射频识别技术标准也不相同。因此开放的结构体系必须具有独立的平台和高度的交互操作性。EPC 系统网络建立在 Internet 网络系统上，并且可以与 Internet 网络所有可能的组成部分协同工作。

3. 灵活的可持续发展的体系

EPC 系统是一个灵活的、开放的、可持续发展的体系，在不替换原有体系的情况下就可以做到系统升级。

EPC 系统是一个全球的大系统，供应链的各个环节、各个节点、各个方面都可受益，但对低价值的识别对象，如食品、消费品等来说，它们对 EPC 系统引起的附加价格十分敏感。EPC 系统正在考虑通过本身技术的进步，进一步降低成本，同时通过系统的整体改进使供应链管理得到更好的应用，提高效益，以便抵消和降低附加价格。

9.7.4 产品电子代码系统的工作流程

在由 EPC 标签、读写器、EPC 中间件、Internet、ONS 服务器、EPC 信息服务及众多数据库组成的实物互联网中，读写器读出的 EPC 只是一个信息参考(指针)，由这个信息参考从 Internet 找到 IP 地址并获取该地址中存放的相关的物品信息，并采用分布式的 EPC 中间件处理由读写器读取的一连串 EPC 信息。由于在标签上只有一个 EPC 代码，计算机需要知道与该 EPC 匹配的其他信息。这就需要 ONS 来提供一种自动化的网络数据库服务， EPC 中间件将 EPC 代码传给 ONS，ONS 指示 EPC 中间件到一个保存着产品文件的服务器(EPC IS)查找，该文件可由 EPC 中间件复制，因而文件中的产品信息就能传到供应链上， EPC 系统的工作流程如图 9-24 所示。

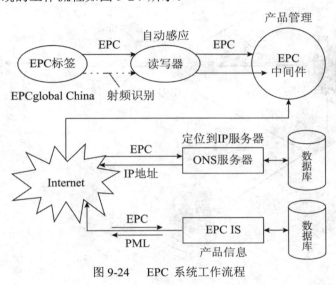

图 9-24　EPC 系统工作流程

9.8　PML

以现有的成熟的互联网技术为基础，人们新建立的更为庞大的物联网，可以自动地、适时地对物体进行识别、追踪、监控并触发相应事件。正如互联网中 HTML 语言已成为描述语言标准一样，物联网中所有的产品信息也都是用在 XML 基础上发展的 PML(physical markup language，物体标记语言)来描述的。PML 被设计成用于人及机器都可使用的自然物体的描述标准，是物联网网络信息存储、交换的标准格式。

本节将阐述 PML 的概念、组成、设计，并给出其应用。

9.8.1　PML 的概念及组成

未来的 EPC 物联网将会庞大无比，自然物体会发生一系列事件，而附着的 EPC 标签里面也只是存储了 EPC 代码的一串数字字符而已。如何利用 EPC 代码在物联网中实时传输这些 EPC 代码所代表的自然物体所发生的事件信息，EPC 物联网应该使用什么语言通信？现有的可扩展标示语言 XML 是一种简单的数据存储语言，它仅仅展示数据且极其简单，任何应用程序都可对其进行读写，这使得它很快成了计算机网络中数据交换的唯一公共语言。XML 描述网络上的数据内容及结构的标准，对数据赋予上下文相关功能，这也适合于物联网中的信息传输。因此，在 XML 语言的基础上发展了更加适合物联网的 PML 语言。EPC 系统的构成如图 9-25 所示。

从图 9-25 中可知， PML 是 Savant、EPC IS、应用程序、ONS 之间相互表述和传递 EPC 相关信息的共同语言，它定义了在 EPC 物联网中所有的信息传输方式。图 9-26 为 PML 语言的组成结构图，它是一个标准词汇集，主要包含了两个不同的词汇，PML 核及 Savant

扩充。如果需要的话，PML 还能扩展更多的其他词汇。

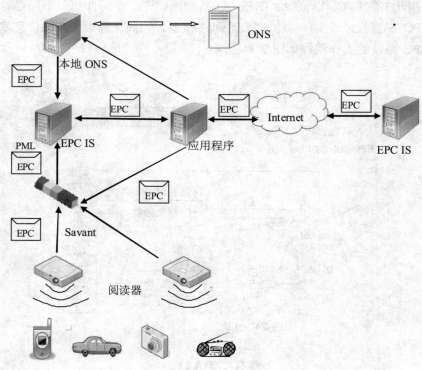

图 9-25　EPC 系统的构成

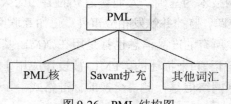

图 9-26　PML 结构图

PML 核是以现有的 XML Schema 语言为基础的。在数据传送之前，使用"tags"(标签，不同于 RFID 标签)来格式化数据，它是编程语言中的标签概念。同时，PML 核应该被所有的 EPC 网络节点(如 ONS、Savant 及 EPCIS)理解，使得数据传送更流畅、建立系统更容易。Savant 扩充则被用于 Savant 与企业应用程序间的商业通信。

9.8.2　PML 设计

现实生活中的产品丰富多样，很难用一个统一的语言来客观地描述每一个物体。然而，自然物体都有着共同的特性，如体积、重量；企业、个人交易时又有着时间、空间上的共性。同时，EPC 物联网是建立在现有的互联网基础上的。为此，作为描述物体信息载体的 PML 语言，其设计有着独特的要求。

1. 开发技术

PML 首先使用现有的标准(如 XML、TCP/IP)来规范语法和数据传输，并利用现有工具来设计编制 PML 应用程序。PML 需提供一种简单的规范，通过使用默认的方案，使方案无须进行转换，即能可靠传输和翻译。PML 对所有的数据元素提供单一的表示方法，如有多个对数据类型编码的方法，PML 仅选择其中一种，如日期编码。

2. 数据存储和管理

PML 只是用在信息发送时对信息区分的方法，实际内容可以任意格式存放在服务器(SQL 数据库或数据表)中，即不必一定以 PML 格式存储信息。企业应用程序将以现有的格式和程序来维护数据，如 Aaplet 可以从互联网上通过 ONS 来选取必需的数据，为便于传输，数据将按照 PML 规范重新进行格式化。这个过程与 DHTML 相似，也是按照用户的输入重新生成一个 HTML 页面。此外，一个 PML "文件"可能是多个不同来源的文件和传送过程的集合，因为物理环境所固有的分布式特点，使得 PML "文件"可以在实际中从不同位置整合多个 PML 片断。

3. 设计策略

现将 PML 分为 PML 核与 PML 扩展两个主要部分进行分析，如图 9-27 所示。

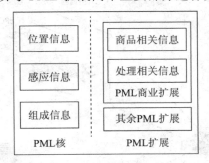

图 9-27　PML 核与 PML 扩展

PML 核用统一的标准词汇将从 Auto-ID 底层设备获取的信息分发出去，如位置信息、成分信息和其他感应信息。由于此层面的数据在自动识别前不可用，所以必须通过研发 PML 核来表示这些数据。PML 扩展用于将 Auto-ID 底层设备所不能产生的信息和其他来源的信息进行整合。第一种实施的 PML 扩展包括多样的编排和流程标准，使数据交换在组织内部和组织间发生。

PML 核专注于直接由 Auto-ID 底层设备所生成的数据，其主要描述包含特定实例和独立于行业的信息。特定实例是条件与事实相关联，事实(如一个位置)只对一个单独的可自动识别对象有效，而不是对一个分类下的所有物体均有效。独立于行业的条件指出数据建模的方式：即它不依赖于指定对象所参与的行业或业务流程。

PML 商业扩展提供的大部分信息对于一个分类下的所有物体均可用，大多数信息内容高度依赖于实际行业，例如高科技行业组成部分的技术数据表都远比其他行业要通用。这个扩展在很大程度上是针对用户特定类别并与它所需的应用相适应，目前 PML 扩展框架的焦点集中在整合现有电子商务标准上，扩展部分可覆盖到不同领域。

至此，PML 设计便提供了一个描述自然物体、过程和环境的统一标准，可供工业和商业中的软件开发、数据存储和分析工具之用，同时还提供一种动态的环境，使与物体相关的静态的、暂时的、动态的和统计加工过的数据实现互相交换。

9.8.3 PML 应用

EPC 物联网系统的一个最大优点在于自动跟踪物体的流动情况,这对于企业的生产及管理有着很大的帮助。图 9-28 所示为 PML 信息在 EPC 系统中的流通情况,可以看出 PML 最主要的作用是作为 EPC 系统中各个不同部分的一个公共接口,即 Savant、第三方应用程序(如

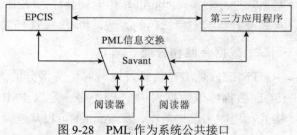

图 9-28 PML 作为系统公共接口

ERP、MES)、存储商品相关数据的 PML 服务器之间的共同通信语言。

图 9-29 为某冰箱企业的生产示意图,一辆装有冰箱的卡车从仓库中开出,仓库门口处的阅读器读到了贴在冰箱上的 EPC 标签,此时阅读器将读取到的 EPC 代码传送给上一级 Savant 系统。Savant 系统收到 EPC 代码后,生成一个 PML 文件,发送至 EPC IS 服务器或者企业的管理软件,通知这一批货物已经出仓了。

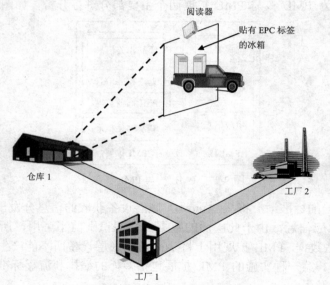

图 9-29 冰箱企业生产示意图

此时 PML 文档如图 9-30 所示,其简单、灵活、多样,并且是可直接阅读、易于理解的。下面对该 PML 文档中的主要内容作一简要说明。

```
<pmlcore:Observation>
    <pmlcore:Date Time>27071215O434</pmlcore:Date Time>
    <pmlcore:Tag><pmluid:ID>um:cpc:1.3.42.356</pmluid:ID>
        <pmlcore:Data>
        <pmlcore:XML>
            <EEPROM xmlns="hhtp://tag.example.org/">
            <FamilyCode>12</FamilyCode>
            <ApplicationIdentifier>123</ApplicationIdcntifier>
            <Block1>FFA0456F</Block1>
            <Block2>58433791</Block2>
            </EEPROM>
        </pmlcore:XML>
        </pmlcore:Data>
    </pmlcore:Tag>
</pmlcore:Observation>
```

图 9-30 PML 文档

(1) 在文档中，PML 元素在一个开始标签(注意，这里的标签不是 RFID 标签)和一个结束标签之间。例如：<pmlcore:observation>和</pmlcore:observation>等。

(2) <pmlcore:Tag> <pmluid:ID>um:cpc:1.3.42.356</pmluid:ID>指 RFID 标签中的 EPC 编码，其版本号为 1，域名管理.对象分类.序列号为 3.42.356，是由相应 EPC 编码的二进制数据转换成的十进制数。URN(uniform resource name)为统一资源名称，指资源名称为 EPC。

(3) 文档中有层次关系，注意相应信息标示所属的层次。

文档中所有的标签都含有前缀"<"及后缀">"。PML 核简洁明了，所有的 PML 核标签都易于理解，同时 PML 独立于传输协议及数据存储格式，且不需其所有者的认证或处理。

Savant 将 PML 文件传送给 EPCIS 或企业应用软件后，企业管理人员可能要查询某些信息，例如 2017 年 7 月 12 日这一天 1 号仓库冰箱进出的情况，实际情况如表 9-3 所示，表中的 EPC_IDn 表示贴在冰箱上的 EPC 标签的 ID 号。

表 9-3　冰箱流动表

时　　间	地　　　点				
	……	1 号工厂	2 号工厂	1 号仓库	……
……	……	……	……	……	……
20070711	……	EPC_ID1		EPC_ID2	……
20070712	……		EPC_ID1、2	EPC_ID1	……
20070713	……			EPC_ID2	……
……	……	……	……	……	……

在下面采用如下查询语句对 PML 文件信息进行查询：

SELECT COUNT(EPCno) from EPC_DB where Timestamp="201707012" and ReaderNo="Rd_ID2"

这里只是简单地采用 SQL 中的 COUNT 函数，但实际情况要比这个复杂得多，可能需要跨地区、时间，综合多个 EPC IS 才能得到所需的信息。

图 9-31 为冰箱流动情况查询。

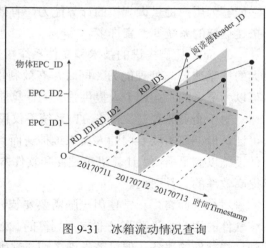

图 9-31　冰箱流动情况查询

高度网络化的 EPC 物联网系统，意在构造一个全球统一标识的物品信息系统，它将在超市、仓储、货运、交通、溯源跟踪、防伪防盗等众多领域和行业中获得广泛的应用和推广。随着 EPC 的发展，PML 的应用将会非常广泛，将进入所有行业领域。

同其他任何语言一样，物联网中的 PML 语言将随着时代的变化而发展。

9.9 云计算

9.9.1 云计算的产生和发展

亚马逊(Amazon)网站曾经遇到过这样一个难题：作为最大的网络零售商店，其网站服务器的访问量会在圣诞节前夕成倍激增，为了应付这短时间的、激增的访问量，就需要成倍地扩大和升级服务器。但是，在节日过后，访问量又回到平日的水平，成倍地扩大和升级服务器就会闲置浪费，能否将这些计算资源有效地利用？答案当然是"出租"。

Google 也曾经遇到这样一个难题：在 Google 成立的早期，作为搜索引擎服务提供者，Google 服务器必须做到快速、安全可靠，而这需要成倍地扩大和升级服务器，需要投入更多的资金。能否利用价格低廉的、性能较低的计算机搭建 Google 服务器群，提供高性能的、快速、安全可靠服务？

在 Web 2.0 时代，Flickr、MySpace、YouTube 等网站的访问量，已经远远超过传统门户网站。用户数量多，以及用户参与程度高是这些网站的特点。因此，如何有效地为巨大的用户群体服务，让他们参与时能够享受方便、快捷的服务，成为这些网站不得不解决的一个问题。

另外，网格计算(grid computing)、分布式计算(distributed computing)、并行计算(parallel computing)、效用计算(utility computing)、网络存储(network storage technologies)、虚拟化(virtualization)、负载均衡(load balance)等传统计算机技术和网络技术发展融合也为解决上述问题提供了技术基础。

亚马逊为公众提供 EC2 服务，这项 Amazon EC2 服务即可看成是云计算的一个系统。它能够为用户提供大规模的计算能力，有效地降低响应时间，同时在经济上也比用户自己搭建这样的系统要便宜许多。

Google 凭借先进的技术和文件系统搭建起来 Google 服务器群，为 Google 提供了强大的搜索速度与处理能力。同时，有效利用这些技术和 Google 拥有的巨大服务器资源，可以为更多的企业或个人提供强大的计算能力与多种多样的服务。

对于企业来说建立一套 IT 系统不仅仅需要购买硬件等基础设施，还要购买软件的许可证，后期还需要专门的人员来维护。而且，当企业的规模扩大时还要继续升级各种软硬件设施以满足需要。计算机等硬件和软件本身并非企业真正需要的，它们仅仅是完成工作、提高效率的工具而已。

对个人而言，正常使用电脑需要安装许多软件，而许多软件是收费的，对不经常使用该软件的用户来说购买是非常不划算的。这时如果有在用时付少量"租金"即可"租用"到这些软件的服务，便可节省许多购买软硬件的资金。

人们每天都要用电，但不是每家都自备发电机，而是由电厂集中提供；人们每天都要用自来水，但不是每家都有井，而是由自来水厂集中提供。这种模式极大地节约了资源，方便了人们的生活。面对计算机给人们带来的困扰，人们可不可以像使用水和电一样使用计算机资源？这些想法最终导致了云计算的产生。

云计算的最终目标是将计算、服务和应用作为一种公共设施提供给公众，使人们能够像使用水、电、煤气那样使用计算机资源。

这时用户的计算机会变得十分简单——较小的内存、不需要硬盘和各种应用软件。就像连接显示器和主机的电线无限长,显示器被放在使用者的面前,主机放在较远的地方——甚至计算机使用者本人也不知道的地方。云计算把连接显示器和主机的电线变成了网络,把主机变成云服务提供商的服务器集群。

用户从"购买产品"转变到"购买服务",他们不再直接面对复杂的硬件和软件,而是面对最终的服务。企业不需要拥有硬件设施,也不再为机房支付设备供电、空调制冷、专人维护等费用,并且不需要等待漫长的供货周期、项目实施等冗长的时间,只需要把钱支付给云计算服务提供商,人们就会得到需要的服务。

9.9.2　云计算的概念和定义

目前,对于云计算的认识在不断地发展变化,云计算(cloud computing)仍没有普遍一致的定义。

狭义的云计算指的是厂商通过分布式计算和虚拟化技术搭建数据中心或超级计算机,以免费或按需租用方式向技术开发者或者企业客户提供数据存储、分析及科学计算等服务,如亚马逊数据仓库出租业务。

广义的云计算指厂商通过建立网络服务器集群,向各种不同类型客户提供在线软件服务、硬件租借、数据存储、计算分析等不同类型的服务。广义的云计算包括了更多的厂商和服务类型,例如用友、金蝶等管理软件厂商推出的在线财务软件,Google 发布的 Google 应用程序套装等。

通俗的理解是,云计算的"云"就是存在于互联网服务器集群上的资源,包括硬件资源(服务器、存储器、CPU 等)和软件资源(如应用软件、集成开发环境等)。本地计算机只需要通过互联网发送一个需求信息,远端就会有成千上万的计算机为你提供需要的资源并将结果返回本地计算机,这样,本地计算机几乎不需要做什么,所有的处理都由云计算提供商所提供的计算机群来完成。

9.9.3　云计算的主要服务形式

云计算正在风起"云"涌,蓬勃发展,各类厂商都在开发不同的云计算服务,它的表现形式多种多样,简单的云计算在人们日常网络应用中随处可见,比如腾讯 QQ 空间提供的在线制作 Flash 图片,Google(谷歌)的搜索服务,Google Docs,Google Apps 等。目前,云计算的主要服务形式有:SaaS(software as a service,软件即服务),PaaS(platform as a service,平台即服务),IaaS(infrastructure as a service,基础设施即服务)。

1. SaaS

SaaS 服务提供商将应用软件统一部署在自己的服务器上,用户根据需求通过互联网向厂商订购应用软件服务,服务提供商根据客户所定软件的数量、时间的长短等因素收费,并且通过浏览器向客户提供软件。这种服务模式的优势是,由服务提供商维护和管理软件、提供软件运行的硬件设施,用户只需拥有能够接入互联网的终端,即可随时随地使用软件。这种模式下,客户不再像传统模式那样在硬件、软件、维护人员方面花费大量资金,只需要支出一定的租赁服务费用,通过互联网就可以享受到相应的硬件、软件和维护服务,这是网络应用最具效益的营运模式。对于小型企业来说，SaaS 是采用先进技术的最好途径。

以企业管理软件来说，SaaS 模式的云计算 ERP 可以让客户根据并发用户数量、所用功能多少、数据存储容量、使用时间长短等因素的不同组合按需支付服务费用，既不用支付软件许可费用，也不需要支付采购服务器等硬件设备费用，同时也不需要支付购买操作系统、数据库等平台软件费用，不用承担软件项目定制、开发、实施费用，不需要承担 IT 维护部门开支费用，实际上云计算 ERP 正是继承了开源 ERP 免许可费用只收服务费用的最重要特征，是突出了服务的 ERP 产品。

目前，Salesforce.com 是提供这类服务最有名的公司，Google Docs，Google Apps 和 Zoho Office 也属于这类服务。

2. PaaS

PaaS 把开发环境作为一种服务来提供。这是一种分布式平台服务，厂商给客户提供开发环境、服务器平台、硬件资源等服务，用户在其平台基础上定制开发自己的应用程序并通过其服务器和互联网传递给其他客户。PaaS 能够给企业或个人提供研发的中间件平台，提供应用程序开发、数据库、应用服务器、试验、托管及应用服务。

Google App Engine，Salesforce 的 force.com 平台，八百客的 800APP 是 PaaS 的代表产品。以 Google App Engine 为例，它是一个由 python 应用服务器群、BigTable 数据库及 GFS 组成的平台，为开发者提供一体化主机服务器及可自动升级的在线应用服务。用户编写应用程序并在 Google 的基础架构上运行就可以为互联网用户提供服务，Google 提供应用运行及维护所需要的平台资源。

3. IaaS

IaaS 即把厂商的由多台服务器组成的"云端"基础设施，作为计量服务提供给客户。它将内存、I/O 设备、存储和计算能力整合成一个虚拟的资源池为整个业界提供所需要的存储资源和虚拟化服务器等。这是一种托管型硬件方式，用户付费使用厂商的硬件设施。

例如，Amazon Web 服务(AWS)、IBM 的 BlueCloud 等均是将基础设施作为服务出租。

IaaS 的优点是用户使用硬件的成本较低，只用按需租用相应的计算能力和存储能力，大大降低了用户在硬件上的开销。

IaaS 以 Google 云应用最具代表性，例如 Google Docs，Google Apps，Google Sites，以及云计算应用平台 Google App Engine。

9.9.4 云计算的核心技术

云计算系统运用了许多技术，其中以编程模型、数据管理技术、数据存储技术、虚拟化技术、云计算平台管理技术最为关键。

1. 编程模型

MapReduce 是 Google 开发的 Java、Python、C++编程模型，它是一种简化的分布式编程模型和高效的任务调度模型，用于大规模数据集(大于 1TB)的并行运算。严格的编程模型使云计算环境下的编程十分简单。MapReduce 模式的思想是将要执行的问题分解成

Map(映射)和 Reduce(化简)的方式，先通过 Map 程序将数据切割成不相关的区块，分配(调度)给大量计算机处理，达到分布式运算的效果，再通过 Reduce 程序将结果汇总输出。

2. 海量数据分布存储技术

云计算系统由大量服务器组成，同时为大量用户服务，因此云计算系统采用分布式存储的方式存储数据，用冗余存储的方式保证数据的可靠性。云计算系统中广泛使用的数据存储系统是 Google 的 GFS 和 Hadoop 团队开发的 GFS 的开源实现 HDFS。

GFS 即 Google 文件系统(google file system)，是一个可扩展的分布式文件系统，用于大型的、分布式的、对大量数据进行访问的应用。GFS 是针对大规模数据处理和 Google 应用特性而设计的，它运行于廉价的普通硬件上，但可以提供容错功能，可以给大量的用户提供总体性能较高的服务。

一个 GFS 集群由一个主服务器(master)和大量的块服务器(chunk server)构成，并被许多客户(client)访问。主服务器存储文件系统所有的元数据，包括名字空间、访问控制信息、从文件到块的映射及块的当前位置。它也控制系统范围的活动，如块租约(lease)管理，孤儿块的垃圾收集，块服务器间的块迁移。主服务器定期通过 HeartBeat 消息与每一个块服务器通信，给块服务器传递指令并收集它的状态。GFS 中的文件被切分为 64MB 的块并以冗余存储，每份数据在系统中保存 3 个以上备份。

客户与主服务器的交换只限于对元数据的操作，所有数据方面的通信都直接和块服务器联系，这大大提高了系统的效率，防止主服务器负载过重。

3. 海量数据管理技术

云计算需要对分布的、海量的数据进行处理、分析，因此，数据管理技术必需能够高效地管理大量的数据。云计算系统中的数据管理技术主要是 Google 的 BT(bigtable)数据管理技术和 Hadoop 团队开发的开源数据管理模块 HBase。

BT 是建立在 GFS，Scheduler，Lock Service 和 MapReduce 之上的一个大型的分布式数据库。与传统的关系数据库不同，它把所有数据都作为对象来处理，形成一个巨大的表格，用来分布存储大规模结构化数据。

Google 的很多项目使用 BT 来存储数据，包括网页查询、Google Earth 和 Google Finance。这些应用程序对 BT 的要求各不相同：数据大小(从 URL 到网页到卫星图像)不同，反应速度不同(从后端的大批处理到实时数据服务)。对于不同的要求，BT 都成功地提供了灵活高效的服务。

4. 虚拟化技术

通过虚拟化技术可实现软件应用与底层硬件相隔离，它包括将单个资源划分成多个虚拟资源的裂分模式，也包括将多个资源整合成一个虚拟资源的聚合模式。虚拟化技术根据对象可分成存储虚拟化、计算虚拟化、网络虚拟化等，计算虚拟化又分为系统级虚拟化、应用级虚拟化和桌面虚拟化。

5. 云计算平台管理技术

云计算资源规模庞大，服务器数量众多并分布在不同的地点，同时运行着数百种应用。

如何有效地管理这些服务器，保证整个系统提供不间断的服务是巨大的挑战。

云计算系统的平台管理技术能够使大量的服务器协同工作，方便地进行业务部署和开通，快速发现和恢复系统故障，通过自动化、智能化的手段实现大规模系统的可靠运营。

9.9.5　云计算技术发展面临的问题

尽管云计算模式具有许多优点，但是也存在一些问题，如数据隐私问题、安全问题、软件许可证问题、网络传输问题等。

1) 数据隐私问题

如何保证存放在云服务提供商的数据隐私，保证数据不被非法利用，不仅需要技术的改进，也需要法律的进一步完善。

2) 数据安全性

有些数据是企业的商业机密，数据的安全性关系到企业的生存和发展。云计算数据的安全性问题会影响云计算在企业中的应用。

3) 用户使用习惯

如何改变用户的使用习惯，使用户适应网络化的软硬件应用是长期而艰巨的挑战。

4) 网络传输问题

云计算服务依赖网络，目前网速低且不稳定，使云应用的性能不高。云计算的普及依赖网络技术的发展。

9.9.6　物联网与云计算对物流的影响

物联网可以将数量庞大的物品建立起信息连接，可以为商业、物流、仓储、生产、家庭等提供更为先进的信息化管理手段。物联网的实现无疑可以把物流信息化提高到极高的水平，也即提高供应链管理过程中的物流信息处理能力和水平。物联网通过在物流各个环节应用信息技术来实现，主要是为产品生产和分销服务。

物联网强调的是所有物品(包括物流管理过程中的物品和不在物流管理过程中的物品)的联网，由此给人类社会生产生活带来智能化和便利化，形成一个无处不在的(泛在)网络社会。物联网是在互联网的基础上，通过 RFID、嵌入式智能、无线传感器网络等技术的标准化、广泛化应用来实现。物联网可以为物流信息化提供近乎完美的物品联网环境，同时，物流信息化水平高低还要取决于它对供应链管理要求的满足度，也就是物品(包括原材料、零部件、成品和半成品等)信息的应用和管理水平。

物联网有两种存在形式：①networks of things (内网和专网)；②internet of things (外网或公网)。与之对应的两种业务模式为：①MAI(M2M application integration)，内部 MaaS；②MaaS(M2M as a service)，MMO，multi-tenants(多租户模型)。

随着物联网业务量的增加，对数据存储和计算量的需求将带来对"云计算"能力的要求。在物联网的初级阶段，从计算中心到数据中心，COWs(牛计算)即可满足需求；在物联网高级阶段，可能出现 MVNO/MMO 营运商(国外已存在多年)，需要虚拟化云计算、SOA 等技术的结合实现物联网的泛在服务——TaaS (everything as a service)。

现在中国的物流企业互相之间缺少整合，信息并不交流，路上跑的物流车辆 40%是空车，效率非常低。如果用云计算的形式把物流行业结合起来，将其标准化并把服务提供到别的行业中，应用物流云进行不同的服务，将大大提升中国物流行业的信息化水平，为物流行业带来深刻转型。

本章小结

本章从物流信息技术入手，着重阐述了几种主流的现代物流信息技术，如条形码技术、射频识别技术、EDI 技术、卫星定位(GPS/BDS)技术、GIS 技术、EPC(产品电子代码)、PLM 和云计算等技术，并展示了各种技术在物流中的作用。

通过本章的学习，读者应该了解各种物流信息技术的功能和原理，并掌握将各种物流信息技术应用于物流领域的方法。

思考题

1. 简述射频识别系统的工作流程。
2. 现代物流信息技术包括几种主流的技术？
3. 简述 EDI 的功能特点。
4. 简述 GPS 系统的构成。
5. 简述 GIS 的主要功能。
6. 论述在物流管理方面使用现代物流信息技术的优势具体体现在哪里。
7. 简述 EPC 系统结构。
8. 简述 PML 的概念、组成及其应用。
9. 云计算有哪些主要的服务形式？

第10章
物流信息技术实验

🎯 学习目标

通过本章的学习和实验，进一步巩固物流信息技术，初步掌握条码 UPC-A、UPC-E 打印编程，GIS 系统安装与应用，地图数字化，地图集 Geoset 制作，MapX 地图控件应用及 GPS 车辆跟踪编程。条码打印部分相对独立，之后的各部分的内容：GIS 系统、Geoset 制作、MapX 地图控件应用及 GPS 车辆跟踪联系紧密、环环相扣，后面的实验需要用到前面实验的成果。

🔍 核心要点

- UPC-A、UPC-E 打印编程。
- GIS 系统安装与应用。
- 地图数字化、地图集 Geoset 制作。
- MapX 地图控件应用及 GPS 车辆跟踪编程。

10.1　物流信息技术实验概述

为了进一步巩固所学知识，培养动手能力，激发开发兴趣，本章包括了条码打印编程、GIS 工具安装与使用、地图数字化、地图集制作、MapX 地图控件应用及 GPS 车辆跟踪编程实验内容。

编程的语言采用：Visual Basic6.0。

GIS 系统选用：Mapinfo Professional。相应的地图控件为 MapX4.5。

由于实验目的只是要求了解各种软件的功能、操作步骤和工作原理，所以，实验过程、内容和成果，不要求严格的精度和专业化的(商业化的)界面设计。

10.2　条码打印

10.2.1　实验目的

1. 理解条码的结构
2. 以 UPC-A 和 UPC-E 为例，掌握条码的生成(打印)方法

10.2.2　实验环境

1. Windows 7 及以上版本

2. Visual Basic 6.0

10.2.3　UPC 条码

UPC 条码(Universal Product Code)是最早大规模应用的条码,其特性是一种长度固定、连续性的条码,目前主要在美国和加拿大使用,由于其应用范围广泛,又被称万用条码。

UPC 条码仅可表示数字,故其数字集为数字 0~9。UPC 码共有 A、B、C、D、E 等五种版本,各版本的 UPC 条码格式与应用对象如表 10-1 所示。

表 10-1　UPC 条码的各种版本

版　　本	应 用 对 象	格　　式
UPC-A	通用商品	SXXXXX XXXXXC
UPC-B	医药卫生	SXXXXX XXXXXC
UPC-C	产业部门	XSXXXXX XXXXXCX
UPC-D	仓库批发	SXXXXX XXXXXCXX
UPC-E	商品短码	XXXXXX

注:S—系统码　　X—资料码　　C—检查码

下面介绍最常用的 UPC 标准码(UPC-A 码)和 UPC 缩短码(UPC-E 码)的结构与编码方式。

10.2.4　UPC-A 码

图 10-1 为 UPC-A 码的范例。

图 10-1　UPC-A 码的范例

每个 UPC-A 码都包括以下几个部分:左侧空白区、起始符、左侧数据符、中间分隔符、右侧数据符、校验符、终止符、右侧空白区及供人识别字符。

UPC-A 码左、右侧空白区最小宽度均为 9 个模块宽,其他结构与 EAN-13 商品条码相同。

UPC-A 码具有以下特点:

每个数字由 7 个模块组合成 2 线条 2 空白,其逻辑值可用 7 个二进制数字表示,例如逻辑值 0001101 代表数字 1,逻辑值 0 为空白,1 为黑,故数字 1 的 UPC-A 码为粗空白(000)-粗黑条(11)-细空白(0)-细黑条(1)。每个"黑条"或"空白"由 1~4 个模块组成,每个条码字符的总模块数为 7。用二进制"1"表示"黑条"的模块,用二进制"0"表示"空白"的模块。起始符、终止符的二进制表示都为"101",宽度为 3 个模块。条码中间分隔符的二进制表示为"01010", 宽度为 5 个模块。从空白区开始共 113 个模块。

表 10-2 为 UPC-A 码结构。

表 10-2　UPC-A 码结构

条码结构	左侧空白区	起始符	左侧数据符6位数据		中间分隔符	右侧数据符5位数据	校验符	终止符	右侧空白区
			2位国别	4位厂商代码		产品代码			
宽度(模块数)	9	3	42		5	35	7	3	9

中间码两侧的数据符码编码规则是不同的，左侧为奇，右侧为偶。奇表示线条的个数为奇数；偶表示线条的个数为偶数。左侧数据符与右侧数据符数字的逻辑值如表 10-3 所示。条码字符集可表示 0～9 共 10 个数字字符，左侧(A 子集)和右侧(C 子集)逻辑值对应的空白/黑条宽度如表 10-4 所示。

表 10-3　UPC-A 码字符集

数字	左侧(A 子集)	右侧(C 子集)
	黑条的个数为奇数	黑条的个数为偶数
0	0001101	1110010
1	0011001	1100110
2	0010011	1101100
3	0111101	1000010
4	0100011	1011100
5	0110001	1001110
6	0101111	1010000
7	0111011	1000100
8	0110111	1001000
9	0001011	1110100

表 10-4　UPC-A 码空白/黑条宽度(单位：模块)

数字	左侧				右侧			
	空白宽	黑条宽	空白宽	黑条宽	空白宽	黑条宽	空白宽	黑条宽
0	3	2	1	1	3	2	1	1
1	2	2	2	1	2	2	2	1
2	2	1	2	2	2	1	2	2
3	1	4	1	1	1	4	1	1
4	1	1	3	2	1	1	3	2
5	1	2	3	1	1	2	3	1
6	1	1	1	4	1	1	1	4
7	1	3	1	2	1	3	1	2
8	1	2	1	3	1	2	1	3
9	3	1	1	2	3	1	1	2

10.2.5　UPC-E 码

在特定条件下，12 位的 UPC-A 条码可以被表示为一种缩短形式的条码符号即 UPC-E 条码。UPC-E 不同于 EAN-13 和 UPC-A 商品条码，也不同于 EAN-8，它不含中间分隔符，由左侧空白区、起始符、数据符、终止符、右侧空白区及供人识别字符组成。UPC-E 条码的左侧空白区、起始符的模块数同 UPC-A；终止符为 6 个模块；右侧空白区最小宽度为 7 个模块，数据符固定为 6 位长度，42 个模块宽。每个 UPC-E 码都有一个相对应的 UPC-A 码存在，起始符 101，终止符为 010101。

图 10-2 为 UPC-E 码的范例。

图 10-2　UPC-E 码的范例

10.2.6　UPC 条形码校验计算方法

UPC 条形码的最后一位是校验位。　扫描器通过校验位判断是否扫描了正确的号码。以 11 位数 63938200039 为例说明，生成校验位(第 12 位)的步骤：

(1) 将所有奇数位置(第 1、3、5、7、9 和 11 位)上的数字相加。

(2) 6+9+8+0+0+9=32 ，然后，将该数乘以 3，即 32*3=96。

(3) 将所有偶数位置(第 2、4、6、8 和 10 位)上的数字相加。

(4) 3+3+2+0+3=11，然后，将该和与第 2 步所得的值相加，即 96+11=107。

(5) 保存第 4 步的值。

(6) 要创建校验位，需要确定一个值，当将该值与第 4 步所得的值相加时，结果为 10 的倍数。即 107+3=110，因此校验位为 3。

(7) 11 位数 63938200039 加上生成的校验位 3，组成完整的 12 位 UPC-A 码为 639382000393。

在下面的"条码打印的参考程序"中，无须考虑到校验位的生成。只要缺省地输入一个完整的 12 位 UPC-A 码，即可打印相应的条码。图 10-3 为打印 UPC-E 码的运行界面，图 10-4 为打印 UPC-A 码的运行界面。

图 10-3　生成 UPC-E 条码的界面

图 10-4　生成 UPC-A 条码的界面

10.2.7　条码打印的参考程序代码

条码打印的参考程序代码如下：

```vb
Option Explicit
'生成条码
Private Sub Command1_Click()
    Dim i As Integer
    If Text1 = "" Then
        MsgBox "请输入要生成的条码数字!", vbInformation, "提示"
        GoTo skip
    End If
    If IsNumeric(Text1) = False Then
        MsgBox "条码内容必须为数字!", vbCritical, "提示"
        GoTo skip
    End If
    Select Case Option1(0).Value
        Case True    '"UPC-E"
        If Len(Text1.Text) < 6 Then
          MsgBox "UPC-E 类型的条码内容不应小于 6 位!", vbInformation, "提示"
           GoTo skip
        End If
        Case False   '"UPC-A"
        If Len(Text1.Text) < 12 Then
          MsgBox "UPC-A 类型的条码内容不应小于 12 位!", vbInformation, "提示"
           GoTo skip
        End If
    End Select
    drawBar (Text1)
skip:
End Sub


'绘制条码
Private Sub drawBar(numbr As String)
    Dim size As Integer
    Dim i, j As Integer
```

```
    Dim h1, h2 As Integer
    Dim num As Integer
    Dim pattern(10) As String
    Dim patWid As Integer
    Dim prevPatWid As Integer
    Dim ofset As Integer
    ofset = 5
    size = 3       '设置条码大小 1，2，3，4
    If Option1(0) Then        '     "UPC-E"
        bar.Width = (size×53 + ofset×2)
    Else
        bar.Width = (95×size + ofset×2)
    End If
    bar.Line (0, 0)-(bar.Width, bar.Height), vbWhite, BF
    h1 = bar.Height
    Select Case size
        Case 1
        bar.FontSize = 5
        h2 = h1-15
        Case 2
        bar.FontSize = 6
        h2 = h1-15
        Case 3
        bar.FontSize = 9
        h2 = h1-17
        Case 4
        bar.FontSize = 9
        h2 = h1-17
    End Select
    '===================
    'UPC 条码样式
    '===================
    pattern(0) = "3211"
    pattern(1) = "2221"
    pattern(2) = "2122"
    pattern(3) = "1411"
    pattern(4) = "1132"
    pattern(5) = "1231"
    pattern(6) = "1114"
    pattern(7) = "1312"
    pattern(8) = "1213"
    pattern(9) = "3112"

    '起始
    For j = 1 To 3
        patWid = size-1
        If j = 2 Then
            bar.Line (prevPatWid+ofset, 0)-(prevPatWid+patWid+ofset, h1),
vbWhite, BF
        Else
            bar.Line (prevPatWid+ofset, 0)-(prevPatWid+patWid+ofset, h1),
vbBlack, BF
```

```
            End If
            prevPatWid = prevPatWid + patWid + 1
    Next

    '条码值
    If Option1(0) Then      ' "UPC-E"
        For i = 1 To 6
            num = Mid$(numbr, i, 1)
            prevPatWid = 0

            If i = 4 Then
                For j = 1 To 5
                    patWid = size一1
                    If j = 2 Or j = 4 Then
                        bar.Line (3×size + (7×size×(i一1)) + prevPatWid + ofset,
0)一(3×size + (7×size×(i一1)) + prevPatWid + patWid + ofset, h2), vbBlack, BF
                    Else
                        bar.Line (3×size + (7×size×(i-1)) + prevPatWid + ofset,
0) - (3×size + (7×size×(i-1)) + prevPatWid + patWid + ofset, h2), vbWhite, BF
                    End If
                    prevPatWid = prevPatWid + patWid + 1


                Next
            End If
            prevPatWid = 0
            For j = 1 To 4
                If i >= 4 Then
                    patWid = (Mid$(pattern(num), j, 1) ×size) -1
                    If j = 2 Or j = 4 Then
                        bar.Line (8×size + (7×size×(i-1)) + prevPatWid + ofset,
0) - (8×size + (7×size×(i-1)) + prevPatWid + patWid + ofset, h2), vbWhite, BF
                    Else
                        bar.Line (8×size + (7×size×(i-1)) + prevPatWid + ofset,
0) - (8×size + (7×size×(i-1)) + prevPatWid + patWid + ofset, h2), vbBlack, BF
                    End If
                    prevPatWid = prevPatWid + patWid + 1
                Else
                    patWid = (Mid$(pattern(num), j, 1) ×size) -1
                    If j = 1 Or j = 3 Then
                        bar.Line (3×size + (7×size×(i一1)) + prevPatWid + ofset,
0) - (3×size + (7×size×(i-1)) + prevPatWid + patWid + ofset, h2), vbWhite, BF
                    Else
                        bar.Line (3×size + (7×size×(i一1)) + prevPatWid + ofset,
0) - (3×size + (7×size×(i-1)) + prevPatWid + patWid + ofset, h2), vbBlack, BF
                    End If
                    prevPatWid = prevPatWid + patWid + 1
                End If
            Next
        Next
        '结束
        prevPatWid = 0
        For j = 1 To 3
```

```
            patWid = size-1
            If j = 2 Then
                bar.Line (8×size + (7×size×(i-1)) + prevPatWid + ofset, 0)-(8
×size + (7×size×(i-1)) + prevPatWid + patWid + ofset, h1), vbWhite, BF
            Else
                bar.Line (8×size + (7×size×(i-1)) + prevPatWid + ofset, 0)-(8
×size + (7×size×(i-1)) + prevPatWid + patWid + ofset, h1), vbBlack, BF
            End If
            prevPatWid = prevPatWid + patWid + 1
        Next

        '绘制数字
        prevPatWid = size

        For i = 1 To 3
            bar.CurrentX = 3×size + (7×size×(i-1)) + prevPatWid + ofset
            bar.CurrentY = h2 + 5
            bar.Print Mid$(Text1, i, 1)
            prevPatWid = prevPatWid + (size) -1
        Next
        prevPatWid = 0

        For i = 4 To 6
            bar.CurrentX = 8×size + (7×size×(i-1)) + prevPatWid + ofset
            bar.CurrentY = h2 + 5
            bar.Print Mid$(Text1, i, 1)
            prevPatWid = prevPatWid + size-1
        Next
    Else
        For i = 1 To 12
            num = Mid$(numbr, i, 1)
            prevPatWid = 0

            If i = 7 Then
                For j = 1 To 5
                    patWid = size-1
                    If j = 2 Or j = 4 Then
                        bar.Line (3×size + (7×size×(i-1)) +prevPatWid+ofset,
0) - (3×size + (7×size×(i-1)) + prevPatWid + patWid + ofset, h2), vbBlack, BF
                    Else
                        bar.Line (3×size + (7×size×(i-1)) +prevPatWid+ofset,
0) - (3×size + (7×size×(i-1)) + prevPatWid + patWid + ofset, h2), vbWhite, BF
                    End If
                    prevPatWid = prevPatWid + patWid + 1

                Next
            End If
            prevPatWid = 0
            For j = 1 To 4
                If i >= 7 Then
                    patWid = (Mid$(pattern(num), j, 1) ×size)-1
                    If j = 2 Or j = 4 Then
```

```
                            bar.Line (8×size + (7×size×(i-1)) + prevPatWid + ofset,
0) - (8×size + (7×size×(i-1)) + prevPatWid + patWid + ofset, h2), vbWhite, BF
                    Else
                            bar.Line (8×size + (7×size×(i-1)) + prevPatWid + ofset,
0) - (8×size + (7×size×(i-1)) + prevPatWid + patWid + ofset, h2), vbBlack, BF
                    End If
                    prevPatWid = prevPatWid + patWid + 1
                Else
                    patWid = (Mid$(pattern(num), j, 1)× size) — 1
                    If j = 1 Or j = 3 Then
                            bar.Line (3×size + (7×size×(i-1)) + prevPatWid + ofset,
0) - (3×size + (7×size×(i-1)) + prevPatWid + patWid + ofset, h2), vbWhite, BF
                    Else
                            bar.Line (3×size + (7×size×(i-1)) + prevPatWid + ofset,
0) - (3×size + (7×size×(i-1)) + prevPatWid + patWid + ofset, h2), vbBlack, BF
                    End If
                    prevPatWid = prevPatWid + patWid + 1
                End If
            Next
        Next

        '结束
        prevPatWid = 0
        For j = 1 To 3
            patWid = size-1
            If j = 2 Then
                bar.Line (8×size + (7×size×(i-1)) + prevPatWid + ofset, 0)-(8
×size + (7×size×(i-1)) + prevPatWid + patWid + ofset, h1), vbWhite, BF
            Else
                bar.Line (8×size + (7×size×(i-1)) + prevPatWid + ofset, 0)-(8
×size + (7×size×(i-1)) + prevPatWid + patWid + ofset, h1), vbBlack, BF
            End If
            prevPatWid = prevPatWid + patWid + 1
        Next

        '绘制数字
        prevPatWid = size

        For i = 1 To 6
            bar.CurrentX = 3×size + (7×size×(i-1)) + prevPatWid + ofset
            bar.CurrentY = h2 + 5
            bar.Print Mid$(Text1, i, 1)
            prevPatWid = prevPatWid + (size)-1
        Next
        prevPatWid = 0
        For i = 7 To 12
            bar.CurrentX = 8×size + (7×size×(i-1)) + prevPatWid + ofset
            bar.CurrentY = h2 + 5
            bar.Print Mid$(Text1, i, 1)
            prevPatWid = prevPatWid + size-1
        Next
    End If
```

```
bar.Picture = bar.Image

End Sub
```

10.3　GIS(MapInfo Professional)系统安装与应用

10.3.1　实验目的

(1) 掌握安装 MapInfo for windows 的方法。

(2) 掌握配置独立的工作站的方法。

(3) 掌握栅格图像的显示和配准。

(4) 了解图层的概念，掌握绘图工具的使用。

(5) 掌握绘图和编辑命令。

10.3.2　实验环境

(1) Windows 7 及以上版本。

(2) MapInfo Professional。

10.3.3　MapInfo Professional 系统安装

1. 正确安装 MapInfo for windows 系统

安装 MapInfo for windows 的步骤具体如下。

(1) 将 MapInfo CD 放入 CD 驱动器，没有光驱可以运行镜像文件。

(2) 运行资源管理器，双击光盘驱动器盘符。

(3) 双击[setup]按钮。

(4) 输入合适的注册信息(姓名、公司、系列号)，单击[继续]按钮。

(5) 选择工作站配置(独立的工作站、网络服务器、在 CD ROM 中使用)。

(6) 选择安装选项(标准安装、自定义安装、从光盘安装)。

(7) 当"安装成功"信息出现时，单击[确定]按钮， MapInfo 即可安装在系统中。

启动 MapInfo 的步骤为：

(1) 运行 Windows 的程序管理器；

(2) 双击 MapInfo 的图标。

2. 了解 MapInfo 中一个图所含的文件

➢ 文件名.tab：该文件描述表的结构。

➢ 文件名.dat：该文件包含表格数据。

➢ 文件名.map：该文件描述图形对象。

➢ 文件名.id：这是一个交叉引用文件，用于连接数据和对象。

➢ 文件名.ind：这是一个索引文件。

3. 理解 MapInfo 交换格式文件

文件名.mid 用于表格数据的 MapInfo 转入/转出格式，与一个 mid 文件相关联。

文件名.mif 用于图形对象的 MapInfo 转入/转出格式，与一个 mif 文件相关联。

4. 建立自己的工作空间文件

文件名.wor：该文件为 MapInfo 工作空间文件(保存有关在某次 MapInfo 会话中使用哪些表和窗口的信息)。

5. 熟悉常用操作

应熟悉以下操作：

➢ 数据输入；

➢ 数据编辑与处理；

➢ 数据存储与管理；

➢ 数据查询与分析；

➢ 可视化表达与输出。

6. 图层的概念

在 MapInfo Professional 中，一般的操作是先打开数据表，然后将其显示在地图窗口中。每个表均显示为单独的图层。每个图层都包含表和一些地图对象，例如区域、点、线和文本。图层包含如下的地图对象。

➢ 点对象：表示数据的单一位置。其示例包括客户位置、饭店和停车计时器等。点也可通过组合构成多点对象。

➢ 线对象：覆盖给定距离的开放对象，包括直线、折线和弧线等。其示例有街道、河流和电力线路等。

➢ 区域(面)：特指覆盖给定区域的闭合对象，包括多边形、椭圆和矩形，如国家边界、邮编界限和销售区。

➢ 文本对象：特指用于说明地图或其他对象的文本，如标注或标题。

➢ 集合对象：特指区域、直线和多点对象的组合。

10.3.4 栅格图像的配准与矢量化地图

1. 栅格图像的获取

栅格图像由一行行细小的点(象素)组成，也称为位图。在 MapInfo 中，栅格图像只用于显示图层，不能像矢量图那样给它们附加数据，仅作为矢量图的背景，提取有用的信息。

其主要通过扫描来获取栅格图像。可将栅格图像引入 MapInfo 用作 MapInfo 地图的背景来进行屏幕数字化，也可作为一幅单独的图像来显示，还可作为一个标志放在页面布局上。

由于本实验目的只是要求了解软件的步骤和原理，未要求严格的精度，所以可利用互联网上的地图网站，截(屏)取一个"大连中山区"栅格图像。MapInfo 支持以下 7 种栅格图像格式：*.gif，*.jpg，*.tif，*.pce，*.bmp，*.tga，*.bll。不妨将截(屏)的图像保存为"大连中山区.jpg"栅格图像文件。

2. 配准图像

启动 MapInfo 程序后，选择"打开文件"出现一个对话窗，选择相应目录下的文件和文件类型，比如"大连中山区.jpg"，单击[打开]按钮，按照相关提示进行操作，如图 10-5 所示。同时，根据原纸图上的投影选择适合的投影类型。

图 10-5 栅格图像配准

3. 选择合适的单位

单击预览图像中的一个点，"增加控制点"对话框出现，在对话框中输入从纸图上指定的坐标，在预览图像中每个控制点被"+"号标出。一般输入 4 个或更多的控制点，并加入坐标值；单击[确定]按钮，如图 10-6 所示。

完成配准后，地图在视图框中完成可视化。

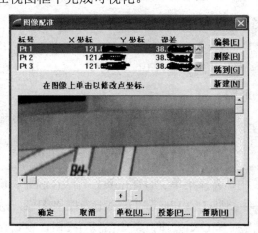

图 10-6 配准控制点输入

4. 创建新表(新建数字化图层)

在完成图像的配准后，需要新建一个与原图像相匹配的图层数据，完成图层数字化。将栅格图像扫描、拼接、配准后，当作背景图像，在上面提取有用的地图信息。

MapInfo 中按层组织数据，每一类要素为单独的一个图层。数字化前要为每一层创建一个新表，选择文件>新建表，出现对话窗时有三个选项，即"打开新的浏览窗口""打开新的地图窗口""添加到当前地图窗口"，如图10-7所示，选定选项后，单击[新建]按钮，会出现一个对话框，这时可设定该层数据的数据库的字段名称、种类、大小。单击[创建]按钮，在出现的对话框中指定该数据层的文件名。

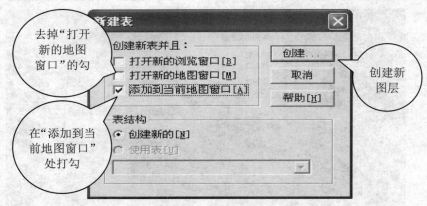

图 10-7 创建新表

选中"添加到当前地图窗口"，去掉"打开新的地图窗口"的勾，便可创建新的表结构，在"字段信息"中，输入字段"名字""类型"，并且设置字段的长度。可根据需要增加和删除字段，也可在此处更改"投影"的类型。这样便可创建新的数据库图层。

在创建了新的表结构后，可为新创建的图层命名，选择相应的位置保存新图层的信息。比如，将图层命名并保存为"道路"，则对应的文件为"道路.tab"。

本实验要求创建三个地图层，应包括："道路层""街区层""公交站点层"，即同样的方法继续创建"街区层""公交站点层"，生成"街区.tab""公交站点.tab"。

10.3.5 地图数字化

以上创建的"道路层、街区层、公交站点层"只是个空图层(空表)，需要通过屏幕跟踪矢量化地图，即分别在"道路层、街区层、公交站点层"中，添加地图对象。

1. 屏幕跟踪矢量化地图

选中"放大"工具，将地图放大到适当的尺度，这样做可以提高屏幕跟踪矢量化的精度。接下来，就可以使用"折线""多边形""点"等绘图工具，对各个地图对象进行屏幕跟踪矢量化。

(1) 在 MapInfo 系统中，选择菜单文件(File)>打开表(Open Table)，出现打开表对话框。

(2) 将对话框中的文件类型(List File of Type)定为栅格图像，选择正确路径，找到"大连中山区.jpg"文件，单击打开[OK]按钮，单击[显示]按钮，窗口出现"大连中山区"栅格图像。

2. "点"对象的矢量化(如"公交站点")

(1) 文件>打开>表格文件："公交站点.tab"。选择菜单地图(Map)>图层控制(Layer Control)，出现图层控制对话框，使"公交站点"图层可编辑。

(2) 选择绘图(Draw)工具条中的点编辑工具，单击"公交站点"，数字化图上所有公交站点位。

(3) 选择菜单地图(Map)>保存表，即保存"公交站点.tab"。

3. "折线"对象的矢量化(如"道路")

(1) 文件>打开>表格文件："道路.tab"。选择菜单地图(Map)>图层控制(Layer Control)，出现图层控制对话框，使"道路"图层可编辑。

(2) 选择绘图(Draw)工具条中的折线编辑工具，数字化道路。方法是：找到起点，单击鼠标，然后沿着欲数字化线段依次寻找拐弯点并单击鼠标，直至道路的另一端点，双击鼠标结束。重复该步骤，直到所有的道路数字化完成。

(3) 选择菜单地图(Map)>保存表，即保存"道路.tab"。

4. "多边形(面)"对象的矢量化(如"街区")

(1) 文件>打开>表格文件："街区.tab"。选择菜单地图(Map)>图层控制(Layer Control)，出现图层控制对话框，使"街区"图层可编辑。

(2) 选择绘图(Draw)工具条中的面编辑工具，数字化街区范围。方法同上，但表示结束的鼠标双击后使终点与起点自动连接形成封闭的多边形。重复该步骤，直到所有的街区数字化完成。

(3) 选择菜单地图(Map)>保存表，即保存"街区.tab"。

10.4　MapX4.5 安装与应用

10.4.1　实验目的

(1) 掌握 MapX4.5 安装。

(2) 应用 MapX4.5 生成地图集。

10.4.2　实验环境

(1) Windows 7 及以上版本。

(2) MapInfo MapX 4.5。

MapX 是 Mapinfo 公司推出的 ActiveX 控件产品，由于 MapX 是基于 Windows操作系统的标准控件，因而能支持 VC、VB、Delphi、PB 等标准化编程工具，使用时只需将控件装入开发环境，装入控件后，开发环境 ActiveX 工具条上会增加一个控件按钮 Map，把它拖放到窗体上就可建立一个 Map 类型的 ActiveX 地图对象 Map，通过设置或访问该 Map 对象的属性、调用该 Map 对象的方法及事件，便能快捷地将地图操作功能融入应用程序。

以 MapX4.5 为例，介绍安装与应用。

10.4.3　MapX4.5 安装

(1) 将 MapX CD 放置在 CD 驱动器中(例如 D:)，单击 Windows [开始]按钮并选择运行。

(2) 在打开下拉列表框中键入或选择[CD 驱动器符]\Setup.exe (例如, D:\Setup.exe)并单击[确定]按钮，随即出现欢迎显示屏，然后选择下一步继续安装过程。

(3) 软件许可协议界面出现。选择"是"，以接受协议的条款并继续安装过程。

(4) 显示选择目标位置界面。指定要安装 MapX 的目录。如果还没有安装 MapX，缺省位置是：Program Files\MapInfo MapX 4.0\。如果已经安装了 MapX，缺省位置就是现有的安装目录。

(5) 指定要安装的产品组件。显示出所选组件需要的磁盘空间。当选择某个组件，其相关描述也显示出来。如果[更改]按钮可用，说明此组件有子组件。单击[更改]按钮以显示那些组件的列表及安装所需的磁盘空间。选择要安装的子组件。

(6) 在选择程序文件夹界面指定程序文件夹。

(7) 在开始复制文件界面检查现在设置的信息。如果正确无误，选择[下一步]按钮安装 MapX。进度条会显示安装的状态。如果要更改信息，选择[返回]按钮回到上一屏幕。

10.4.4 地图集的生成

MapX 中带有地图集(Geoset)文件的编辑器 GeosetMangater.exe，在编辑器中组合及设置图层，然后保存生成一个 *.gst 文件(比如：大连软件园.gst)，可以直接调用 Map 对象。地图集的生成步骤如下。

(1) 开始->所有程序->MapInfo MapX 4.0 ->Geoset Manager。如图 10-8 所示，启动 Geoset Manager。

(2) 单击 Layers 命令按钮(或 map->Layers control)，打开图层控制窗口，单击 Add 按钮，添加图层，如 10 路站点.tab、街区.tab，如图 10-9 所示。

(3) File->save as –>保存，.gst 文件为 "大连中山区.gst"，保存到地图目录，即"大连中山区"地图集文件。

(4) 要求该地图集至少应包括"道路层""街区层""公交站点层"。生成的地图集如图 10-10 所示。

图 10-8 启动 Geoset Manager

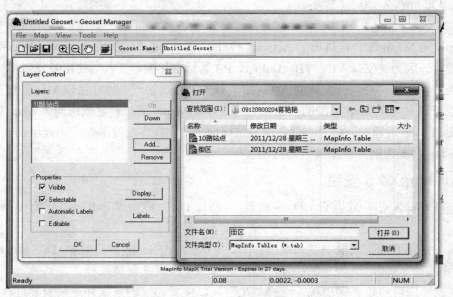

图 10-9 为地图集添加图层

图 10-10 地图集生成

10.5 GPS 车辆跟踪

10.5.1 实验目的

(1) 在 Visual Basic 中添加 Map 控件安装。

(2) 应用 MapX 控件开发。

(3) 完成实时显示车辆位置。

10.5.2 实验环境

(1) Windows 7 及以上版本。

(2) Visual Basic 6.0。

(3) MapInfo MapX 4.5。

10.5.3 在 Visual Basic 中添加 Map 控件

(1) 启动 Visual Basic。

(2) 右击 Visual Basic 工具箱，从快捷方式菜单中选择[部件]。

(3) 在"部件"对话框中，单击控件选项卡，寻找列表中的"MapInfo MapX V5"。如果该项未选中，请选中它。单击[确定]按钮，Map 控件出现在工具箱上，如图 10-11 所示。

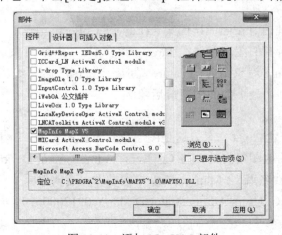

图 10-11 添加 MapX4.5 部件

(4) 选择 Map 控件并在窗体上绘制一个方框，即可将地图控件 Map 放置在窗体上，如图 10-12 所示。

(5) 保存工程，在下一次重新加载工程时，Map 图标将自动出现在工具箱中。

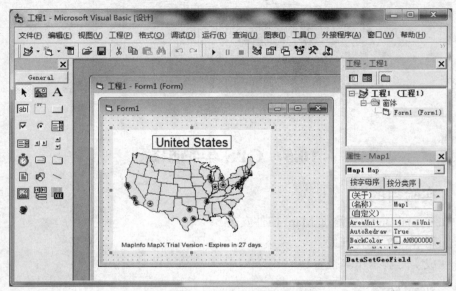

图 10-12　将 Map 控件放置在窗体上

10.5.4　应用 MapX 控件开发

MapX 是具有地图分析功能的 32 位 OCX 控件。MapX 主要包括以下对象。

1) Map

Map 是 MapX 的顶层属性，每个 Map 对象主要包括 Datasets、Layers、Annotations 三个对象集合。Map 对象包括一些主要的属性，如 Zoom 用来设置放大级别(在地图上显示的大小)，Rotation 控制地图的旋转角度，CenterX 和 CenterY 用于设置地图显示窗口的中心坐标。

2) Layers

在 MapX 中，地理信息按照图层的集合(Layers Collection)表示，每张单独的地图都被表示成单独的图层，所有的图层存储在 Layers 集合中。Layer 对象由 Features 对象组成，Features 对象又由 Feature 对象组成，Feature 对应于地图中的点、线、面及符号等地图实体。最下面的图层最先绘制，最上面的图层最后绘制。

3) Geoset

在 GeoManager 中建立 .gst 文件，这是图层及其设置的集合，用于控制程序中显示的地图。利用上一节完成的地图集文件，将 C:\Users\ Administrator\Desktop\09120800204 蒋\大连软件园.gst(路径+文件名)赋给 Map.geoset，即可将"大连软件园.gst"加载到 Map 中显示。比如：Map1.geoset="C:\Users\Administrator\Desktop\ 09120800204 蒋\大连软件园.gst"。

4) Datasets

在 MapX 中，属性数据的操作主要通过数据绑定实现，Datasets 用于实现地图与数据的绑定。数据绑定的数据源可以是 DAO、ADO、ODBC 数据源、RDO、MapInfo Table 文件，还可以是一个规定了格式的文本文件。要绑定一个数据源，先要指定所绑定的图层，然后需要指定与图层中地图对象相匹配的关键字段。

5) Annotations

动态图层 Animations 在地图图元需要经常更新(例如在实时应用时)时很有用。例如，开发一套物流车队管理应用程序，将每一车辆用一个点对象来代表。可以通过使用 GPS 技术获取车辆的当前位置，然后更新点对象以显示车辆在地图上的更新位置。这类应用程序中，被更新的对象存储在动态图层而不是常规图层，那么在地图对象经常改变的地方，地图可以更快地重新绘制。

最初，AnimationLayer 设置为 null。可以向 Layer 对象分派属性以使图层成为动态图层(它可以是常规图层或是用户绘制图层)。当图层被分派了 AnimationLayer 属性时，它就会绘制在所有图层的上方，包括 Annotations 图层和选择结果。该图层仍然在 Layers 集合中的同样位置。浮动对象(如图标符号)仍然显示在动态图层的顶端，尽管它们因为被省略了而不必每次重新绘制。如果普通的图层被用作动态图层，其选择结果和标注会依然有效。

应用示例

```
Set Map.Layers.AnimationLayer = Layers(3)
for each lyr in Map.Layers
if Map.Layers.AnimationLayer = lyr then
...
end if
next
```

要关闭动态图层，给它赋予空值：Set Map.Layers.AnimationLayer = nothing。

这样使该图层变回普通图层，且其在图层列表中的位置不变。

10.5.5　实时显示车辆位置的参考程序代码

实时显示车辆位置功能是 GPS 物流实时查询系统中的核心功能之一。该功能实现的思路是对从串口传进计算机的数据进行正确的提取和换算，实时取得当前的坐标位置，然后利用在 Geoset 中添加一个动画层，并添加一个图元，使得这个图元实时地根据当前坐标位置进行刷新，从而实现图元在动画层中的移动，完成车辆的实时显示。实时地定位汽车的位置，应用到时钟控件，当 GPS 数据进来时，每隔一定的时间，搜索坐标变化，并不断刷新电子地图上车辆的位置。系统在有坐标数据传入的时候，进行汽车跟踪的按钮是有效的，这个时候如果选择进行跟踪，一个图元将被添加到动画层上，同时触发时钟，利用时钟实时地通过坐标数据对图元的位置进行刷新。

部分功能代码如下：

```
'设置时钟1
Private Sub Timer1_Timer()
```

```
Timer1.Interval = 500_'500x1000毫秒，即0.5秒
Timer1.Enabled = False
'如果有GPS数据导入，则触发时钟，使其开始按一定时间间隔刷新
If IsGps = True Then
    Timer1.Enabled = True
    End If
fMapSymbol.Point.Set m_CarX, m_CarY_'定义汽车的位置坐标
fMapSymbol.Update_'实时更新车辆位置
'实时刷新车辆所在的街道
pointSch.Set m_CarX, m_CarY
'在jiedao3层上按点寻找图元
Set ftrsSch = Map1.Layers("jiedao3").SearchAtPoint(pointSch)
'如果图元的数量为1，车辆则在一条街道上；如果图元数量为2，车辆则在两条街道的交叉点处。
同时将街道的名称显示出来。
If ftrsSch.Count = 1 Then
Label2.Caption = ":) 你现在位于: " & ftrsSch.Item(1).KeyValue
End If
If ftrsSch.Count > 1 Then
  Dim strSch As String
  For Each ftrSch In ftrsSch
    strSch = strSch + ftrSch.KeyValue + "和"
    Next
    Label2.Caption = ":) 你现在位于: " & Left(strSch, Len(strSch) - 1) & " 的交
叉位置! "
    End If
    '如果图元的数量小于1，则说明该车辆不在我们绘制的街道上
If ftrsSch.Count < 1 Then
    Label2.Caption = ":(你现在位于未知区域，无法定位街道! "
End If


    '汽车如果走出屏幕范围，则令汽车显示在图中心位置
If m_CarX > Map1.Bounds.XMax Or m_CarX < Map1.Bounds.XMin _
Or m_CarY > Map1.Bounds.YMax Or m_CarY < Map1.Bounds.YMin Then
Map1.CenterX = m_CarX
Map1.CenterY = m_CarY
'设置时钟控件2
Private Sub Timer2_Timer()
Timer2.Interval = 500
Timer2.Enabled = False
Dim Distance As Double
'如果该点的坐标不动，则退出timer2
If m_CarX = m_CarPs.Item(m_CarPs.Count).x And m_CarY = m_CarPs.Item(m_CarPs.
Count).y Then
Exit Sub
End If
'如果该点移动，则将该点加入点集
m_CarP.Set m_CarX, m_CarY
m_CarPs.Add m_CarP
'距离为将点集中的点连接起来创建的路线长度
Distance = Map1.FeatureFactory.CreateLine(m_CarPs).Length
'在页面底部，状态栏中实时显示汽车的坐标位置及走过的距离
StatusBar1.Panels.Item(1).Text = "当前汽车坐标: E " & m_CarX & " , " & "N "
```

```
& m_ CarY & "走过的距离: " & Format(Distance, "0.000") & "公里"
    End Sub
    '工具栏中车辆跟踪功能按钮实现
    Private Sub Toolbar1_ButtonClick(ByVal Button As MSComctlLib.Button)
    ……
    ……
    '如果起始点坐标不为零, 开始追踪。否则返回对话框
    Case 8
    If m_CarX <> 0 And m_CarY <> 0 Then
      m_CarP.Set m_CarX, m_CarY
      m_CarPs.Add m_CarP
      AddCar m_CarX, m_CarY
    Timer1.Enabled = True
    Timer2.Enabled = True
    Else
      MsgBox "没有 GPS 数据! 请检查 com1 口和 GPS 设备, 或者通过设置中的模拟数据输入进行演
示! "
      Button.Value = tbrUnpressed '当前未按下按钮, 也未复选按钮
    End If
    '暂停追踪
    Case 9
    Timer1.Enabled = False
    '停止追踪, 并将汽车所在动画层清空
    Case 10
    If MsgBox("确定停止? 将清除走过的路径信息! ", vbYesNo, "提示! ") = vbYes Then
      Timer1.Enabled = False
      Timer2.Enabled = False
    '将动画层上所有图元删除
RemoveAllFeatures AnimationLyr
m_CarPs.RemoveAll
Label2.Caption = ""
StatusBar1.Panels.Item(1).Text = "欢迎使用 GPS 演示系统! "
End If
……
……

    End Select
    End Sub
    '插入名为 text1.text 的图层,并将该层设置成可修改
    Private Sub Toolbar2_ButtonClick(ByVal Button As MSComctlLib.Button)
    Dim lyrInsertion As MapXLib.Layer
    Set lyrInsertion = Map1.Layers(adding.Text1.Text)
    lyrInsertion.Editable = True
    Set Map1.Layers.InsertionLayer = lyrInsertion
    '定义工具栏按钮属性
    Select Case Button.Index
    Case 1
     Map1.CurrentTool = miAddPointTool   '当前工具是添加点工具
    Case 2
      Map1.CurrentTool = miAddLineTool   '当前工具是添加线工具
    Case 3
      Map1.CurrentTool = miAddPolylineTool   '当前工具是添加折线工具
```

```
Case 4
  Map1.CurrentTool = miAddRegionTool  '当前工具是添加区域工具
Case 5
  adding.Show
End Select
End Sub
```

本章小结

　　本章重点介绍物流信息技术的实验内容，包括：条码 UPC-A、UPC-E 打印编程，GIS 系统安装与应用，地图数字化，地图集 Geoset 制作，MapX 地图控件应用及 GPS 车辆跟踪编程。条码打印部分相对独立，而之后的各部分的内容：GIS 系统、Geoset 制作、MapX 地图控件应用及 GPS 车辆跟踪联系紧密、环环相扣。条码打印和车辆跟踪，给出了参考程序代码。

 思考题

　　1. UPC-A 码具有哪些特点？

　　2. 图层中可包含哪些地图对象？

　　3. 你用 Geoset Mangater 生成的地图集中包括了哪几个图层？地图集文件的后缀是什么？

　　4. 动态图层 Animation 适用于哪种应用？为什么？

　　5. 已知地图集文件的路径+文件名为，C:\Users\Administrator\Desktop\09120800204 蒋\大连软件园.gst，请编写代码，将"大连软件园.gst"加载到 Map 中显示。

说明:本试卷共四大题,满分 100 分。

一、填空题(共 4 小题 20 个空,每空 1 分,满分 20 分)

1. 请列出 5 种常见的公路运输设备:_____、_____、_____、_____、_____。

2. 请列出 5 种常见的流通加工设备:_____、_____、_____、_____、_____。

3. 请列出 5 种常见的包装设备:_____、_____、_____、_____、_____。

4. 叉车按其结构和用途不同,可以分为 _____式、_____式、_____式、_____式、_____式及其他特种叉车等。

二、单选题(答案填入题后括号中,共 5 小题,每题 2 分,满分 10 分)

1. 公路运输的优点之一是可实现( )直达运输。 ( )

A."门到门" B."人到人"

C."门到人" D."人到门"

2. 水运主要利用江、河、湖泊和海洋的( )来进行。水上航道四通八达,通航能力几乎不受限制,而且节省投资。 ( )

A."天然屏障" B."人工航道"

C."天然航道" D."人工屏障"

3. 冷藏船是专门用于装载冷冻易腐货物的船舶。船上设有冷藏系统,能调节多种( )的需要。 ( )

A. 湿度以适应各舱货物对不同湿度

B. 温度以适应各舱货物对不同温度

C. 高度以适应各舱货物对不同高度

D. 海水盐度以适应各舱货物对不同盐度

4. 管道运输是一种以管道输送货物的方法,而货物通常是( )。 ( )

A. 固体和气体 B. 液体和气体

C. 液体和固体 D. 矿石和晶体

5. 目前,常用的物流信息技术主要有:Bar Code(条码)、RFID(射频识别)、EDI(电子数据交换)、GPS(全球卫星定位系统)及( )。 ( )

A. MIS(管理信息系统) B. GIS(地理信息系统)

C. EOS(电子订货系统) D. SMS(短信服务)

三、多选题(答案填入题后括号中，共5小题，每题2分，满分10分)

1. 条码标识(简称"条码")，是由一组黑白相间、粗细不同的条状符号组成的，条码隐含着(   )，主要用以表示商品的名称、产地、价格、种类等，是全世界通用的商品代码的表示方法。

( )

    A. 数字信息   B. 字母信息

    C. 标志信息   D. 符号信息

2. 在物流配送中心，常用的自动分拣的作业方式有(   )。   ( )

    A. 兴趣式拣货   B. 随机式拣货

    C. 摘取式拣货   D. 播种式拣货

3. 除集装箱之外，(   )也是将货物单元化的器具。   ( )

    A. 集装袋   B. 集装网

    C. 滑板   D. 集装笼

4. 关于"流通加工在物流中的地位"，下列论述正确的是(   )。   ( )

    A. 流通加工有效地完善了流通

    B. 流通加工是物流中的重要利润源

    C. 流通加工在国民经济中也是重要的加工形式

    D. 流通加工的对象是零配件或半成品

5. RFID 技术除了具有防水、防磁、可以加密、存储数据容量更大、存储信息更改自如等优点，还具有(   )等优点。   ( )

    A. 耐高温   B. 使用寿命长

    C. 费用低   D. 读取距离大

四、简答题(共12小题，每题5分，满分60分)

1. 公路运输有哪些特点？

2. 简述航空运输的优点和缺点。

3. 请列出6种包装材料，并说明其特点。

4. 为什么说"装卸搬运活动是影响物流效率、决定物流技术经济效果的重要环节"？

5. 简述连续输送机械的特点及分类。

6. 包装具有哪些功能？分别举例说明。

7. 请列出6种集装箱及其各自的主要用途。

8. 简述"摘取式"系统的优点。

9. 托盘与集装箱相比的主要优点有哪些？

10. 试比较轮胎式与轨道式集装箱龙门起重机的优缺点。

11. 请列出常用的物流信息技术，并简述其在物流中的用途。

12. 货架的分类有哪些？

参考答案

一、填空题

1	厢式货车	罐式货车	自卸车	半挂牵引车	冷藏车	
2	剪板机	卷板机	折弯机	校平机	切割机	混凝土搅拌机
3	裹包机械	封口机械	捆扎机械	贴标机械	封箱机械	喷码机
4	平衡重式	插腿式	前移式	侧面式	跨车	

二、单选题

1	2	3	4	5
A	C	B	B	B

三、多选题

1	2	3	4	5
ABCD	CD	ABCD	ABC	ABD

四、简答题

1. 公路运输有哪些特点？

答：公路运输具有以下特点。

(1) 机动灵活，适应性强。

(2) 可实现"门到门"直达运输。

(3) 在中、短途运输中，运送速度较快。

(4) 原始投资少，资金周转快。

(5) 掌握车辆驾驶技术较易。

(6) 运量较小，运输成本较高。

(7) 运行持续性较差。

(8) 安全性较低，对环境污染较大。

2. 简述航空运输的优点和缺点。

答：航空运输的优点：①速度快，相对于其他运输方式来讲，距离越长，节省的时间越多；②运输路程最短；③舒适；④灵活；⑤安全；⑥包装要求低。

航空运输的缺点：①载运能力低、单位运输成本高。因为飞机的机舱容积和载重能力较小，因此，单位运输周转量的能耗较大。除此之外，机械维护和保养成本很高。②受气候条件限制。因为飞机飞行条件要求高，航空运输在一定程度上受到气候条件的限制，从而影响运输的准点性与正常性。③可达性差。通常情况下，航空运输都难以实现客货的"门到门"运输，必须借助其他运输工具(例如汽车)转运。

3. 请列出 6 种包装材料，并说明其特点。

答：可包括纸制品、塑料、木料、玻璃、陶瓷、各类金属等。具体特点略。

4. 为什么说"装卸搬运活动是影响物流效率、决定物流技术经济效果的重要环节"？

答：(1) 装卸搬运活动是需要反复进行的，它出现的频率明显高于其他物流活动，而且每次装卸搬运活动都要花费较长的时间，所以往往成为决定物流速度的关键。

(2) 装卸搬运活动所消耗的人力也很多，所以装卸搬运费用在物流成本中所占的比重也较高。

(3) 在装卸搬运操作过程中需要接触货物，是物流过程中造成货物破损、散失、损耗、混合等损失的最主要的环节。

由此可见，装卸搬运活动是影响物流效率、决定物流技术经济效果的重要环节。

5. 简述连续输送机械的分类及特点。

答：连续输送机械可分为有挠性牵引构件(如胶带、链条)和无挠性牵引构件两类。

连续输送机械与间歇动作的起重机械相比，其特点是可以沿一定的路线不停地连续输送货物，装载和卸载都是在运动过程中完成的，不需要停车，启动、制动少。连续输送机械输送的货物一般是散货，这些货物以连续的形式分布在承载部件上，被输送的成件货物也同样按一定的次序以连续的方式运送。

采用连续输送机械可以加快货物的输送速度，提高生产率。而且这种设备本身自重小，外形尺寸小，成本低，功率小，结构紧凑，便于维修保养，易于实现自动化控制，工作过程中受载均匀。

但是这种机械也存在着某些缺陷，例如，它只能按照一定的路线输送，每种机型只能用于一定类型的货物，而且不适合运输较重的货物，大多数连续输送设备不能自行取货，需要采用一定的供料设备。

6. 包装具有哪些功能？分别举例说明。

答：(1) 包装的货物保护功能：包装能承受在装卸、运输、保管过程中各种力的作用。如冲击、振动、颠簸、压缩等，形成抵抗外力破坏的防护作用。

(2) 包装的效率提高功能：包装的结构造型、辅助设施适于装卸、搬运、多层堆码，以及有效而充分地利用运载工具与库存容积。包装的外部结构形式中，小型包装适于人工作业；大型的、集装的包装适于叉车及各种起重机机械作业。

(3) 包装的信息传递功能：操作人员应能从各个方向，在合适的距离看到标签。物流包装能在收货、储存、取货、出运的各个过程中跟踪商品。

7. 请列出 6 种集装箱及其各自的主要用途。

答：下面的 9 种集装箱，任选 6 种即可。具体用途略。

(1) 通用干货集装箱。

(2) 保温集装箱。

(3) 罐式集装箱。

(4) 台架式集装箱。

(5) 平台集装箱。

(6) 敞顶集装箱。

(7) 汽车集装箱。

(8) 动物集装箱。

(9) 服装集装箱。

8. 简述"摘取式"系统的优点。

答：摘取式系统的优点：①作业方法简单；②订单处理前置时间短；③导入容易且弹性大；④作业员责任明确，派工容易、公平；⑤拣货后不必再进行分类作业，适用于拣货单多、品项少的拣货作业处理。

9. 托盘与集装箱相比的主要优点有哪些？

答：托盘与集装箱相比的主要优点如下。

(1) 自身重量小。因而用于装卸、运输托盘本身所消耗的劳动较少。

(2) 返空容易，返空时占用的运力很少。

(3) 装盘容易。不须像集装箱那样深入箱体内部，装盘后可采用捆扎、紧包等技术处理，使用简便。

(4) 装载量虽较集装箱小，但也能集中一定数量，比一般包装的组合量大得多。

10. 试比较轮胎式与轨道式集装箱龙门起重机的优缺点。

	轮胎式	轨道式
优点	(1) 轻便灵活 (2) 可在堆场之间移动	(1) 用市电驱动，无污染 (2) 可加大起重量和起升速度 (3) 大车可吊货快速行走
缺点	柴油驱动、污染较大、行走缓慢	只能在固定的堆场作业

11. 请列出常用的物流信息技术，并简述其在物流中的用途。

答：常见的物流信息技术主要有：条码技术(bar code)、射频技术(RFID)、电子数据交换(EDI)、全球卫星定位系统(GPS)、地理信息系统(GIS)、EPC(产品电子代码)、PLM 和云计算等技术。具体应用略。

12. 货架的分类有哪些？

答：货架有以下分类。

(1) 轻量型货架。

(2) 中量型货架。

(3) 货位式货架。

(4) 阁楼式货架。

(5) 汽配库货架。

(6) 悬臂式货架。

(7) 贯通式货架。

(8) 抽屉式货架。

(9) 辊轮式货架。

(10) 压入式货架。

(11) 移动式货架。

(12) 线棒货架。

(13) 钢平台。

说明:本试卷共四大题,满分 100 分。

一、 填空题(共 4 小题 20 个空,每空 1 分,满分 20 分)

1. 请列出 5 种常见的包装技术: _____、_____、_____、_____、_____。

2. 叉车按其结构和用途不同,可以分为 _____式、_____式、_____式、_____式、_____式及其他特种叉车等。

3. 请列出 6 种常见的货架: _____、_____、_____、_____、_____、_____。

4. 常见的托盘有(不同材质) _____、_____、_____、_____。

二、单选题(答案填入题后括号中,共 5 小题,每题 2 分,满分 10 分)

1. 目前我国一般的工业产品,出厂后经过装卸、储存、运输等各个物流环节,直到消费者手中的流通费用,约占商品价格的( )。 ( )

    A. 25%   B. 30%

    C. 15%   D. 50%

2. 以我国为例,在铁路运输的始发和到达过程中,装卸搬运作业费用大致占运输费用的 20%左右,船运则占到( )左右。 ( )

    A. 25%   B. 30%

    C. 40%   D. 50%

3. 自动化技术在仓储领域(包括主体仓库)中的发展可分为五个阶段:人工仓储阶段、机械化仓储阶段、自动化仓储阶段、集成化仓储阶段和( )仓储阶段。 ( )

    A. 装卸自动化   B. 智能自动化

    C. 搬运智能化   D. 人工自动化

4. 分拣是指为进行运输、配送,把很多货物按品种、不同的地点和单位分配到所设置的场地的作业。按照分拣手段的不同,可以将其分为人工分拣、( )和自动分拣三大类。 ( )

    A. 集成分拣   B. 机械分拣

    C. 搬运分拣   D. 单独分拣

5. 真空包装技术是在容器封口之前抽成真空,使密封后的容器内基本没有空气的一种包装技术方法。目的是避免或减少( ),抑制某些霉菌和细菌的生长。 ( )

    A. 金属氧化   B. 脂肪氧化

    C. 气体氧化   D. 食品氧化

三、多选题(答案填入题后括号中，共 5 小题，每题 2 分，满分 10 分)

1. 叉车除了使用货叉作为最基本的工作属具，还可以根据实际需求配装多种可换属具，以完善和提高叉车的性能。使用专用的属具能够实现对货物的(　　)。　　(　　)

A. 夹抱、旋转(顺/逆时针)　　　　　B. 侧移、推/拉

C. 翻转(向前/向后)　　　　　　　　D. 均匀加热

2. 自动拣货系统一般由控制装置、分类装置、输送装置及拣选道口组成。其中，分类装置的作用主要是根据控制装置发出的拣货指令对商品进行分类，分类装置的种类一般有(　　)。　　(　　)

A. 推出式　　　　B. 浮出式　　　　　C. 倾斜式　　　　D. 分支式

3. 集装袋、塑料编织袋、集装网主要用于包装食品、化工、水泥、粮食、矿产资源(如氧化铝、有色金属)等各类(　　)物品，是仓储、运输等行业的理想用品，是散装货物的配套包装。　　(　　)

A. 液体　　　　B. 粒状　　　　　C. 块状　　　　　D. 粉状

4. 冷链物流(cold chain logistics) 泛指冷藏冷冻类食品从(　　)到消费前的各个环节始终处于规定的低温环境下，以保证食品质量、减少食品损耗的一项系统工程。　　(　　)

A. 生产　　　　　B. 储藏运输　　　　C. 销售　　　　D. 咨询服务

5. 中国物品编码中心是我国 EPC 系统管理的工作机构，统一组织、协调、管理全国产品电子代码工作，其主要职责包括(　　)。　　(　　)

A. 配合国家主管机构制订我国 EPC 的发展规划

B. 负责我国有关 EPC 系统标准的制定、修订工作

C. 负责贯彻执行 EPC 系统工作的方针、政策、法规和标准

D. 负责 EPC 的注册、续展、变更和注销

E. 负责统一组织、管理全国 EPC 标签芯片制造商、识读器生产商的资格认定工作，组织协调各部门开展一致性检测工作

四、简答题(共 12 小题，每题 5 分，满分 60 分)

1. 水路运输有哪些特点？

2. 管道运输有哪些缺点？

3. 列出 5 种铁路车辆并说明其用途。

4. 按主要用途划分，装卸搬运设备可以分为哪几类？

5. 简述自动化技术在仓储领域(包括主体仓库)中的 5 个发展阶段，以及各个阶段的主要特征。

6. 简述"播种式"系统的优点。

7. 列出 5 种仓储辅助设备并说明其使用方法。

8. 简述自动分拣系统的主要特点。

9. 集装箱叉车主要应用在哪些场所？常用的集装箱叉车可以分为哪几类？

10. 简述 GPS 系统的构成和工作原理。

11. EPC 系统的最终目标是什么？它由哪三部分组成？

12. 云计算有哪些主要的服务形式？

参考答案

一、填空题

1	防震技术	防潮(水)技术	防锈技术	防虫技术	收缩包装与拉伸包装技术		
2	平衡重式	插腿式	前移式	侧面式	跨车		
3	轻量型	中量型	货位式	阁楼式	汽配库	悬臂式	贯通式	抽屉式
4	塑木托盘	木质托盘	塑料托盘	钢制托盘			

二、单选题

1	2	3	4	5
D	C	B	B	B

三、多选题

1	2	3	4	5
ABC	ABCD	BCD	ABC	ABCDE

四、简答题

1. 水路运输有哪些特点？

答：水路运输具有以下特点。

(1) 水运主要利用江、河、湖泊和海洋的"天然航道"来进行。水上航道四通八达，通航能力几乎不受限制，而且节省投资。

(2) 水上运输可以利用天然的有利条件，实现大吨位、长距离的运输。因此，水运的主要特点是运量大，成本低，非常适合于大宗货物的运输。

(3) 水上运输是开展国际贸易的主要方式，是发展经济和友好往来的主要交通工具。

2. 管道运输有哪些缺点？

答：管道运输具有以下特点。

(1) 灵活性较差，承运的货物比较单一，一般只适用于定点、量大的流体单向运输。管道运输不如其他运输方式(如汽车运输)灵活，除承运的货物比较单一外，它也不能随便扩展管线，实现"门到门"的运输服务。对一般用户来说，管道运输常常要与铁路运输或汽车运输、水路运输配合才能完成全程输送。此外，运输量明显不足时，运输成本会显著地增大。

(2) 经济输量范围小，如直径 1 020 毫米的管道最佳输量为 4 200 万吨，增加或减少输量均会造成成本增加。

(3) 由于管道输量的极限受泵的能力、加压站间距、管子强度及直径等限制，临时增减输量较为困难，且不能停输、反输。

(4) 管道运输起输量高，导致油田开发初期因产量低而难于采用管道输送。

3. 列出 5 种铁路车辆并说明其用途。

答：从以下 14 种车辆中任选 5 种即可。

1. 棚车	6. 集装箱车	11. 水泥车
2. 敞车	7. 矿石车	12. 粮食车
3. 平车	8. 长大货物车	13. 特种车
4. 罐车	9. 毒品车	14. 守车
5. 保温车	10. 家畜车	

具体用途略。

4. 按主要用途划分，装卸搬运设备可以分为哪些类？

答：按主要用途划分，装卸搬运设备可以分为：①起重设备。②连续输送机械。③专用装卸搬运设备，也就是带有专用取物装置的设备。例如，集装箱专用装卸搬运设备、托盘专用装卸搬运设备、船舶装卸搬运设备。④装卸搬运车辆。

5. 简述自动化技术在仓储领域(包括主体仓库)中的5个发展阶段，以及各个阶段的主要特征。

答：自动化技术在仓储领域(包括主体仓库)中的发展可分为5个阶段：人工仓储技术阶段、机械化仓储技术阶段、自动化仓储技术阶段、集成化仓储技术阶段和智能自动化仓储技术阶段。

第一阶段是人工仓储技术阶段。该技术阶段物资的输送、存储、管理和控制主要靠人工实现，实时性和直观性是其明显的优点。

第二阶段是机械化仓储技术阶段。该技术阶段物料可以通过各种各样的传送带、工业输送车、机械手、吊车、堆垛机和升降机来移动和搬运，用货架托盘和可移动货架存储物料，通过人工操作机械存取设备，用限位开关、螺旋机械制动和机械监视器等控制设备的运行。

第三阶段是自动化仓储技术阶段。该技术阶段采用自动导引小车(AVG)、自动货架、自动存取机器人、自动识别和自动分拣、旋转体式货架、移动式货架、巷道式堆垛机和其他搬运设备。

第四阶段是集成化仓储技术阶段。该技术阶段整个系统的有机协作，使总体效益和生产的应变能力大大超过各部分独立效益的总和。

第五阶段是智能自动化仓储技术阶段。该技术阶段采用的智能机器人，能识别作业环境，能自主决策，具有人类大脑的部分功能，且动作灵活，是人工智能技术发展到高级阶段的产物。

6. 简述"播种式"系统的优点。

答：播种式系统的优点：①适合订单数量庞大而商品品项少的系统；②可以缩短拣取时行走搬运的距离；③货品量越少、配送次数越多，批量拣取就越有效。

播种式系统的缺点：对订单的到来无法做出及时的反应，必须等订单达到一定数量时才做一次处理，因此会有停滞时间(只有根据订单到达的状况作等候分析，决定适当的批量大小，才能将停滞时间减至最低)。

7. 列出5种仓储辅助设备并说明其使用方法。

答：以下7种设备任选5种即可：托盘、置物架、登高车、仓储笼、周转箱、零件盒、固定式登车桥。具体使用方法略。

8. 简述自动分拣系统的主要特点。

答：自动分拣系统的主要特点是：①能够连续、大批量地分拣货物；②分拣误差率极低；③分拣作业基本实现无人化。

9. 集装箱叉车主要应用在哪些场所？常用的集装箱叉车可以分为哪几类？

答：集装箱叉车应用在集装箱码头堆场，集装箱制造、维修企业，集装箱中转站，港口、铁路中转站和公路中转站等场所，进行集装箱的搬运和堆垛。目前，常用的集装箱叉车可以分为重箱内燃集装箱平衡重叉车、空箱内燃集装箱平衡重叉车、集装箱正面吊运机三类。

10. 简述GPS系统的构成和工作原理。

答：GPS系统由三个部分组成，即空间部分(GPS卫星星座)、地面控制部分(地面监控系统)和用户设备部分。

GPS定位采用空间被动式测量原理，即在测站上安置GPS用户接收系统，以各种可能的方式接收GPS卫星系统发送的各类信号，由计算机求解站星关系和测站的三维坐标。

11. EPC系统最终目标是什么？它由哪三部分组成？

答：EPC系统是一个非常先进的、综合性的复杂系统，其最终目标是为每一单品建立全球的、开放的标识标准。它由全球产品电子代码(EPC)的编码体系、射频识别系统及信息网络系统三部分组成。

12. 云计算有哪些主要的服务形式？

答：目前，云计算的主要服务形式有：SaaS(software as a service) 软件即服务，PaaS (platform as a service) 平台即服务，IaaS(infrastructure as a service) 基础设施即服务。

参考文献

1. 参考资料

[1] 鲁小春，吴志强．物流设施与设备[M]．北京：清华大学出版社，2005．

[2] 李文斐，张娟，朱文利．现代物流装备与技术实务[M]．北京：人民邮电出版社，2006．

[3] 蒋祖星，孟初阳．物流设施与设备[M]．北京：机械工业出版社，2006．

[4] 王金萍．物流设施与设备[M]．大连：东北财经大学出版社，2006．

[5] 陈杰伦．物流设施与设备[M]．广州：华南理工大学出版社，2006．

[6] 方轮．物流信息技术与应用[M]．广州：华南理工大学出版社，2006．．

[7] 罗毅．物流装卸搬运设备与技术[M]．北京：北京理工大学出版社，2007．

[8] 陈宝震，焦宗东．物联网中的通信语言PML[J]．中国电子商情(RFID技术与应用)，2007(5)．

[9] 陈光军．EDI技术在现代物流管理中的应用[J]．中国管理信息化，2007(5)．

[10] 马克·莱文森．集装箱改变世界[M]．姜文波等译．北京：机械工业出版社，2008．

[11] 张铎．物流网大趋势[M]．北京：清华大学出版社，2010．

[12] 张为民，唐剑峰，罗治国，钱岭．云计算深刻改变未来[M]．北京：科学出版社，2009．

[13] 周洪波．物联网：技术、应用、标准和商业模式[M]．北京：电子工业出版社，2010．

[14] 张成海．物联网与产品电子代码(EPC) [M]．武汉：武汉大学出版社，2010．

[15] 马琳，沈敏德，张绪鹏，魏晓琴．药品自动分拣技术的进展和应用[J]．山东轻工业学院学报(自然科学版)，2011(03)．

[16] 杨欢．机场行李系统自动控制中计算机网络PLC技术的应用[J]．电子世界，2016(01)．

[17] 吴伟．浅谈大型机场行李自动处理系统机械设备安装的质量控制[J]．科技展望，2015(30)．

[18] 陈文艺．物联网技术的现状及其在工业信息化中的作用[J]．西安邮电学院学报，2010(11)．

[19] GB_T 2934-2007，国家标准《联运通用平托盘　主要尺寸及公差》[S]．

[20] GB_T 31005-2014，国家标准《托盘编码及条码表示》[S]．

[21] GB/T35201-2017，国家标准《系列2 集装箱分类、尺寸和额定质量》[S]．

[22] GB/T 40475-2021，国家标准《冷藏保温车选型技术要求》[S]．

[23] GB/T 38622-2020，国家标准《集装箱2.45GHz频段货运标签通用技术规范》[S]．

[24] 欧洲第15、16颗"伽利略"导航卫星开始工作．国防科技信息网[EB/OL]．http://www.dsti.net/ Information/ News/104922．

[25] 我国物流技术装备行业发展现状与趋势．物流技术装备网[EB/OL]．http://www.56clte.org/ 2010/0824/740.html，2010-08-24．

[26] 国务院．关于印发"十四五"现代综合交通运输体系发展规划的通知[EB/OL]．http://www. gov.cn/zhengce/content/2022-01/18/content_5669049.htm，2022-01-08．

[27] 商务部流通业发展司. 商务部等 10 部门关于推广标准托盘发展单元化物流的意见 [EB/OL]. http://www.chinawuliu.com.cn/zcfg/201801/19/328034.shtml，2018-01-19.

[28] 中国移动发布"大云"研发成果. 友商网[EB/OL]. http://www.youshang.com/content/ 2010/05/ 26/13725. html，2010-05-26.

[29] 邢晓江，王建立，李明栋. 物联网的业务及关键技术. 中兴通讯网[EB/OL]. http://www. zte.com.cn/cndata/magazine/zte_communications/2010/2/articles/201003/t20100331_181782.htm，2010-03-11.

[30] Auto-ID Center. Physical Markup Language Version1.0.

[31] Auto-ID Center. PML Core Specification 1.0，2003-10-01.

[32] Auto-ID Center. EPC Network Architecture，2005-09.

[33] The Physical Markup Language. DavidL.Brock，2001-02.

2．资源类网站

[1] 中国云计算网. http://www.cloudcomputing-china.cn/Article/Index.html.

[2] 中国科普博览. http://www.kepu.net.cn/gb/technology/railway/railway_engine/.

[3] 上海振华重工(集团)网. https://cn.zpmc.com/.

[4] 云计算频道—企业网. http://www.d1net.com/cloud/.

[5] RFID 射频快报. http://www.rfidinfo.com.cn/.

[6] 一诺钢铁物流网. http://www.yn56.com/zhuanti/070308/070308.asp.

[7] 中国铁道网. http://www.chnrailway.com/.

[8] 普华高端. http://www.puhuagood.com/zhishi/barcode105.html.

[9] 希创技术. http://www.systron.com.cn/rfid1.htm.

[10] 恒佑科技. http://www.labelmx.com/tech/CodeKown/Code/200807/83.html.

[11] 云计算世界. http://www.chinacloud.cn/.

[12] Lenx 联欣. http://www.lenx.cn/.

[13] 央视网. https://www.cctv.com/.

[14] 中华人民共和国交通运输部官网. https://www.mot.gov.cn/.

[15] 国家标准全文公开系统. https://openstd.samr.gov.cn/bzgk/gb/index.